传播学引论

（修订版）

主　编　张迈曾
副主编　李明德　蒙胜军

西安交通大学出版社
XI'AN JIAOTONG UNIVERSITY PRESS

国家一级出版社
全国百佳图书出版单位

图书在版编目(CIP)数据

传播学引论／张迈曾主编. —修订版. —西安:西安交通大学出版社,2019.6(2020.3重印)
ISBN 978-7-5693-1166-2

Ⅰ.①传… Ⅱ.①张… Ⅲ.①传播学 Ⅳ.①G206

中国版本图书馆 CIP 数据核字(2019)第 092270 号

书　　名	传播学引论(修订版)
主　　编	张迈曾
策划编辑	柳　晨
责任编辑	李逢国
出版发行	西安交通大学出版社 (西安市兴庆南路1号　邮政编码 710048)
网　　址	http://www.xjtupress.com
电　　话	(029)82668357　82667874(发行中心) (029)82668315(总编办)
传　　真	(029)82668280
印　　刷	西安日报社印务中心
开　　本	787 mm×1092 mm　1/16　印张 14.625　字数 368 千字
版次印次	2019 年 6 月第 1 版　2020 年 3 月第 3 次印刷
书　　号	ISBN 978-7-5693-1166-2
定　　价	45.00 元

读者购书、书店添货，或发现印装质量问题，请与本社发行中心联系、调换。
订购热线：(029)82665248　(029)82665249
投稿热线：(029)82668133
读者信箱：xj_rwjg@126.com

版权所有　侵权必究

序　言

西安交通大学的新闻传播学教育肇端于2003年，但滋养西安交大师生传播学知识启蒙的，不得不提一本书，那就是2002年由张迈曾教授主编的《传播学引论》。特别是对于参加西安交大传播学硕士研究生招生考试的广大考生而言，一直以来，《传播学引论》可以说是"一书难求"，被誉为"考研圣经"。

十多年过去，"神女应无恙，当惊世界殊"，新媒体发展日新月异，智能媒体时代呼之欲出。政府、传媒和学界都在围绕"新媒体"大做文章，西安交大也洞察世界变化，较早在国内成立专注新媒体研究的"新闻与新媒体学院"，主动迎接并积极探索新媒体世界，凝聚了"新媒体与社会治理""政务新媒体""网络舆情分析"等优势研究方向，在国内的新媒体人才培养和科研方面形成了"交大特色"。

同时，国内外宏观环境正发生巨大变化，"百年未有之大变局"影响着未来媒体的形态与作用。

温故知新，我们需要用传播学经典理论解释和指导纷繁复杂的传播现象和传播行为。传播学诞生至今的八九十年以及传入中国的三四十年来，理论与实践辉映，研究与应用并行，中国社会中信息的传播形态、媒体的传媒业态、政府和公众的接受心态都发生深刻变革，马克思认识论和实践论的正确指导，使得传播学理论与中国社会现实形成了良性互动机制，改革开放40年来中国大众传媒业发展演变与新媒体行业突飞猛进就是明证。所以，我们迈向纵深发展，更需要理论的滋养与指导。

推陈出新，我们更需要最新的理论解释与预测未来即将出现的智能时代。随着新技术的快速发展，一系列新媒体平台与应用已成为人们生活中必备的工具。新媒体的快速发展使得经典传播学理论面临挑战。比如"议程设置"理论、"沉默的螺旋"理论在新媒体信息传播中的适用性问题等，都需要验证与回答。另外，新媒体赋权和赋能，使得公众从社会治理的被动接受者，变成自主发声的积极参与者，更变成应用新媒体开疆拓土的"超级智能人"：媒介不仅仅是个体器官的延伸，更可能成为精神、意志的延伸。梦想照进现实，当"大变局"时代到来时，我们需要更多的理论准备,所以,现在的传播学需要一次理论的升华。

基于此,《传播学引论(修订版)》才"千呼万唤始出来"。一方面,时间紧迫,我们需要尽快出版;另外一方面,内容繁复,我们需要考虑的理论和现实问题很多。

首先,在编写体例和框架上,《传播学引论(修订版)》坚持现实性和前沿性。除了传统意义上的五大领域:控制分析、内容分析、媒介分析、受众分析和效果分析分别对应相应章节外,我们增加了传播研究方法,传播的信息、符号等相关章节,凸显传播学研究中方法的重要性以及信息、符号学理论对当前以及未来传播学的重要影响。当然,相应地,我们融合并删减了原来的部分章节,比如"媒介与网络传播"等,因为随着新媒体的发展,网络传播变成了新媒体传播的组成部分,没有必要单列章节进行阐述。

其次,在具体内容上,《传播学引论(修订版)》兼顾了全面性和重要性。一方面,全书收录了传播学诞生至今,特别是近十年理论发展的最新、最重要成果,力求全面反映当前传播学理论发展的全貌;另一方面,对于经典的传播效果理论等,我们对内容和表述都进行了更新和调整,使之能更好地呈现理论的丰富内涵和解释力度。

最后,需要强调的是,虽然本书的书名为《传播学引论(修订版)》,但是,我们更愿意将该书视为对传播学理论近九十年发展的再次回望与解读,那些被历史检验的经典理论所闪现的熠熠光辉,更值得挖掘和凸显;另外,我们还愿意将该书看作与千万读者的一次心灵对话。所以,每一个案例、每一条数据,我们力求使之言之有物、言之有趣,充分展示这个"万物皆媒"时代的特点与旨趣。

"信息需要通过传播,传播就像血液流经人的心血管系统一样流过社会系统,为整个有机体服务。"愿我们不负时代,为这个世界、这个社会提供更多更好的"新鲜血液"。

编　者

2019 年 5 月

目 录

第一章 传播与传播学概述 (1)
- 第一节 传播、传播现象 (1)
- 第二节 传播学的研究对象和基本内容 (6)
- 第三节 传播学的学科定位及与其他学科的关系 (8)

第二章 传播学的兴起、发展与变革 (12)
- 第一节 传播的发展阶段 (12)
- 第二节 传播学的研究历程 (17)
- 第三节 传播学产生的历史背景 (20)
- 第四节 传播学的五位奠基者 (24)

第三章 传播的基本要素和主要模式 (31)
- 第一节 传播的基本要素 (31)
- 第二节 传播的主要模式 (44)
- 第三节 新媒体时代的传播模式新思路 (61)

第四章 传播的类型、功能及应用 (65)
- 第一节 自我传播 (65)
- 第二节 人际传播 (68)
- 第三节 群体传播 (73)
- 第四节 组织传播 (74)
- 第五节 大众传播 (78)

第五章 传播者的角色、制度和控制 (83)
- 第一节 传播者的概念、特点与角色转变 (83)
- 第二节 传播者的任务和权利 (88)
- 第三节 传播制度 (92)
- 第四节 传播控制与文化帝国主义 (97)

第六章 传播的信息、符号及相关理论 (103)
- 第一节 信息的概念及发展 (103)
- 第二节 信息相近概念比较 (109)

第三节　信息的基本特征 …………………………………………………… (110)
　　第四节　信息的基本类型 …………………………………………………… (115)
　　第五节　信息的基本功能 …………………………………………………… (120)
　　第六节　传播中的符号 ……………………………………………………… (122)

第七章　传播受众与分析 ……………………………………………………… (132)
　　第一节　受众的内涵 ………………………………………………………… (132)
　　第二节　受众的分类及特点 ………………………………………………… (133)
　　第三节　受众的权利及目的 ………………………………………………… (137)
　　第四节　受众与信息反馈 …………………………………………………… (139)
　　第五节　受众的调查 ………………………………………………………… (143)
　　第六节　关于受众的理论 …………………………………………………… (148)

第八章　传播的心理分析 ……………………………………………………… (152)
　　第一节　传播心理学渊源 …………………………………………………… (152)
　　第二节　传播主体的心理分析 ……………………………………………… (155)
　　第三节　传播客体的心理分析 ……………………………………………… (161)
　　第四节　传播中的心理互动 ………………………………………………… (166)

第九章　传播媒介分析 ………………………………………………………… (171)
　　第一节　大众传播媒介 ……………………………………………………… (171)
　　第二节　网络新媒体与信息社会 …………………………………………… (176)
　　第三节　媒介理论 …………………………………………………………… (178)

第十章　传播效果研究与最新理论 …………………………………………… (183)
　　第一节　传播效果的概念与类型 …………………………………………… (183)
　　第二节　传播效果研究的进程与经典理论 ………………………………… (186)
　　第三节　互联网与传播效果理论发展 ……………………………………… (196)

第十一章　传播学研究方法与技术更新 ……………………………………… (200)
　　第一节　传播学研究基本范式和方法 ……………………………………… (200)
　　第二节　计算社会科学与传播学研究 ……………………………………… (212)
　　第三节　社会网络分析与传播学研究 ……………………………………… (215)
　　第四节　大数据统计与传播学研究 ………………………………………… (217)

参考文献 ………………………………………………………………………… (221)

后记 ……………………………………………………………………………… (227)

第一章

传播与传播学概述

传播是人类发展中的社会现象,是社会发展中的文化现象,是文化发展中的综合现象。传播可以说是人类一种早已存在的行为。正如美国传播学者威尔伯·施拉姆(Wilbur Schram)所说:"人既不是完全像上帝,也不完全像野兽,他的传播行为,证明他的确是人。"传播正是人类社会关系能够存在和发展的一种决定性的技能,传播以及有关传播现象的研究——传播学,与人类社会发展和日常生活息息相关。

传播学是研究人类社会传播活动及其规律的一门学科,它具有交叉性、综合性等特点。20世纪50年代,传播研究逐渐发展成为一门相对独立的学科。传播学研究内容主要包括人类传播历史、传播形态、传播结构以及过程等,以此形成相对具体的研究对象和完善的研究体系。

在国外,传播学经历了将近90年的发展,积累了坚实的学科基础,产生了完备系统的学科理论,但也面临着新媒体快速发展所带来的解释"失语"与技术导向困境。

在中国,传播学亦有近40年的发展历程,传播学研究经历了引进学习与发展创新的过程,滋养了新闻学等传统学科,也面临着理论调适与中国化创新等诸多问题。

第一节 传播、传播现象

一、传播的定义

从具体现象角度来看,传播无处不在、无所不在。人类文明正是在传播交流中发展起来的,任何一种知识的积累,任何一种思想观点、理论见解为人所知都离不开传播行为。传播的具体方式和方法有很多种,比如:声音,属于口语传播;挥手、微笑等,属于体态语传播。

从语言学的角度分析,传播学中所使用的"传播"是英语"communication"的对译词。"communication"词根源于拉丁语"communicatio"和"communis",词根的基本含义是指由两个或者两个以上的人或物共有或者共享事物。语言的进一步演变使"communication"有了"传达""交流""交通""信息"等多个意义,"传播"只是其内涵之一。所以传播本身就具有分享、共享的基本含义。

在中国,"传"与"播"两个字很长时间都是单独使用的。

"传"更多强调"流动"的意思。《墨子·所染》中的"此五君者所染当,故霸诸侯,功名传于后世","传"是传承、流传的意思。《抱朴子·行品》中的"而口不传心,笔不尽意","传"则是表达、流露的意思。

"播"的原意是指播种、撒种等,引申为"散布"等,强调"散开"的意思。《书·禹贡》有云"又北播为九河,同为逆河,入于海",其中的"播"就是分散的意思。《文心雕龙·檄移》中提到"明白之文,或称露布,播诸视听也",其中的"播"则多为传布、宣告之意。

现有研究表明,"传播"一词的合用,最早出现于《北史·突厥传》中的"宜传播中外,咸使知闻"一语,意思是广泛宣传、传扬。现当代语境下,人们在日常生活中一般将"传播"一词用于表达知识、消息、病菌等的传递与散播。例如,丁玲在《一颗未出膛的枪弹》中写道:"消息立即传播开了。"其中的"传播"就有散播的意思。

显然,通过以上分析我们能看到,国内外对"传播"和"communication"词义的理解略有区别,并不完全相同(见表1-1)。

表1-1 "传播"与"communication"的差异比较

词语 含义	传达	传染	交通	交流
传播	√	√	×	×
communication	√	√	√	√

"Communication"的内涵更强调传播的双向性和行为主体的平等性,而"传播"则强调动作的施动方与被动方的主被动关系。另外,"communication"的外延更为广泛。所以,中文的传播一词并不能完全涵盖"communication"的所有意义。但因为我国学界的约定俗成,一般仍沿用"传播"来指代"communication"的基本含义。

在传播学研究中,对传播这一基本概念的定义很多。学者的统计表明,上百种的各类界定见诸不同研究者笔下。

当前,国外学者对传播基于不同学科视角所形成的具有代表性的定义有如下几类:

(1) 符号说。皮尔士(Charles Sanders Santiago Peirce)是符号说的代表人物,他从符号学的角度出发,认为"传播即观念或意义(精神内容)的传递过程"。伯纳德·贝雷尔森(Bernard Berelson)等也认为"运用符号——词语、画面、数字、图表等传递信息、思想、感情、技术等。这种传递的行动或过程通常称作传播"。

(2) 共享说。亚历山大·戈德(Alexander Goard)则是共享说的代表人物。他认为,传播"就是使原为一个人或数人所有的化为两个或更多人所共有的过程"。施拉姆(Wilbur Schram)同样强调,传播是"'共享'信息、思想或态度"。

(3) 影响(劝服)说。卡尔·霍夫兰(Carl Hovland)是影响(劝服)说的代表人物。他从心理学的角度出发,认为传播就是"某个人(传播者)传递刺激(通常是语言的)以影响另一些人(接受者)行为的过程"。

(4) 互动关系说。乔治·赫伯特·米德(Mead George Herbert)是互动关系说的源头代表人物。他认为,"互动,甚至在生物的层次上,也是一种传播"。乔治·格伯纳(George Gerbner)也认为,"所谓传播,是通过信息进行的社会的相互作用"。库利(Charles Horton Cooley)从社会学的角度揭示了传播的互动特性,他指出:"传播是指人与人关系赖以成立和发展的机制——包括一切精神象征及其在空间中得到传递、在时间上得到保存的手段。它包括表情、态度、动作、声调、语言、文章、印刷品、铁路、电报、电话以及人类征服空间和时间的其他任何最新效果。"

国内学者对传播的定义也具有一定的代表性：

(1)郭庆光从社会学角度出发,认为传播是社会信息的传递或社会信息系统的运行。

(2)邵培仁则更多基于符号学的视角,认为传播是人类通过符号和媒介交流信息以期发生相应变化的活动。

(3)胡正荣坚持信息论的视角,把传播视为信息流动的过程,并指出,传播包含两个要素——信息(传播的材料)、流动。

(4)张国良更多基于信息互动的角度,认为传播即传授信息的行为(或过程)。

国外学者对传播的界定,大多是传播学发展早期的代表性定义,往往只从一个角度强调传播的某个特征：或结果,或过程,或要素,等等。并没有全面地看待传播活动和传播现象。国内学者的定义则借鉴或综合了国外学者的早期代表性观点,且表现出对"信息"要素在传播过程中的理解和强调。

从以上这些定义中,我们至少可以理解四层含义：

(1)强调共享。强调共享即我们在传播的时候,是努力想同别人确立"共同"的东西,也就是想努力"共享"信息或思想。

(2)强调互动和关系。强调互动和关系即传播就是人际关系借以成立的基础,又是它得以发展的机理,就是说它是精神现象转换为符号并在一定的空间得以搬运,经过一定的时间得以保存的手段。

(3)强调目的、影响和反应。强调目的、影响和反应即传播就是传播者传递刺激以影响受传者行为的过程。

(4)强调符号。强调符号即传播就是用语言等来交流思想。

以上四层含义是传播概念中应包含的重要内容。另外,我们还应该注意到,传播最普遍的意义由两个要素构成：一是信息,也就是传播的材料；二是流动,也就是传播的方式。综合来看,传播的基本要素应该包括参与者(何人)、信息(何事)、语境(何处)、信道(如何)、有无噪声(分散注意力的东西)和反馈(反应)。

从现实发展来看,新媒体的快速发展已经使传播活动变得更加迅速、多元、广泛和深入。一个事实是,在网络虚拟环境下,自我传播、人内传播已经得以显露：潜舆论显化已成为普遍现象,自拍、独白正从个人内心深处曝光在群体聚光灯下。传播主动、被动方的关系开始模糊,传播主客体的关系正在重建,传播的语境传播方式正在从传递、交流变得更为复杂,传播的噪声变得更多,传播的反馈更加极端。

综合以上分析,我们将传播定义为：在现实和虚拟环境中建立和阐释可激发回应的信息的过程。

这一定义涵盖了传统和现代传播形态的基本特点,有助于初学者结合理论和现实境况对传播现象深入理解。并能牵引初学者探究和学习传播学领域的整个理论体系,感受传播学发展与衍生的脉络与走向。

二、传播现象与信息社会

传播是广泛存在的一种普遍现象。这种现象从宏观上来说,既存在于无机世界,也存在于有机世界里。比如声音的传播,就是一种无机的物理传播现象。而动物对地震的预先感知,则是有机世界传播的效果所致。有机生命世界的传播现象,又可以分为动物传播和人类传播两大类型。

不论何种传播现象,都离不开传播的关键核心——信息。没有信息的传播无从谈起,脱离传播的信息则失去价值。特别是在人类社会,传播与信息是一个不可分割的整体。

当人们剥离开传播的外衣,发现存在其中的内核——信息的时候,传播学的面貌才发生了根本性的变化。

所以,理解传播现象,绕不开对信息的讨论。本书第七章将围绕传播与信息具体展开,这里,只对与传播现象相关的信息社会进行概述,以期找到本书论述传播与传播学的逻辑起点。

传播现象和信息自古皆有,但是直到20世纪50年代,人们才对传播现象和信息两者产生了浓厚的兴趣,并因此产生了传播学这门独立学科。究其原因,就是人类社会的发展已经迈入了一个崭新时代,那就是信息社会的到来。正是因为信息社会的浪潮越来越强烈地冲击着现实生活,才使得信息与传播的问题成为继续研究与深入探讨的核心问题。

所谓信息社会,通常指的是"信息成为与物质和能源同等重要甚至比之更加重要的资源,整个社会的政治、经济和文化以信息为核心价值而得以发展的社会"。信息社会也称为信息化社会,是指脱离工业化社会以后,信息将起主要作用的社会。"信息化"的概念是在20世纪60年代初提出的。一般认为,信息化是指信息技术和信息产业在经济和社会发展中的作用日益加强,并发挥主导作用的动态发展过程。它以信息产业在国民经济中的比重、信息技术在传统产业中的应用程度和信息基础设施建设水平为主要标志。

美国社会学家丹尼尔·贝尔(Daniel Bell)最早在《后工业社会的来临》一书中对信息社会做出了理论阐释。他所指称的"后工业社会"(post-industrial society),其实就是信息社会。在《后工业社会的来临》一书中,他将人类社会的发展分成三个阶段,即前工业社会、工业社会和后工业社会。前工业社会的特征是生产方式为刀耕火种,满足的是人最基本的物质需求,过的是自给自足的生活,所以是农业社会时期的典型表现;在工业社会中,生产工具变成机器,出现了社会化大生产的生产样式,生产的目的也发生了根本改变,从原来的自给自足转向转移劳动所得,获得生产利润和财富;在后工业社会中,整个社会开始围绕知识也就是系统化的信息而运作,产品经济向知识经济转变,专业技术人员成为社会主导。总之,这是一个从农业社会到工业社会直至信息社会的发展模式,一个"农民—工人—职员"的变化过程。

后工业化理论的代表人物还有阿尔温·托夫勒(Alvin Toffler),他是著名的未来学家,其代表著作为未来三部曲:1970年的《未来的冲击》,1980年的《第三次浪潮》,1990年的《权力的转移》。其中,《第三次浪潮》更为人所知。在这部著作里,托夫勒将人类文明分成三个阶段,即农业革命、工业革命和信息革命。农业革命使人类告别了原始的渔猎时代,开创了农业社会;工业革命带来了群体化、标准化、同步化、集中化、大型化和集权化,将生产和消费区分出来,极大地解放了生产力,提高了劳动效率,但同时也带来诸如商品拜物教等重大危机;信息革命带来了多样化、个性化与小型化,知识和信息在生产环节变得更为重要,生产和消费重新聚合,新媒体时代的众筹等都带有明显的信息社会生产方式的特征。

约翰·奈斯比特(John Naisbitt)的著作《大趋势》则进一步将信息化社会的特征呈现给公众。他在这本书中描述了信息社会的五个主要特点：①信息社会是一种经济的现实，而不是抽象的思想。②通信系统和计算机技术的革新，消灭了信息的流程，加快了变化的步伐。③新信息技术会首先应用到旧工业部门去，然后再逐渐产生新活动、新方法和新产品。④在这个知识密集的社会，我们比以往任何时候更需要具有基本的阅读和写作能力。⑤新信息时代的技术不是绝对的，它的成功或失败取决于高技术和深厚感情的原则。

当前，网络经济对传统经济的深度改造和重塑，正在以近乎梦幻的现实印证和超越着人们曾经对信息社会的所有想象。网购变得普及，实体商业面临困境；网络剧加速发展，传统影视生产酝酿变革……

总之，农业社会以农牧业为基础，工业社会以制造业为基础，信息社会以信息业为基础。

现实社会中，各国都把发展信息产业作为国民经济的重要战略目标。1993年，美国提出建设信息高速公路计划，其正式名称为"国家信息基础设施"(National Information Infrastructure, NII)，俗称"信息高速公路"(Infromation Super-highway)。英国等国也相继投入巨资建设信息高速公路，强占信息社会主动权。

中国的信息化建设也非常迅速。1993年，中国启动了"三金"（金桥、金卡、金关）工程，开始了一系列信息化相关工程。1997年，中国提出了信息化建设指导方针："统筹规划，国家主导；统一标准，联合建设；互相连通，资源共享。"与此同时，还确立了信息化建设目标：2000年以前，初步形成一定规模和比较完善的国家信息化体系；2010年以前，建成健全、具有相当规模、先进的国家信息化体系。截至2018年6月，我国网民数达8.02亿，互联网普及率57.7%（见图1-1）。

图1-1 中国网民规模和互联网普及率

截至2018年6月，我国手机网民数达7.88亿，较2017年末增加了4.7个百分点，网民通过手机接入互联网的比例高达98.3%（见图1-2）。

图 1-2 中国手机网民规模及其占整体网民比例

第二节 传播学的研究对象和基本内容

第二次世界大战以来,人们对传播行为在历史发展进程中的巨大作用开始有了初步的认识,特别是传播业在第二次世界大战中发挥的积极作用,促使西方学者开始对传播这一社会学范畴的内容产生浓厚的兴趣。于是,对于传播行为及其相关因素的研究越来越引起人们的重视。一门新的学问应运而生了,这就是传播学。

什么是传播学?依据对传播的定义以及传播学本身的特点,我们可以将传播学界定为研究现实和虚拟环境中信息传播及其传播规律的科学。

传播学的研究对象是什么呢?从传播学的定义来看,传播本身、传播规律以及传播与社会的关系等都是要研究的关键要点。要构建传播学的研究体系,必须明确传播学的研究对象。国内外学者对这一问题的理解存在差异。多数学者认为传播学的研究对象为"人类传播行为及其规律"。传播学的集大成者威尔伯·施拉姆(Wilbur Schram)认为:传播学是"研究人的学问","人类传播是人做的某种事",我们研究传播时,我们也研究人——研究人与人之间的关系以及他们所属的集团、组织和社会的关系;研究他们怎样相互影响和受影响、告知他人和被他人告知、教别人和受别人教、娱乐别人和受到娱乐。施拉姆对传播学研究对象的这种概括,表现了他是把人所具有的社会关系作为出发点来研究人类的传播行为的。从这一角度往往能观察到传播行为的本质。施拉姆还强调了人怎样相互影响、相互传播、相互接受等,即怎样互动,亦即互动中的方式、手段,实际就是传播的方式、方法。也有学者认为传播学的研究对象是"传播过程"。

目前,结合施拉姆对传播学研究对象的论述,所形成的较为一致的看法是:传播学是研究人类社会信息交流现象及其规律的一门科学。具体地说,传播学研究人类信息传播的内容、方式、方法,传播的社会作用,传播的效果,传播的控制,传播者与受传者的各自特点及其相互之间的关系等。传播学不仅要研究人们怎样使用传播媒介进行信息交流,还要研究传播媒介的种类、发展变化及将来的发展趋势,各种传播媒介之间的相互关系,人和传播之间的相互关系等。具体来说,有以下几个方面。

一、传播过程中的内部结构及规律

传播是一种关于传播者与受传者之间关系的特殊社会活动。传播是一个系统,更是一种过程。任何传播行为和活动都发生在复杂的社会背景下,同时又具有自己独立的结构和运作机制。从这个角度来看,传播活动是一个自组织和他组织结合的系统。所以我们既需要研究其自组织特征,又需要研究传播行为和活动的他组织特性。研究其自组织属性,就是研究传播过程中的内部结构和规律。按照拉扎斯菲尔德(Paul Lazarsfeld)的研究,人类传播行为和活动的过程基本包括控制分析、内容分析、媒介分析、受众分析和效果分析。显然,这样的模式化抽离,揭示了传播过程的基本要素和结构,利于从微观角度研究传播的相关问题,但是传播过程的复杂性决定了这种抽离的缺憾和某种程度上的失真。所以,后期研究者关于信息、关于反馈等概念的引入,是对传播过程的内部结构和规律的进一步探究和深入。

总之,从传播学发展的脉络来看,对传播过程中的内部要素、结构及其规律的研究,是传播学研究的一条主线和重点。本书即延续这样的基本结构进行架构,以期最大限度地反映传播学的相关理论和知识。

二、传播活动中的价值、文化与规范

传播学主要研究人类的传播行为和活动。人们在长期的传播实践中,积累了丰富的经验和认识,这些经验和认识在一定程度上约束着自身的传播行为。所以,研究和探讨这些传播实践中总结出的价值、文化和规范,是传播学研究中的另一项重要内容。

三、传播与社会的相互关系和作用机制

人类传播与社会发展有着重要的关系。传播通过信息交流等,促进社会经济、文化发展,影响人们的生活方式和价值观念。但同时,传播也可能造成社会动荡、引发低俗文化泛滥、对消费社会推波助澜。所以,传播对社会的发展具有重要的作用。

在现实社会中,社会系统对传播子系统还具有控制效应,主要表现在:第一,传播业的发展依赖社会系统提供基本资料来源;第二,传播技术的创新受制于社会整体生产水平的高低;第三,传播的运用与服务取决于统治阶级利益;第四,政府通过行政、法律和经济手段可以对传播活动进行调节。

综上,由于分类方法的不同,传播研究的内容可以分成不同的部分或者方面。按照传播过程中所涉及的诸环节,传播研究可以划分为传播者研究、传播内容研究、传播媒介研究、受众研究、传播效果研究等。

我们还可以按照传播系统及其与整个社会的关系,把传播研究划分为对传播过程本身的研究、对传播的社会功能与作用的研究、对传播的社会控制的研究等。

第三节　传播学的学科定位及与其他学科的关系

传播学相对于经济学、管理学等成熟的学科来说，是一个年轻的学科。研究对象的复杂性和多样性，决定了传播学研究的多学科性。所以，简单来说，传播学是一门多学科交叉的新兴独立学科。

从学科属性来说，特别是当前环境下，新媒体快速发展，对传播学的理论研究提出了新的挑战。在这种形势下，传播学更强调问题导向、对策性研究。所以，传播学的经验学派在中国应该会有更大的理论研究前景和发展空间。

从传播学发展的历史来考察，社会心理学、社会学、政治学、新闻学，甚至计算机科学、信息科学、工程学等学科都与传播学有密切联系。

一、传播学和社会心理学的关系

从某种意义上说，传播学是一门行为科学。正是在这一点上，社会心理学构成了传播学的基础学科。20世纪20年代初，行为主义理论引起了美国所有心理学家的注意和想象，深刻地影响了后来的社会心理学研究和传播学研究，传播学中的传递与反馈研究，就受到了"刺激-反应"模式的强烈影响。

20世纪30年代，美国社会心理学同社会学、文化人类学一起，对小群体中的人际行为做了多方面的研究。社会相互作用论是这一时期的主要理论。米德把社会相互作用视为联结个人与社会的"媒介过程"，因此，在米德那里，个人行为带有相互性和社会性，正是这种社会的相互作用造就了人格形成的外部条件。米德还认为，由于意识的存在和它的作用，使得人们能够通过别人对自己的态度看到自己、认识自己。

社会相互作用论实际上已从理论上解决了传播过程研究中的许多理论问题，如态度的形成与改变、意识在信息处理中的中介作用等。20世纪40年代初期，社会心理学家和传播学者卢因的群体心理研究，同样以人际互动为主要研究对象。卢因最重要的贡献是提出了"群体动力论"和"场论"，他认为人类行为就是各种在个人心理空间起作用的功能。他用大量的实验证明，协调的人际关系和人际互动所造成的群体气氛，有利于工作效率的提高。他和助手进行的另一项著名实验，是对领导方法与效率关系的研究。研究证明，独裁型和放任型的领导方法，都不利于效率的提高，只有民主型的方法效果最好。

总之，社会心理学与传播学的联系是如此紧密。新媒体环境下，研究网络传播、网民传播等行为，都需要社会心理学的理论知识。

二、传播学和社会学、政治学的关系

20世纪前半期，资本主义世界重新划分势力范围的两次世界大战，使国家间、民族间、阶级间既相互依存又激烈冲突，报纸及新的传播媒介——广播、电报、电视等的广泛应用，引起了社会学家、政治学家的密切关注，传播开始成为影响社会公众态度、舆论宣传的重要途径以及

政府实现其政治和军事目的的重要手段。传播显示出鲜明的时代性、强烈的阶级性、高度的综合性、广泛的舆论影响力和宣传的有效性。于是,对舆论、竞选、宣传等传播活动的研究蓬勃地开展起来,这对社会学、政治学的发展都产生了较大影响。同时,社会学、政治学也为传播学的发展提供了理论基础和研究方法;许多政治学家、社会学家本身就是最早的传播学者。两者对传播学形成的贡献,主要表现为对传播现象的研究,即对宣传的研究、对舆论的研究或对投票行为的研究。

宣传研究是和政治学家拉斯韦尔密切相关的。1927年,拉斯韦尔出版了他的博士论文《世界大战中的宣传技巧》,描述和分析了第一次世界大战中,各交战国之间的政治和军事宣传战。"宣传"从此成了政治家和社会学家的热门话题。1935年,拉斯韦尔出版了《世界革命的宣传》,进一步发展了对宣传进行分析的基本方法。同年,在美国社会科学研究会的支持下,拉斯韦尔等人合编了《宣传与推行》一书。这本书的目的在于用科学的方法分析与研究"宣传的功能及其社会控制",探求宣传的基本规律。

从宣传研究开始,拉斯韦尔推而广之,走向了大众传播研究。1948年,他发表了《社会传播的结构与功能》一文,拉斯韦尔提出了最经典的传播过程模式。

研究投票行为的还有社会学家拉扎斯菲尔德。拉扎斯菲尔德1932年初来到美国,即着手对无线电媒介的传播行为进行调查研究,包括受众、投票行为动机、竞选宣传、大众媒介效果以及人与媒介的影响力比较。他用社会学方法对1940年的总统选举进行了详细调查,于1944年发表了题为《人民的选择》的调查报告。

三、传播学和新闻学的关系

在大众传播学产生之前,新闻学是唯一研究传播现象的学科。由此,可以说传播学的前身是新闻学,与其渊源最深的便是新闻学,但是传播学不等于新闻学,这是两个有着密切联系的不同学科。

新闻学产生于19世纪末20世纪初,传播学产生于20世纪40年代。早期的传播学从属于政治学、社会学、心理学,成为这些学科的有机组成部分。传播学的早期研究者并不是新闻工作者,而是一批政治学家、社会学家和心理学家。第二次世界大战之后,传播学作为专门的学科产生了,并且研究的重点也转到了大众传播上。这样,传播学研究的内容与新闻学研究的内容就有了相似之处,都是把媒介传播信息问题作为自己的研究对象。可以说,新闻学是传播学的先导,传播学则是新闻学的发展。传播学与新闻学之间既有血缘关系,又有很大差异。

传播学与新闻学之间的差异主要表现在以下方面:

首先,从研究风格上看,传播学注重理论研究,而新闻学则注重业务研究;传播学以"原理"为重点,新闻学则以"术"为重点。19世纪末叶,新闻事业迅速发展,新闻工作日趋复杂,需要大批经过职业训练的专业人员去从事新闻工作,这样,新闻教育就应运而生,新闻学也随之出现,以适应培训新闻专业人才的需要。初期的新闻学著作大都是有关新闻业务方面的。如美国早期新闻学著作就是舒曼1903年撰写的《实用新闻学》,随后1911年威斯康辛撰写的《报纸写作与编辑》和罗斯撰写的《新闻写作》等,都是有关新闻业务的。后来尽管新闻学研究的领域有所拓宽,但很少有专门讲述新闻理论的书,一般新闻书籍中主要谈论的是业务训练,如新闻采访、写作、编辑、评论、广告等,理论问题只是限于新闻事业的性质、作用等方面,而且研究所占的比例很小。

随着各种传播媒介的发展,尤其是电子媒介的出现和普及,传播媒介对社会政治、经济、文化的影响愈来愈大,大众传播给社会既带来积极影响,也带来消极影响,随之出现了许多新的问题需要解决。这时仅靠新闻学的理论已远远不够了。传播事业的迅速发展及其对社会的巨大影响,要求学者跳出以往狭隘的研究圈子,把大众传播作为社会整体的一部分,从宏观角度,借助社会学、心理学等的研究方法,对传播媒介的功能、效果等问题进行全面的、立体的研究。传播学不仅研究传播要素的特点,研究传播造成的种种社会现象,而且要研究传播现象背后的社会本质规律。因此,它的理论色彩无疑是很浓的。

其次,从研究对象上看,新闻学研究的范围相对要窄一些,传播学研究的范围则宽得多。新闻学研究的对象包括报纸、杂志、广播、电视、记者、编辑、通讯社等,其重点是报纸、广播、电视的新闻传播工作;传播学除了研究报纸、广播、电视之外,还要研究书刊、电影、录音、录像等传播媒介的传播活动。广义的传播学还包括内向传播、人际传播、群体传播、组织传播、公众传播、国际传播等内容。狭义的传播学则侧重于大众传播媒介的研究,大众传播媒介传播新闻的过程是新闻学和传播学共同研究的对象,但大众传播媒介的其他功能如娱乐、教育等则是新闻学无法包括进去的。传播学则很自然地把它们纳入自己的研究领域,并给予相当的重视。同时,研究公共关系、民意测验、广告等也是传播学所要涉及的内容。传播学比较重视对广播电视的研究,但也不忽视对报纸、杂志、电影等其他传媒的研究,并时常将各种媒介的功能与效果加以分析比较,找出它们各自的特点及其相互影响的规律。

再次,从研究内容上看,传播学与新闻学也存在很大差异。新闻学侧重研究与新闻有关的各种内容外,还把传播媒介所传播的其他各种信息作为自己的研究内容。新闻学注重研究新闻信息的传播规律、传播方法。具体地说,新闻学研究新闻内容的各种关系,即新闻与政治、新闻与经济、新闻与法制、新闻与文化、新闻与道德、新闻与伦理等,通过对这些关系的研究,揭示新闻对社会进步和社会发展的影响和有关规律;新闻学还研究新闻文体的写作方法、采访艺术、编辑技巧等新闻实践的诸多问题。传播学则不是孤立地研究某一种传播媒介或某种传播媒介的具体业务,而是将各种传播媒介视为一个系统、一个整体,考察它与整个社会系统之间的关系,研究传播行为的发生、发展,传播者的素质、特性,传播媒介的特性、作用,传播行为的社会影响以及受众的反应,传播行为的控制等,它是把整个传播系统置于整个社会系统背景之下去考察、分析、研究的,所以,传播学的社会学、政治学价值比较突出。

第四,从研究方法上看,新闻学通常从新闻理论出发,对新闻工作的实践加以考察、分析,通过大量新闻现象的归纳、推理,去判断某一事物的性质,主观色彩比较浓。可以说,新闻学是运用新闻理论研究新闻实践的学问,其研究方法显得单纯一些,所接触的面也相对较窄。而传播学的研究方法则比较多,由于它与社会科学、自然科学的关系比较密切,所以,它往往可以将这些学科的方法运用到传播学研究中。如社会学方法中的社会调查法、定量分析法,心理学方法中的心理测试法,自然科学中的实验方法,统计学方法中的数量统计、量表等以及信息论、系统论、控制论等都成为传播学的研究方法。采取这些方法研究传播现象,可以使结论更加准确、科学,更有利于传播学研究的深入发展,也更有利于指导传播实践。所以传播学的研究方法比新闻学要显得更全面、系统。

综上所述,传播学研究所有信息的传播现象;新闻学则主要关心新闻传播。因此,我们可以说,在研究传播信息这一点上,传播学与新闻学是共性与个性的关系、普遍性与特殊性的关系、宏观把握与微观剖析的关系。二者之间得以联系的纽带是信息,因而它们与信息学都有着不可分割的关系。从以上对传播学与新闻学的比较分析中,我们基本上可以了解传播学的一些特性。我们既不能把传播学混同于新闻学,又不能将传播学与新闻学对立起来,只有把二者结合起来,互相吸收另一学科的长处,互相补充,互相促进,才能不断丰富和发展新闻学研究,也只有这样才能不断推进传播学的发展。

四、传播学和自然科学的关系

传播学形成的物质基础源于自然科学的进步,具体而言,是信息科学的发展带来传播媒介的巨大革命。从19世纪末到20世纪,一方面,报纸的印刷和发行规模扩大;另一方面,新的传播媒介,如广播、电报、电影、电视、计算机网络出现了。媒介的增加、交通的发达,使得人与人之间的互动增加,传播现象开始引人注目。传播学才由此诞生和发展。

实践证明,随着科学技术尤其是信息技术的发展,历史上每一种新媒介的诞生,都给社会带来巨大冲击,也给传播研究带来深远影响。15世纪中国活字印刷的出现,为世界文明做出了巨大贡献,印刷业和报刊业迅速发展,成为长时间内主要的传播媒介。19世纪末电信传播的发展,使电子传播逐步替代传统的印刷传播,电报、广播、电话、电影、电视与高速印刷的发明,直接导致了传播学的产生。20世纪50年代后,电信革命的巨大成果,使传播方式更加多样化,通过太空传播,如卫星电视、卫星报纸等,使人们可以清晰、即时、同步地获得信息。

传播学与信息科学更加息息相关。21世纪,随着现代信息技术的飞速发展,继报刊、电台、电视台之后的"第四媒体"迅速崛起,互联网和信息高速公路是知识经济时代的重要支柱,也必将是传播学发展的最大推动力。特别是社交媒体的出现,移动互联网的发展,既为共享经济提供了舞台,也为传播学和新闻学研究提出了挑战,新媒体以及与之相关的各类研究成为新闻学和传播学研究共同的热点。

思考题

1. 传播的定义是什么?
2. 传播学研究的内容包含哪几部分?
3. 请论述一下传播学与新闻学的关系。

第二章

传播学的兴起、发展与变革

可以说,自生命诞生起,信息的交流就已成为必然。但是,动物的传播现象比起人类来,要简单得多。语言的产生是传播历史中划时代的事件,自从有了语言,人类的传播活动才得以形成,传播学才有可能成为我们今天所熟知的一门科学。

从学科的角度来对传播现象进行总结,以得出规律性的结论,从而更自觉、科学地指导实践,则是进入20世纪以后的事。一般来说,传播学研究者论及传播学缘起时,会沿用施拉姆的观点:传播学创始于20世纪40至50年代。但这是有着强烈的时代背景的,并且与这一时期的奠基者的卓越贡献紧密相连。

第一节 传播的发展阶段

人类社会的传播活动从初级形态到高级形态,大致可以划分为口语阶段、文字阶段和电子阶段。传播的形式大体可以总结为口语传播、手写传播、印刷传播、电信传播、图像传播、太空传播和网络传播。其中,口语阶段是人类传播发展的第一阶段;手写和印刷传播可以归结为书写一类的传播;而电信、图像、太空和网络传播,则是随着电磁学的产生、应用和科技的发展而出现的电子传播(见图2-1)。

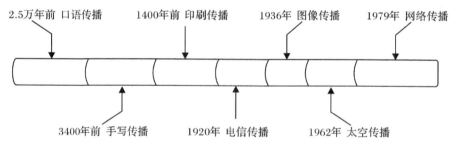

图 2-1 人类传播形态发展史

一、口语传播阶段

人类在创造自己的文字符号之前,使用的是与其他动物相似的符号进行传播的。其中:视觉通道所使用的传播符号有手势、动作、物体等;听觉通道所使用的传播符号有原发性声音符号、模拟性声音符号等。

人类具有独特的符号体系,起源于约3万年前的洞窟壁画,以及约2.5万年前的有音节的语言。人的发声从单音到复音,从模糊的音节到清晰的音节,从含义不清的叫声到有意义的声音,是一个长期的过程,也正是这样产生了人类的口头语言。关于人类语言的起源,目前有不同的假说:一是模仿说,认为语言是人类通过模仿自然声音而形成的(例如狗叫声、雷鸣声等),由此形成类似"汪汪"理论等的模仿假说;二是感叹说,认为语言发生是由表达感情而产生的(例如表达喜怒哀乐等情绪时的声音);三是劳动口号说,认为语言是人在劳动中不自觉发声形成的;四是歌唱说,认为语言是人类在传播感情和欢庆事件时各种声音的集合;五是上帝赋予说,认为语言是上帝创造的。人类的口头语言表达从有意义的声音,发展到能代表抽象事物与简单的语法结构,约在1.4万到1.6万年前。总之,语言学家认为,语言的发展与劳动工具的演进有关,社会学家则认为语言的发展同人类群居与联合谋生有关。无论是觅食、避灾,还是御侮、交往等都推进语言的逐步进化与完善。而目前较为公认的语言起源理论是恩格斯的"共同劳动"理论,认为"语言起源于共同劳动"。

人类社会是通过人们使用人类独特的符号体系进行传播而形成的。口头语言传播是人类社会早期具体独特的传播形式,同时也是人类社会在以后任何发展阶段中最基本的传播形式。口头语言传播有其局限性,表现为一个是空间限制,即只能局限在人际传播的范围内;另一个是时间限制,即口头语言转瞬即逝,有关信息只能靠个人的记忆保持。

二、文字传播阶段

原始社会人口的小规模群居组成部落,人们以采集野果和渔猎为生。为了同更多的人联络,为了运转日益复杂的社会组织,为了传承知识与经验,人们创造了文字。关于文字起源,约在公元前4000年,两河流域和埃及出现象形文字,但也有学者认为文字产生于公元前3000年左右,还有学者认为文字出现在公元前6000年左右。公元前1700年,苏美尔人发明楔形文字;公元前1200年,希腊人发明字母文字;公元前3400年前,中国出现甲骨文。总之,最早出现的文字是图形文字,这是比口头声音语言更适宜保持和理解的形象语言。以后,分化出象形文字。文字最早的书写工具是刀笔,以后才是毛笔。在中国,文字出现后传播样式和媒介变得丰富了,人类传承文化和传递经验的方式出现了重大变革和突飞猛进的发展。人们把文字刻在金属器皿上,形成了以钟鼎文为代表的早期文字;把文字刻在龟甲兽骨上,形成了甲骨文;把文字刻在石器上,形成了以石鼓文为代表的刻石文;把文字刻在黏土板上,形成楔形文;把文字刻在竹木上,形成竹木文。

由此可见,文字是在人们生产活动大量增加、需要沟通,同时又要将图画简化、规范的情况下出现的。文字的发展和使用是人类进步历程中最有意义的成就之一。它弥补了口头语言时空障碍的缺陷,具有规范、便于携带、长期保存等优点,所承载的信息也由简单、容易变得复杂、繁多。

公元 105 年，我国东汉宦官蔡伦改进了造纸术，这使手写传播的空间大大扩张。中国的造纸技术最早传入高丽，而后传入日本，到 14 世纪时欧洲国家普遍用纸。中国人对世界文明与人类传播做出了巨大贡献。

传播媒介和社会政治结构是紧密相关、相互适应的。以手写文书为最高媒介的传播体系，在纸发明以后，纸作为书写材料，仍然被政治、宗教统治者所垄断。手写传播面的扩大，受到了识字、文书复制的限制。因而，提高识字率、复制率，是手写传播体系发展的两条途径。

印刷传播的革命，突破了手写传播体系不能复制或复制率低下的局限性，使传播空间大幅度扩展。印刷媒介第一次大规模地扩大到了一般民众。最早的印刷术是我国发明的雕版印刷术，初创于隋代，盛行于唐代，"扩于五代，精于宋人"。

印刷术本身的进步是活字印刷的发明。约公元 1045 年，我国毕昇发明了活字印刷。公元 1450 年，德国人谷登堡发明了金属活字印刷机，将机械技术运用于印刷术。活字印刷机在社会日益增长的需要中渐渐成熟，从 16 世纪开始，印刷的速度大幅度提高，可以刊印成千上万种书籍。随着印刷术的推广，科学、哲学和宗教的进步，能读书识字，并能买得起书籍的人，开始拥有书籍。印刷不仅大量传播了宗教文化，还使其他内容的书籍增多，供应廉价，推动了教育与文化事业的发展，加速了新思想的传播。在西方社会，印刷推动了文艺复兴与思想解放运动。

我国最早的报纸是唐代的邸报。它最初只限于朝廷命官阅读，发布皇帝命令、朝廷消息，反映地方政治、经济动向，刊载政治信息。后来，邸报成为一般士大夫的读物，一直延续至清初。

到了宋代，仍沿用邸报的名称，但官报发布的制度日趋完善。元明清三代的官报增多。明代中叶以后，民间可以自设报房，选登宫廷消息。在清代还出现了一些民办报纸。

中国近代最早的报纸始于清代，是 1815 年外国传教士办的《察世俗每月统计传》等中文报刊。1858 年中国人伍廷芳在香港创办了《中外新报》，1874 年容闳在上海创办了《汇报》，1874 年《循环日报》在香港创刊，1876 年《新报》在上海创刊，1884 年《述报》在广州创刊等。

上述时期中国的报刊大体做到了：首先，为封闭的中国社会打开了一扇窗；其次，宣传了资产阶级改良派的思想，要求变革现状和发展资本主义；再次，为资产阶级革命制造舆论，动员民众参加反帝反封建斗争。

1894 年以后，以孙中山先生为代表的兴中会，先后在海内外创办了 120 多种报纸，有的发行量高达 2 万份。同时，具有民主主义与马克思主义思想的知识分子，先后创办了《新青年》《共产党》《劳动界》《劳动者》《劳动音》《劳动与妇女》《新华日报》《解放日报》等革命报刊。

西方最早的报纸出现在 17 世纪初，1605 年荷兰出版了《新闻报》。1665 年英国发行《牛津公报》，这是英国的第一份报纸。1666 年《丹麦新闻》在哥本哈根出版。1679 年《墨西哥公报》出版。1690 年英国《乌斯特邮差报》成为英国最早的地方报纸。1763 年，挪威《基督教消息报》创刊。1777 年《巴黎新闻报》创刊，成为法国最早的报纸。19 世纪初的美国工业革命使美国产生了大量的廉价报纸，其中最著名的是纽约的《太阳报》《纽约先驱报》《纽约论坛报》《纽约时报》等。

近现代西方资产阶级报业，也大体经历了三个阶段。

政党报纸阶段。17 至 19 世纪初，由于工商业不够发达，广告少，报业经济无法自给，只能依靠政府、政党的津贴；同时，由于报刊成本高，价格贵，民众里文盲多，限制了购买与阅读者的规模。因此，报纸以政论与政府新闻为主，读者主要是政府、政党的上层分子。

廉价报纸阶段。工业革命提高了印刷效率,发展了交通运输,降低了印刷成本,增加了广告收入,从而为报刊价格下降与扩大读者队伍奠定了基础。19世纪30年代,美国首先出现廉价报纸。当时,美国工人平均每天挣75美分,而一张报纸的售价是6美分。

垄断报纸阶段。19世纪末叶,西方资产阶级报业开始了兼并、集中的垄断过程。推动这一过程的因素有:①出版报纸需要的设备投资规模越来越大,只有较大的资本才能创办与经营;②扩大规模有利于充分利用机器设备,及早收回成本,获取利润;③广告客户愿意在销量大的报纸上做广告,因而报纸的销量越大,广告的收入就越高;④报业集团在广告、发行、特稿供应方面,均比分散经营的独立报纸有更多的便利条件;⑤工商业垄断资本已经形成,分散与自由经营的报纸不能满足垄断资本的需要,它们需要规模巨大、步调一致的垄断报业。垄断报业先是采取直接收买、兼并报刊等传播工具,接着改变方式,通过连锁董事会或多种经营公司等形式来垄断与控制传播工具。

近些年来,受新媒体的挑战,报纸的发行量明显下降。特别是随着智能手机等移动智能设备的普及,报业经营收入和发行量呈断崖式下跌趋势。有资料显示,截至2014年,世界报业印刷版发行量总体呈下降趋势,但是发展中国家市场和成熟市场有所不同。2013年世界报业印刷版发行量同比增长2%,但在5年内下降了2%。全世界约有25亿人阅读印刷版报纸,8亿人在数字平台阅读报纸。在中产阶级不断壮大和宽带普及率较低的国家,印刷版报纸发行量继续增长;但是在成熟市场,随着读者将注意力从印刷版转移到数字版,印刷版发行量出现长期的结构性下降。2013年,亚洲报纸(印刷版)发行量同比增加1.45%,拉美增加2.56%,北美下降5.29%,大洋洲下降9.94%,欧洲下降5.20%,中东和非洲下降1%。5年来,亚洲报纸(印刷版)发行量增长6.67%,拉美增长6.26%,中东和非洲增长7.5%,北美下降10.25%,大洋洲下降19.59%,欧洲下降23.02%。但同时,传统报纸的生存和生产方式正在因为媒介环境的改变而发生深刻的变化。《世界报业趋势2017》显示,2016年,报纸发行收入占全球报业总收入的56%(包括平面和数字发行)。"从广告到基于读者的收入模式转变正在重塑我们行业的基本面",世界报纸与新闻出版协会首席执行官Vincent Peyrègne称。长期以来依靠广告收入的报纸行业,正在转变为依靠发行收入。"注意力"市场正在被"信任度"市场取代,报纸生存的密码正在回归到"内容为王"。

三、电子阶段

电信的使用,使人类的又一个梦想实现了,使社会传播取得了新的进展。1844年5月24日,塞缪尔·莫尔斯发明了有线电报,从华盛顿向巴尔的摩发出了人类历史上第一份电报。从此,报纸开始采用这种电报。1848年,6家纽约报纸达成协议,联合建立第一家专用电报发稿的通讯社。1851年在多巴海峡、1866年在大西洋铺设了海底电缆,大陆块之间的电信业务开通了。1876年,贝尔发明了电话,使口头传播不再局限于面对面的空间。

1895年,意大利工程师马可尼发明了无线电报装置并使之实用化。1906年,美国物理学家福雷斯特发明了三极真空管,这是无线电广播向大众传播工具迈进的决定性一步。1910年,他与费森登合作实验,利用无线电波传递人声,获得成功。他们在纽约大都会歌剧院成功地广播了意大利歌唱家卡鲁索的男高音歌唱,引起了听众的极大兴趣,几年后,美国无线电公司研制成功了收音机。

1920年,美国西屋电器公司开办KDKA广播电台的申请获得批准,从而获得了美国第一个广播营业的商业执照,11月2日,该广播电台以报道总统选举中的得票数正式开始营业,进行正常的广播。这是无线电广播诞生的标志。广播受到美国民众的狂热欢迎,1922年底,电台数达到508座,听众达到100万。1926年,美国第一家无线电广播网——全国广播公司(NBC)成立。欧洲国家也不甘落后,纷纷创办广播电台。1922年,法国设在巴黎的无线电台正式播音,英国广播公司(BBC)也在伦敦正式播音,苏联中央无线电台开始播音。此后,德国、中国、日本等国也相继正式开办广播电台。

20世纪20年代,我国开始创办广播电台。1923年,美国人奥斯邦在上海设立的"大陆报-中国无线电公司广播电台"开始播音,这是中国第一座无线电广播电台。1926年,哈尔滨建立了中国最早官办的广播电台。1927年,中国北洋政府又在天津、北京建立了广播电台。1928年8月,国民党在南京设立了广播电台,以后又在各地设立了20多座广播电台。同时,国民党政府颁布了允许民间经营广播的条例,出现了一些商业、宗教、教育性质的私营广播电台。抗日战争中,爱国人士利用各地的广播电台,激励民众投入抗日斗争,鼓舞前线将士英勇奋战。1940年12月30日,中国共产党创办的延安新华广播电台开播。

电信传播与印刷传播相比,具有传播速度快、不受教育程度限制、附加播音员的感染力、受众面大等优点。

20世纪20年代,电影成为世界上前所未有的最大和最普及的商业性娱乐形式。电影经历了6个发展阶段,即无声电影、有声电影、彩色电影、宽银幕电影、立体电影、穹幕电影等。

电视的发明,是建立在一系列新技术之上的,特别是摄像技术。1923年,美国兹沃里金发明了光电摄像管并获得了专利权。1925年,英国贝尔德成功地进行了接收画面的实验。1926年1月16日,他在伦敦进行公开表演,将木偶彩像传到英国广播公司,再传回他的实验室。1935年,美国休恩伯格领导的研究人员演示第一个图像清晰的摄像管。1927年,美国电报电话公司把闭路电视图像从华盛顿传递到纽约,美国无线电公司在纽约博览会上做电视表演。1936年11月2日,英国广播公司建立了世界上第一座电视台,第一次播放电视节目。这是电视作为大众传播媒介正式诞生的标志。

电视经历了黑白电视、彩色电视、有线电视的发展阶段,或者说模拟电视和数字电视的发展阶段。

1957年,苏联发射了第一颗人造地球卫星,这标志着全球信息革命的开始。1962年7月10日,美国电话公司发射了第一颗通信卫星,使美国与欧洲第一次同时看到同一个电视节目。1965年美国发射同步通信卫星,使全世界每一个角落都可以接收相同的信息。以后许多国际通信卫星发射上天。1984年4月8日,我国成功地发射了第一颗同步通信卫星,这是我国信息革命来临的信号。我国的通信卫星不仅承担了电话、传真方面的业务,而且还为许多部门提供电视、广播、数据通信、图像传送等方面的通信业务服务。

20世纪80年代以来,新的传播形式日益普遍,主要有:①卫星广播。即由太空中的"静止"卫星把地球上电台传来的电波增幅,再以特定的方向传送广播。②卫星报纸。有些国家的大报通过卫星传送版面,在远离编辑中心的本土或他国读者的所在地印刷。③文字广播。利用电视广播的电波间隙,传送文字、图像等信息,并将这些信息显示在画面上。

20世纪70年代末80年代初开始使用新媒介,双向文字图形系统将电脑中的信息以文字图像的方式呈现在家庭或企业的终端机上。

此后,信息高速公路出现了。信息高速公路是现代社会最新的传播媒介。信息高速公路是一个以现代计算机网络技术为基础、以光导纤维为骨干的双向大容量和高速度电子数据传递系统,是一个把现代各种最新技术结合在一起的信息网络。这种网络系统把所有的通信系统、电脑数据库和电信设施连接起来,融合了现代计算机联网、电话和有线电视、无线电通信系统的所有功能,传送文字、声音、影像。网络传播已经使社会的生产方式、工作方式和生活方式发生了翻天覆地的变化。

现在,在人工智能、物联网、VR/AR等新技术的推动下,媒体已经出现智能化的趋势。智能化的特征主要体现为万物皆媒、人机共生、自我进化。智能技术与新闻生产的结合,将带来五种新的新闻生产模式:个性化新闻、机器新闻写作、传感器新闻、临场化新闻以及分布式新闻。未来的传媒业生态也将在用户系统、新闻生产系统、新闻分发系统、信息终端等方面实现无边界重构。

第二节 传播学的研究历程

传播学是一门年轻的学科,与它的研究对象——人类信息传播活动的悠久历史相比晚了几千年。作为学科的独立、系统的研究,从意识到信息传递这一传播的本质的角度去研究传播现象,从而产生传播学,是20世纪以来的事情。

一、传播学的萌芽阶段(人类诞生—19世纪末)

人类传播活动与人类的存在如影相随,和人类的历史一样古老,随着人类的发展而发展。当人类懂得用抚摸、眼神表情达意,用声音的高低长短通报喜悦或危险时,他们实际上已经理解了传播的本质。在古希腊时期的亚里士多德时代,面对面的交往是最常见的社会作用形式。因为没有书籍、报纸之类的传播媒介,对话算是最具社会性的传播方式。关于对话,亚里士多德在《修辞学》里有过这样的论述:"修辞学可以分成三个部分,这是由听者的三种性质决定的。在对话的三个要素——说话者、话题、听者中,决定对话目的和对象的要素,是听者。"可见在那时,亚里士多德就对"对话"这种社会传播行为进行了详尽的讨论,后来的哲学家和思想家,如卢梭、孟德斯鸠等人,都对教育、民心有过精辟的论述,这些都包含着丰富的传播学思想。

在中国古代,春秋时期的孔子在《论语》中提出"非礼勿视,非礼勿听,非礼勿言,非礼勿动"的儒家思想,传播成了维持社会秩序的手段。这种关于传播行为的言论经过封建君主及儒者的倡导,成为影响中国人几千年传播行为的重要规范。其主要贡献在于分析了人际信息交流和巩固社会秩序的关系、传播行为和人格涵养的关系及传播内容和形式、方法的关系等。

在亚里士多德和孔子以后,到20世纪初以前,许多研究者都对本学科范围内的传播现象有过或多或少的论述,但总体看来,只是在研究其他问题时涉及某些传播行为和传播方式,并没有把传播活动本身作为研究对象进行系统的探讨。所以,这时候的传播研究还不能成为独立的学科。

二、传播学的兴起阶段(19世纪末—20世纪40年代)

19世纪末到20世纪前半期,整个人类社会在政治、经济、军事、文化等各个领域发生了巨大变化。两次世界大战的爆发,科学技术的发展,创造出了电话、电报、广播、电视、电影等先进的传播工具,使得人与人之间、民族与民族之间、国家与国家之间的信息交流与互动影响大大加强,传播活动的影响力、感召力、舆论效果、支配作用等愈来愈受到研究者的关注。在这样的历史背景下,现代意义的传播研究从相关学科逐渐分化出来,于20世纪20年代初在美国脱颖而出,逐渐成为一门有独立研究对象的学科。

在传播学研究刚刚起步的二三十年代,研究宣传活动的政治学家和历史学家,普遍过高估计了宣传媒介的威力。当时,媒介内容被看作是注入受众静脉的针剂,受众则被假定为以可预见的方式做出反应。在这种认识下,行为主义的"刺激-反应原则"成了宣传效果分析的理论基础。按照这一原则,效果是对特定刺激的特定反应,因此人们可以期望和预测媒介信息与受众反应之间存在着紧密的一致性,从而产生了最早的传播学理论,即效果分析中的"注射论"和受众分析中的"靶子论"。

三、传播学的形成阶段(20世纪40—60年代)

经过各学科研究者的努力,到了20世纪40年代末,传播学已经初具规模,各种研究传播现象的论文、著作如雨后春笋般大量涌现。1948年,拉斯韦尔发表了传播学的经典性论文《社会传播的结构与功能》,提出了传播过程结构的"5W模式",指出了传播现象的普遍性,并把传播研究规定为五个方面的内容。传播学的另一位奠基人拉扎斯菲尔德1944年发表了《人民的选择》,提出了著名的"两级传播"理论,并与斯坦顿一起主编了《传播研究,1948—1949》,收入了一系列传播学研究论文。美籍德国心理学家卢因1944年在麻省理工学院创立了群体动力研究中心,其创建的"团体动力学"为传播学奠定了基石。1949年霍夫兰发表了《大众传播实验报告》。同年,传播学的集大成者施拉姆主编出版了《大众传播学》一书,成为最早的大众传播学著作。另外的著作还有布赖森主编的《思想传播》、香农和韦弗主编的《传播的数学理论》等,这些都是对后来的传播研究产生了重要影响的著作。

20世纪40年代末到50年代,是传播过程模式研究的鼎盛时期。这期间,在美国展开了建立传播科学可能性的讨论。而传播过程研究的繁荣,正可以视为人们在传播研究中寻求发展和统一的一种表现。1948年政治学家拉斯韦尔提出的"5W模式"、1949年香农的电信号传递模式、1954年奥斯古德-施拉姆的循环模式,都是这一时期出现的经典性传播过程学说。就传播研究的技术方面来讲,后来在这方面所做的许多努力,都是由香农的数学公式激起的。麦奎尔认为,香农的方法之所以具有吸引力,与下述情况有关:首先是当时对传播效果具有很强的解释能力;其次是与心理学的基本原理、行为控制和"刺激-反应"模式相一致;第三是人们日益要求将大众传播研究中的现有知识和探索加以组织和整理。

四、传播学的发展阶段(20世纪60年代至今)

在20世纪六七十年代,传播学研究的兴趣焦点,已从寻求对整个大众传播过程的一般理解,逐渐转向研究这个过程的各个具体方面:长期的社会、文化和意识形态效果;媒介组织及其同社会与受众的关系;受众的选择和反应的社会基础与心理基础;特有的内容与形式构造;等等。

在受众研究领域,大量的研究发现,人们对信息的不同反应,来源于个人性格和态度的千差万别,并不是"靶子论"所假设的无差别的个人。60年代后出现的"个人差异论""社会分类论""选择性因素论"等,都从根本上动摇了早期的受众分析理论。实践和研究都证明:传播媒介的作用不是无条件的、无限度的,而是有条件的、有限度的,形成了关于大众传播的"有限效果论"。

另外,传播学在欧洲还有一个重要发展就是批判学派的兴起。美国传统的传播学重视对传播效果的心理学实验研究,重实践经验和功用;而批判学派则扩大应用各种社会学的成果,把群体的传播活动与对它产生直接或间接影响的各种社会因素联系起来进行考察。在发展中的大众传播学研究方面,欧洲学者更注重将大众传播视为整个社会结构中的组成部分,强调宏观研究。而随着Facebook、Twitter、微博、微信等新媒体的快速发展,以及大数据等新技术和方法的演进,传播学研究正在从大众传播转向包含大众传播、人际传播等多元传播形态的研究,一个由媒体组成的网络社会正在形塑着人类所处社会的基本形态,数字化生存正在从预言变为现实,无处不媒介已然成为真实。

总结以上传播学的发展历程,我们可以做这样一个简要的概括:传播学是一门交叉边缘学科,它诞生于20世纪初的美国,40年代成为一门新兴学科,在发展过程中形成两大学派:一是传统学派,主要在美国,以定量分析为主要手段,以解决社会实际问题为目的,重视微观研究;一是批判学派,主要在欧洲,以定性分析为主要手段,探讨媒介、受众及社会结构的关系,重视宏观研究,批判资本主义的弊端。而随着新技术、新方法的诞生以及媒介环境的变化,传播学研究正在变得更加综合和深入,单纯定性和定量研究正在被更多的综合性研究所取代。学派之争已经淡化于具体的研究内容之中,特别是对于新媒体的研究更是如此。

未来传播学的发展趋势将与科学技术的进步密切相关,随着知识经济时代的到来,人类进入信息社会,传播学是大有可为的新兴学科。尤其是继报纸、广播、电视之后的第四媒体——互联网络的迅速发展,使整个世界在瞬息之间连成一片。第四媒体的信息量大,方便快捷,传输形式多样化,同时具有交互性、双向性、即时性等特性,比其他传统媒介更具传播优势,传播学要研究第四媒体在高科技条件下传播的符号、文本、解读控制、效果评价及反馈,研究传播与意识形态、社会发展的关系等相关内容。

媒介形态和格局的变化,使得新媒体相关研究成为新闻传播学科发展的最新研究内容和方向,也成为新闻传播学科在世界范围内被重新认识和定位的新的契机。

五、我国的传播学研究情况

在我国,传播学的研究在中华人民共和国成立后相当长的一段时间里几乎为零。1979

年,复旦大学新闻系开设了传播学课程。20世纪80年代以来,许多新闻院系陆续开展了传播学的教学与研究。总体来看,我国的传播学研究还比较薄弱。1982年11月,我国召开了第一届传播学学术讨论会,对传播学产生的历史背景、社会条件,传播学研究的对象、内容、方法进行了初步探讨,确定了大陆对传播学研究的16字方针:系统了解、认真研究、批判吸收、自主创造。1986年8月召开了全国第二届传播学研讨会,讨论了如何建立具有中国特色的传播学。1993年召开了全国第三届传播学研讨会,讨论了传播学本土化、传播学基本理论、传播实证分析、跨文化传播等许多方面的课题。2010年,召开了第十一届中国传播学大会,议题已经变成"新媒体·多元文化·全球传播:挑战与应变",中国的传播学研究开始具有世界性视野,走向多元化发展。这期间,中国的传播学研究从最初的引进和介绍国外的传播学经典著作和成果,到独立自主开展研究,再到强调本土化,最后走向国际化与多元化。研究方法综合而多样,研究成果丰富而具体,研究视野开阔而多元,而随着中国经济社会的快速发展、媒体环境的迅速变革、新媒体技术的突飞猛进,中国的传播学研究正迎来新的挑战和机遇。

1982年春天,施拉姆在访问中国期间对传播学的发展做了大胆的预测,他指出:"在未来100年中,分门别类的社会科学——心理学、政治学、人类学等都会成为综合之后的一门科学。在这门科学里面,传播的研究会成为所有这些科学里面的基础。因为要牵涉这些基本的技术问题,所以综合之后的社会科学会非常看重对传播的研究,它将成为综合之后的新的科学的一个基本学科。"我国传播学的未来发展,应该是在进一步多元化、国际化发展的同时,彰显中国特色,发出中国声音,形成中国风格,把国际化与本土化结合,形成中国特色且与世界接轨的传播学研究。

第三节 传播学产生的历史背景

任何一门学科的兴起与形成,必然要有其社会和学科的基础及需要。传播学的兴起与形成也有其社会和学科的基础及需要。

20世纪初是资本主义从自由竞争走向垄断的年代。工业化大生产使资本主义生产活动的范围大大延伸。国内市场开始走向国际市场,走向跨国经营,因而对信息的要求就更高。19世纪已经形成的报业,加上新兴的电影、广播、电视等新闻媒介,逐步形成了资本主义社会的独立产业——传播业,这对社会产生了强烈的冲击。因此,社会急需关注和思考传播带给人们的一切。另外,传播学的形成还必须以科学发展作为基础。而20世纪初,社会经历了新的科技革命,人类对物质世界和精神世界的认识能力、广度和深度有了大幅度的扩展,研究方法日益科学化,学说日益多样化,因此人们能够科学而全面地研究影响日益扩大的传播活动。

传播学的最初提出和形成是在美国。美国之所以能成为传播学产生的摇篮,除了具备上述的基本条件以外,还有其具体而独特的社会条件。

首先,在政治上,美国政治家无论是在日常的政治活动中,还是在四年一次的竞选角逐中,都比较重视利用传播媒介宣传自己的政治主张、树立形象、争取支持。特别是在战争时期,政治家对传播媒介的依附更凸现出来。

美国传播学的产生是与两次世界大战密不可分的。第一次世界大战,同盟国(德国、奥匈帝国和意大利等)与协约国(英国、法国、美国等)在战场上展开厮杀的同时,在另一领域也展开了较量,即在宣传领域的"战争"。美国1917年正式参战后,威尔逊总统就下令成立了一个机构,即"公共信息委员会",专门负责美国的战时宣传。该机构为了宣传美国参战的意义,向社会倾泻了大量有关战争的广告、宣传小册子、新闻电影。协约国之间为了协调战时宣传,还组建了协约国联合宣传委员会,定期召开宣传工作联席会议。

一战结束后,人们对宣传在现代战争中的作用以及宣传对社会生活的巨大影响,有了相当的认识。英、法、德、美等国的学者从各自的研究领域出发,研究战争中的宣传。

1927年,美国人拉斯韦尔出版了他的博士论文《世界大战中的宣传技巧》,这成为第一部系统而深入地研究宣传问题的著作,成为宣传研究的经典。

在一战后的宣传研究中,1937年,美国成立了"宣传分析研究所"。该所学者很关注德国宣传对美国的影响。该所最有名的研究成果是《宣传的艺术》,书中归纳整理了7种常用的宣传手法,流传甚广。

在一战结束到二战爆发的20余年中,对宣传的分析与研究,虽然不直接是传播学研究,但是大大推进了人们对传播在战争中作用的认识。在两次大战之间,出了不少以宣传为题的书。在当时对宣传的分析中,包括关于大众传播效果理论的某些初步探索。有两个传播理论的研究相当重要:其一是"态度改变",这是传播理论研究的一个传统课题。要改变人们的态度,有哪些最有效的方法?对宣传的研究可以为这个问题提供某些尝试性的答案。第二个方面就是对大众传播的一般效果的理论探讨。大众传播对于个人和社会有何影响?直接影响是如何产生的?

由于在第一次世界大战中宣传起了重大的作用,又经过战后各国宣传研究学者的总结与分析,到了第二次世界大战爆发以后,参战各国普遍重视战时的宣传工作。美国于1942年6月成立了军事情报局,掌握监督管理权,并负责对国外的官方宣传。同年,美国陆军部新闻与教育署聘请了一些社会学家、心理学家,专门研究部队为士兵精心制作的四部电影是否影响士兵对战争的认识、鼓舞士兵参战的士气。

第二次世界大战期间,美国军队广泛利用电影和其他大众传播媒介,客观上推动了传播研究的深入,为传播学的研究奠定了相当坚实的实践基础。

从对历史的分析中可以看出:两次世界大战中传播的实践直接催化了传播学的形成。

到了和平时期,美国的政治界是否还需要传播及传播研究呢?回答是肯定的。

和平时期,美国政治家们除了日常的施政宣传、形象工程外,最重要的便是四年一次的总统竞选及其他各类竞选。

在竞选中,为了赢得选民好感,争取选民的投票率,所有候选人都求助于传播媒介,大张旗鼓地利用一切宣传手段,包括广告、公关、新闻、演讲、活动等,在所有的媒介上展开攻势。1960年在竞争中获胜的约翰·肯尼迪被称为"电视总统";2008年和2013年当选的奥巴马被称为"网络总统";而2017年当选的特朗普则有"Twitter治国"的称号。会不会利用传播媒介塑造形象、宣传施政主张,已经成为衡量美国政治家的一个相当重要的标志。

在美国的历史上,传播媒介一直在政治生活中扮演着重要角色。这一传统使得美国各级政治家都非常重视传播,进而重视对传播的研究,这便推动了传播研究在美国的开展。

其次,在经济上,美国是资本主义阵营中唯一在两次世界大战中加强了经济实力的国家。战争使整个资本主义世界生产能力的2/3都集中在美国,经济发展使美国的市场竞争更加激烈。

传播学特别是大众传播的兴起与发展，与其在美国经济活动中的地位和作用密切相关。

第一，美国自由市场经济条件下，经济发展需要垄断资本家向国内、国际市场扩展，生产扩大，产品增多，随之而来的市场拓展和行销行为前所未有地增加了。因此，美国在20世纪20年代就应运而生了大量的广告公司、公关公司、调查公司等机构，并且形成一种新兴的产业，这些都是市场经济不可或缺的。20世纪40年代这一行业有了空前发展。1945—1950年的5年间，美国广告营业额从29亿美元增长到357亿美元。为了判断传播媒介对消费者购买行为、购买需要和心理的影响，广告商、公关专家、民意调查人员、新闻工作者和学者，在垄断财团和企业的资助下不断对广告、公关、消费者以及媒介的经营与竞争进行研究。其研究成果对于工商企业来说，价值甚大，因此企业普遍比较关注营销环节中的各种传播问题。

第二，美国的大众传播业在两次大战之中和以后日益壮大，也成为一个相对独立的完善的经济实体，共同形成一个产业——大众传播业。美国大众传播业的这种私营产业特征，是其把对市场的研究视为生存和发展的根本而产生的。媒介是产业，时间、空间是商品，各媒介的竞争日趋激烈，而能得到受众的青睐，拥有更多的发行量、收听（视）率是所有媒介追求的目标。因为只有这样才可以从广告客户手中拿来广告，以维持生存和继续发展。

这种客观的竞争压力变成了大众传播业关心和思考传播技巧、传播效果、受众等问题的动力。大众传播业客观上和主观上都需要进一步研究传播规律、改进传播行为、扩大传播效果。

美国自由市场经济及生存于其中的大众传播业为传播学的兴起提供了丰沃的经济土壤，从而使美国的传播学研究从第一天起便带有较为浓厚的商业色彩和实用气息。

第三，在社会上，美国的大众传播与社会生活的关系日益密切，互动中媒介给社会生活带来的负面作用也显现出来。

美国在第二次世界大战之后，挟本土未卷入全球战争且经济突飞猛进之优势，给科学技术带来了空前发展，出现了新技术革命。新的传播技术推动了传播业的大发展，原来的报纸、书籍、杂志等印刷业持续发展，而广播、电影，特别是电视的发展最引人注目。新媒介的出现带来一些新的问题：一方面受众可以从更多的渠道获取信息，促进社会繁荣；另一方面媒介内容中的暴力、色情等严重影响着受众，特别是少年儿童。因此，美国的社会学家、心理学家纷纷关注和研究传播，并提出新问题，如媒介与受众、社会的关系，媒介如何影响青少年的观念与行为，并得到了不少研究成果。

我们认识到，传播学的产生与美国的政治、经济、文化、军事等各方面的发展有着密切的关系。第二次世界大战前夕，已经进入垄断资本主义阶段的美国，社会矛盾重重，经济危机频频爆发，商业、工业上的竞争日趋激烈。工商业界的资本家为了推销自己的商品，为了增加利润，为了抢占更多的市场，不得不想尽各种办法。其中之一就是利用大众传播媒介，包括报纸、广播等来推销产品，树立企业形象。这些广告公司都与报纸、杂志、广播、电视等有着密切的联系，这样，大众传播媒介的商业色彩越来越浓，对商业界的依赖程度也越来越强。工商企业界要借助大众传播媒介推销产品，获得更多的利润，而大众传播机构要依靠工商企业的广告费来维持其生存和发展，并从中获取利润。可以说，二者是相互依赖、相互促进的关系。

在美国的政界，许多政党、组织也很看重传播媒介。20世纪30年代以来，美国的大众传媒如报纸、广播、电视成了党派斗争的阵地，谁掌握了传播媒体，谁就可能在政治角逐中获胜。因此无论是竞选总统，还是竞选党派领袖，竞选人都无一例外地要在传媒上亮相，发表演说，撰写文章，鼓吹自己的施政纲领，抨击竞争对手的观点和立场。

传播实践表明,无论是商业性还是政治性的传播,不同的人、不同的方式、不同的媒介的效果是不同的。有的收效很大,有的收效甚微,有的甚至适得其反。怎样使用传播媒介?使用何种传播媒介效果最好?通过什么形式效果最好?这些都是摆在人们面前最现实的问题。于是,不仅学术界、政府机构、大企业财团以及各种社会团体、专业组织都纷纷从各自不同的利益需要出发,去研究与传播和传播媒介有关的问题。第二次世界大战又进一步刺激了西方传播学的研究。当时美国军界为了鼓舞士气,对付希特勒的法西斯政治宣传,也开始研究传播媒介在改变人的态度和行为方面的作用和效果。由于政界、军界以及资本家企业财团都很重视传播学的研究,这样就使得传播学这门新兴的学科得以蓬勃发展。

第四,在学术上,20世纪前半期正是一个风云际会、各种思潮急剧碰撞的时代,许多社会的、哲学的、本体的问题都在寻求解答。面对各种各样、纷纭复杂的现象,以及两次世界大战前后造成的困惑,传播学者也试图给以阐释。

20世纪20年代初,行为主义在美国十分风行,这一理论深刻地影响了传播学的研究。稍前于此,俄国动物生理学家巴甫洛夫的动物心理学研究成果也对行为主义影响深远。从早期传播学中的"皮下注射"理论和"枪弹论"都可以看出行为主义的影子。20年代中期,又出现了以奥可波特为代表的实验心理学研究。他们肯定人的意识作用,避免了行为主义简单机械的弊端。

到了20世纪30年代,学者米德借鉴了心理学家詹姆斯的自我论、"意识流"学说,成为芝加哥学派相互作用论的大师。

20世纪40年代卓有成就的传播学家卢因,以人际互动为主要的研究对象,提出了"群体动力论"和"场论"。二战期间,他主持研究军队士气问题,证明良好的人际关系和人际互动会形成协调有利的群体气势,可以提高工作效率。

社会学对传播学的形成和发展也起到了不可估量的作用,不少传播学家应用社会学的研究方法,丰富了传播学的内容,拓展了其领域。这主要表现在应用社会学方法对宣传的研究上。1927年,拉斯韦尔的博士论文《世界大战中的宣传技巧》分析了各国在第一次世界大战中的政治和军事宣传。1935年,他又与布卢门斯通合作出版了《世界革命的宣传》一书,进一步发展了对宣传基本规律的把握。1946年,拉斯韦尔等人合著了《宣传、传播和舆论》一书,该书第一次明确提出了"大众传播学"的概念。1948年,拉斯韦尔发表了著名论文《传播在社会中的结构与功能》,完整提出了传播的"5W"模式,并将传播学的研究内容分为五个部分,即控制分析、内容分析、媒介分析、对象分析和效果分析。

社会学中的舆论调查也被引入传播学的效果分析研究中。舆论调查起源于美国,1924年7月24日,《哈里斯堡宾夕法人报》首次公布了特拉华州的选民意向调查结果。同年,《文摘》杂志开始用抽样方法预测总统大选结果,连续三次(1924年、1928年、1932年)预测正确,引起了公众的广泛兴趣。1928年,盖洛普发表博士论文《应用客观方法衡量读者对报纸兴趣的一种新技术》,并于1935年创立了美国舆论研究所。1939年大选,他所领导的研究小组正确预测了罗斯福当选,而《文摘》杂志用老方法预测则产生了错误,从此盖洛普声名鹊起。1941年,第一个学术性舆论研究机构"全国舆论研究中心"在丹佛大学成立,标志着舆论研究的正式确立。

对于投票行为的研究应首推拉扎斯菲尔德,他从1932年开始着手研究无线电媒介的传播行为。在研究中,他发现了"意见领袖"的存在,以后发展出了传播学中的重要理论"两级传播"

理论。

可以说，到了20世纪40年代末，传播学已初具规模。在短短不足百年的发展历程中，传播学已逐渐确立了自己的地位，成为一门新兴的、拥有广泛发展前景的学科。

第四节　传播学的五位奠基者

传播学的形成与发展，与五位著名学者的努力是分不开的。他们是拉斯韦尔、卢因、拉扎斯菲尔德、霍夫兰和施拉姆。这五位学者以各自擅长的学说为基础，为传播学的建立做出了各自独特的贡献。

一、政治学家哈罗德·拉斯韦尔

哈罗德·拉斯韦尔（Harold Dwight Lasswell,1902—1977）是美国著名的政治学家，他致力于政治术语的研究。他在政治学界影响广泛，曾多次在美国政府机构担任顾问。

拉斯韦尔1902年2月13日出生于美国伊利诺伊州，父亲是一位牧师，母亲是中学教员，家中藏书颇多。老拉斯韦尔学识丰富，常与一些著名学者往来，哲学家杜威就是他家的常客。在这样的环境濡染下，小拉斯韦尔受到了良好的教育。他13岁时，父亲就送给他一套哲学百科全书作为礼物。16岁时，他进入芝加哥大学学习，20岁获得哲学学士学位。在校期间，他亲耳聆听了许多著名教授的演讲，自己也积极参加各种演讲、辩论比赛，学习成绩非常优秀。毕业后，他曾赴欧洲，在伦敦大学、日内瓦大学、巴黎大学和柏林大学攻读研究生课程。这期间，他曾帮助哲学家罗素竞选议员，还曾与经济学家凯恩斯一起工作过。1926年，他以《世界大战中的宣传技巧》一文获博士学位。

同年，他受母校芝加哥大学的邀请回国任教，在政治系历任助教、讲师、助理教授、副教授。1938年，拉斯韦尔辞去芝加哥大学的教职，担任了耶鲁大学的客座讲师，1947年成为该校的法学教授。在此期间，他曾先后赴中国的燕京大学、日本的东京大学和印度的巴特那大学讲学。

1939年，他被任命为美国国会图书馆战时通讯研究委员会第一任主任。这个团体得到了洛克菲勒基金会的赞助支持，对战时的各种传媒手段如报纸、杂志、书籍、广播、电影等做了大规模的分类调查研究。这个委员会除为政府机构收集情报以外，还为联邦通讯委员会和时事与数据局（即后来的战时情报局）的情报机构培训了许多工作人员。拉斯韦尔还曾作为农业部顾问对乡镇进行研究，担任过国务院、洛克菲勒普通教育委员会的顾问。此外，他还在纽约社会科学研究会、出版自由委员会、美国国际法学会、经济学会、社会学会等机构中任职，担任过美国政治学会的主席。

拉斯韦尔一生著作等身，他是分析研究宣传内容的权威。他在1927年出版的博士论文《世界大战中的宣传技巧》中，对一战时的宣传做了精辟的分析。该论文主要描述和分析了第一次世界大战各交战国之间的政治和军事宣传战。拉斯韦尔对宣传做了如下定义："它仅指有含义的符号，或者稍具体一点但不那么准确地说，就是以描述、谣言、报道、图片和其他种种社会传播方式来控制意见。"他在书中归纳了宣传的四个主要目标：①激起对敌人的仇恨；②保持与盟邦的友好关系；③与中立者保持友好关系，而且尽可能与其达成协议；④瓦解敌人的斗志。

他的这本书有着极强的经验性,以至于当时一位评论家指责该书"教唆权术,应当予以销毁"。

1935年拉斯韦尔又与布卢门斯通合写了《世界革命的宣传》,进一步发展了对宣传分析的方法。1932年,拉斯韦尔提出一个著名的传播模式"谁?说什么?对谁说?产生了什么效果?"1948年又增加了"通过什么渠道",在《传播在社会中的结构与功能》一文中,拉斯韦尔对传播过程、结构及功能进行了较全面的论述,该论述成为大众传播研究五分类法的滥觞,长期以来在传播学研究中占据着重要地位。1977年,拉斯韦尔去世,留下了洋洋600万言的巨著。

二、社会心理学家库尔特·卢因

库尔特·卢因(Kurt Lweim,1890—1949)是美籍德裔社会心理学家,是完形心理学派(Gestal Psychology,又称格式塔心理学派)的代表人物之一。他一生主要致力于人类行为的动力和控制研究,是"群体动力论"和"场论"的最先提出者。

卢因1890年9月9日出生于德国的莫吉尔诺,曾在弗莱堡大学、慕尼黑大学学习,1914年毕业于柏林大学,获哲学博士学位。第一次世界大战期间,他曾被调到前线打仗。战后,1921年他回到柏林大学任教。同完形心理学派的创始人惠特海默、苛勒等建立了关系,成为积极倡导该学派的著名心理学家。希特勒上台后,卢因不堪忍受纳粹统治而移居美国,先后在斯坦福大学、康奈尔大学任教。1935年,他被衣阿华州立大学的儿童福利研究所聘为儿童心理学教授。1944年,他到麻省理工学院工作,创建了群体动力研究中心并担任主任,直到1949年2月12日,卢因在马萨诸塞州的纽顿维尔去世。

从心理学的发展历史来看,完形心理学的出现是对传统心理学理论的反驳。按照传统心理学的观点,人的意识表现为各种意识元素的机械组合。比如,听音乐时首先听到的是一系列不同的音符,然后人的大脑再将这些音符组成相应的曲调。再比如,看一个人时总是先看到他的头、脸、上身、四肢等部位,然后再把这些单独的印象合成为那个人的全貌。

而在完形心理学看来,人的意识绝不是由各种感觉元素拼合起来的,意识的特征就在于它的整体性。也就是说,意识总是表现为统一的整体,而不是表现为一组感觉元素的相加。听见一个曲调,总是某一旋律而不是一系列的音符;看到一个人,总是他的全貌而不是身体的各个部位。在这里,整体不是由各个单独部分的结构和性质所决定的,恰恰相反,各个单独部分是由整体的结构和性质所决定的。举例来说,看到一个人长得很匀称,并不是由于看到他身体各部位都很匀称才形成总的印象,而是先感觉到匀称的总印象,然后才能根据这种总体印象去评判他身体的各部位的比例与搭配。单独地看,一双眼睛很难说是美还是不美,只有当眼睛处在眉毛、鼻子、嘴唇、脸庞以及身手腿脚之中而形成一个总体感觉时,才能根据这种总体感觉去判定其美丑。完形心理学作为反对传统心理学元素主义的一支突起的异军,曾在心理学史上占有重要的地位。完形心理学值得赞赏的不是它的观点新颖,而是它的方法别致。完形心理学在处理整体和部分的关系时,强调整体并不等于部分的总和,整体先于部分并制约着部分的性质和意义,从而对知觉领域的研究,以及对思维的研究都做出了新的贡献。它的原则、方法和不少研究成果,至今在心理学的教科书中占有重要地位,并对现代西方认识心理学有很大的影响。

以上对完形学派的简要介绍实际上是为心理学家卢因勾勒了一个总的学术背景,因为卢因就是完形学派的代表人物之一。

卢因在自己的心理学中倾向于完形心理学，但是又超出了完形心理学的范围与领域。他借用物理学"场论"这一理论类比心理活动。物理学场论的基本观点即场是一个整体性的存在，其中每一部分的性质和变化都由场的整体特征所决定，而这种整体特征并不等于场内各部分特征的总和或相加。换言之，场一旦形成就成为一种新的结构，而不再是形成场的那些个体元素的机械组合。

卢因将自己的场论应用于社会心理学的研究中，形成了群体动力论。这是他对社会心理学的最重要的贡献。群体动力论主要研究群体与个体之间的关系，特别关注群体规范对个体行为的制约和影响。他认为，一个群体就是一个场，必须将群体视为一个整体，而不是成员个体的简单相加。在群体与个体的关系中，起决定作用的是群体而不是个体。一个群体最重要的便是凝聚力，所谓凝聚力就是群体成员相互利益的延伸。由于人们都关心自己的利益，因此他也就自然地倾向于维护群体的凝聚力这种自身利益的延伸。

从卢因的群体动力论可以看出个体与群体利益的联系非常紧密，以至于群体的规范可以直接制约和影响个人的行为。传播者要想通过传播改变个人的态度、认识和观念，不仅要考虑他的个人因素，更要考虑他所属的群体的因素。卢因认为人类的行为是个人与环境相互作用的产物。他曾和助手进行过一项著名试验，即分析领袖人物采取的领导方法对被领导人的影响。通过实验，他认为领袖人物在采用民主方法实施管理时，最有利于提高工作效率，而且比专制制度或无政府状态下的群体更易造成社会环境的变化。第二次世界大战期间，卢因还和他的学生运用这一理论对军队士气问题进行研究，证实了群体可以影响到士兵个体的观念、动机、愿望、行为和倾向。二战期间，卢因还进行了人们改变饮食习惯的研究，这项研究也是在群体动力论的思想指导下进行的，研究结果也说明群体规范可以改变个体的饮食习惯，使之与所属群体相适应。他的这些研究对美国传播学的建立做出了一定的贡献。

三、社会学家保罗·拉扎斯菲尔德

保罗·拉扎斯菲尔德（Paul Felix Lazarsfeld，1901—1976）的主要成就在社会学研究方面，他是美国传播学界公认的最早对传播媒介进行研究的学者之一。

拉扎斯菲尔德1901年2月13日生于奥地利的维也纳，1925年毕业于维也纳大学，获应用数学博士学位。此时的维也纳大学，恰逢弗洛伊德及其弟子阿德勒在此执教，虽然拉扎斯菲尔德主修数学，却对心理学产生了浓厚兴趣。1933年，他获得洛克菲勒奖学金赴美进修心理学，后定居美国。

1940年，拉扎斯菲尔德任教哥伦比亚大学社会学系。由于哥伦比亚广播公司的资助，他建立了"应用社会学研究中心"。他对传播效果进行了研究，认为受传者不是彼此相互隔绝的抽象个体，而是在现实社会中与其他人共同生活、相互影响的。以后，他们又从对传播媒介社会影响的研究扩展到政治影响的研究。他们对1940年总统大选进行了连续的调查，证明传播媒介影响力并不像此前所认为的那么大，人们的投票意向主要来自人际传播的影响力。拉扎斯菲尔德在进一步的研究中发现人际传播是有规律可循的。在一个群体中，常有少数人是消息和影响的重要来源，这少数人不一定是这个群体的领袖，但是他们频繁接触各种媒体，比一般人更留心媒介信息，对有关事情有更多的了解，他们能在大多数一般选民中发布一些消息、解释和看法，从而影响普通人。这少数人就被称为"舆论领袖"。由此，拉扎斯菲尔德提出了

"二级传播理论",即信息和影响先由大众传播媒介传播给舆论领袖,然后再由舆论领袖扩散给社会大众,传播媒介的作用是间接的,并且会受到社会基层舆论领袖的影响而削弱。他的"舆论领袖"和"二级传播理论"的著名观点为传播学做出了重要贡献。在拉扎斯菲尔德研究的基础上,其他学者又提出了"多级传播理论"。

1969年,拉扎斯菲尔德离开"应用社会学研究中心",重新投入数学的研究和教学工作。

四、社会心理学家卡尔·霍夫兰

卡尔·霍夫兰(Carl I. Hovland,1912—1961)是土生土长的美国人,一生从事实验心理学研究。他1912年6月12日生于芝加哥,1932年获文学学士学位,1936年获耶鲁大学哲学博士学位,时年24岁。此后他执教于耶鲁,33岁时担任耶鲁大学心理学系主任。

卡尔·霍夫兰的学术成就集中在用实验方法研究人的态度与说服之间的关系。他的研究生涯可以分成两个阶段:第一阶段是第二次世界大战期间;第二阶段是第二次世界大战结束直到他去世。

第一阶段:第二次世界大战期间,美国军方计划实施美军的思想训练计划。这时,美军陆军部召集一批心理学专家组成一个专门的研究小组,由霍夫兰负责具体研究工作,指导和研究美军的这个项目。他们在营地与士兵频繁接触,在训练中开展了大规模的研究工作。他们主要研究陆军部拍摄的军事教育影片对士兵的影响。他们用严格的实验方法,试图找出影响说服效果的因素。研究中强调说服者本身和说服内容与方式的作用,而被说服者则被视为被动的、消极的。他们研究发现军事教育影片确实使观众的思想发生了变化,但变化很有限,显然,电影的影响是有限的。这个集中了心理学界最出色人选的班子所从事的大型研究项目被认为是现代态度改变研究的开端,而且是大众传播理论若干重大贡献的渊源。

第二阶段:第二次世界大战结束后,霍夫兰及一些心理学家继续进行二战期间开始的态度与说服的研究。在他的领导下,心理学家、人类学家、社会学家和政治学家等30多名合作者探讨了多层面的、广泛的问题。他们研究传播者的信誉、信息组织、群体适应效果、态度和观点变化的持续等问题。他们将研究成果结集出版,产生了一批关于态度问题的耶鲁丛书。研究结果强调宣传者本身和宣传内容的作用,将接受者看作是消极被动的。他们这个理论后来被称为"射击式"或"注射式"理论。

在社会心理学的研究中,"态度"问题是一项重要内容。而开辟这一研究领域的先驱,就是霍夫兰。霍夫兰毕生的研究都集中在态度这一问题上,尤其致力于态度的形成与转变。这样就涉及用什么方法能够有效地促使人们接受或改变某种态度的问题,也就是说用什么样的劝服方式才能取得最佳的传播效果。比如,我想让你对某个政党的方针,对某个牌子的商品或对某项活动的意义形成一种积极的、肯定的态度,那么我该怎么说、怎么劝,才能使你信服并接受我的观点呢?哪种传播方式最好、最有可能获得预期的效果呢?正是在传播与态度这二者的结合点上,在劝服手段与态度转变的连接之处,社会心理学的研究与传播学的研究交融在一起,彼此交叉,互相渗透,几乎形成难分难解之势。因此,作为社会心理学态度研究方面的权威,霍夫兰也就自然成为传播学的一大先驱。

霍夫兰及其耶鲁学派的研究方法基本上属于实验法。他们把千差万别、复杂多变的人当成简单的实验标本,将其置于一种人为的、实验室一般的研究环境中,然后控制其他变量,再操纵一种变量,考察实验对象对此有什么反应,继而归纳出某种变量与此种反应之间的对应关系。比如,让一组人看一篇文章,让另一组人看同样内容的连环画,然后对比两组的反应,总结出哪种方式最有效。这种研究方式的问题在于脱离现实环境,结论同实际常常不相吻合。因为,实际传播过程错综复杂,远非实验环境所能模拟,其中有许多难以预料、难以控制的因素被排斥在研究活动之外,但在具体情境中却常起关键作用。总之,耶鲁学派的研究带有明显的闭门造车的特点。

尽管霍夫兰及其耶鲁学派的传播研究存在上述弊端和偏差,但他们对传播学的形成及发展却起过极大的推动作用,尤其是他们有关劝服艺术和传播技巧的研究成果,对传播学理论的充实完善更是功不可没的。

五、新闻学家威尔伯·施拉姆

对早期传播学的研究和发展做出艰辛努力的四位著名学者,为传播学科的产生起到了奠基作用,而把传播研究系统化为传播学的则是威尔伯·施拉姆(Wilbar Lang Schramm, 1907—1987)。威尔伯·施拉姆是传播学的创建者和集大成者,被公认为"传播学之父"。

施拉姆1907年8月5日生于美国俄亥俄州。他从小受到良好的家庭熏陶,酷爱音乐。1928年,施拉姆大学毕业获得文学学士学位,1930年又在哈佛大学获得硕士学位,1932年在衣阿华州立大学获得哲学博士学位。之后他留校任教,将大量业余时间用于文学创作,并获得过欧·亨利短篇小说奖。

20世纪40年代初,施拉姆的兴趣转向了新闻传播。1943年,他出任衣阿华州立大学新闻学院院长。1947年他来到伊利诺伊大学,创办了传播研究所。在早期研究中,施拉姆着重挖掘前人的成果,编纂了《大众传播学》一书。这部书至今仍是美国传播学界的必读书。

1955年,施拉姆离开伊利诺伊大学,西行来到太平洋沿岸的加利福尼亚州,受聘为斯坦福大学传播学教授,又创办起他的第二个更著名的传播研究所——斯坦福大学传播研究所。从此,他便开始逐渐确立其传播学集大成者的学术地位。他的研究开始由以往单纯地挖掘整理传播学素材转为对各家之说的整合,继而构建自成体系的传播学理论框架。如果把他比作一只蜜蜂,那么他在伊利诺伊大学时的研究就像是从百花丛中采撷花粉,而他到斯坦福大学后的研究则如同酿制蜂蜜。他对传播学的重大建树大部分完成于斯坦福大学。

1956年,施拉姆参与撰写的《报刊的四种理论》一书出版。这部书虽然篇幅不大,但却立即在西方的新闻传播界和学术研究界引起巨大反响,当时便被奉为新闻与传播研究方面的经典之作。这部书实际上是对有史以来和当时盛行的所有传播体制及传播观念的一个总括性比较研究。它共由四篇相对独立而又互相关联的论文所组成,分别探讨了所谓集权式、自由式、社会责任式和共产主义式这四种新闻传播模式。集权式是指西方近代早期封建专制王朝控制新闻传播事业的情形。自由式是指自由资本主义时期新闻传播为所欲为、不受制约的状况。这种状况最后发展到令人难以容忍的地步,黄色新闻的出现与泛滥就典型地反映了自由式的弊端,于是一些有识之士便呼吁新闻传播在享有"完全自由的同时,还应主动承担应负的社会责任",这就是社会责任式出现的背景。至于共产主义式,则是针对以苏联为代表的共产党执政的国家的传播体制与传播观念而言的,而这篇文章的作者就是施拉姆。

1969年,联合国教科文组织邀请他撰写《大众媒介与国家发展》一书,他提出了"大媒介"

和"小媒介"概念。所谓大媒介，是指那些现代化程度高、需要调动大量人力物力才能推动的媒介，如电影、电视、电脑教学等；所谓小媒介，是指那些花钱少、见效快的媒介，如幻灯、广播、教科书等。在他看来，发展中国家应首先发展小媒介，而不应模仿发达国家，盲目地去追逐大媒介。他的这种观点对今天的第三世界来讲，仍具有普遍的现实意义。

传播学作为研究人类社会传播活动及其规律的一门学科，从早期学者们的关注，到20世纪初初步形成气候，再到四五十年代逐步形成一门相对独立的学科，施拉姆作为集大成者，功不可没。

施拉姆一生共写有三十余部传播学论著，总计约500万字。这些著作大体上分为两类，一类是理论性的，一类是应用性的。《报刊的四种理论》就属于理论性的。在应用性研究上，施拉姆最关注的一大课题，就是发展中国家如何利用媒介加快现代化进程，他是媒介与发展这个研究课题上举世公认的权威。

除勤奋笔耕、著书立说之外，施拉姆还苦心孤诣地培养了一批传播学研究生，造就了不少学有所成的后起之秀。当今美国许多独当一面的传播学学者都出自他的门下，有的甚至还是他的学生的学生。我国翻译出版的《传播学的起源、研究与应用》一书的作者之一坦卡德，就是施拉姆在斯坦福时的博士研究生。施拉姆常以满腔的热忱激励其门生投身传播学的研究，并以此作为毕生奋斗的事业。坦卡德在一篇回忆介绍施拉姆学术生涯的文章中写道，在给研究生授课时施拉姆总爱化用肯尼迪总统就职演说中的"把火炬传下去"，意在鼓舞学生坚持不懈地去探索传播学王国的奥秘，把传播学研究一代一代地进行下去。

正是在他的精心培养下，到20世纪六七十年代便形成以他为学术领袖的施拉姆学派。该学派的兴起实际上也就标志着传播学的诞生。如果说以霍夫兰为首的耶鲁学派只专注于传播问题的一个侧面，即如何进行有效的传播的研究，那么施拉姆学派则以对传播现象进行总体而系统的考察著称于世。它不仅是美国首屈一指的传播学流派，而且对传播学在全球范围的兴起也产生了重大影响。在传播学界，施拉姆学派就如同希腊奥林匹亚山上的众神，而施拉姆则是众神之王宙斯。

1973年，施拉姆来到夏威夷，在花甲之年协助创办了设在夏威夷的以"东西方中心"命名的传播研究所，并出任所长。"东西方中心"是个以研究亚太地区经济及社会发展问题为主的科研机构，由施拉姆协助创办的这个中心的传播研究所更是远近闻名，我国的新闻传播部门不时选派人员去那里进修深造或从事研究。

正是在夏威夷，施拉姆写成了他最负盛名的代表作《男人、女人、信息、媒介：人类传播概览》（中译本名为《传播学概论》）。这部书是第一部全面而系统地阐释传播学理论的专著，可以说是施拉姆一生从事传播学体系的构建与完善的心血结晶。虽然在此之前，他已是享誉海内外的传播学权威，但这部书的问世才最终确立了他作为传播学集大成者的学术地位。他的其他许多著作如今已很少有人去翻阅，但他的《传播学概论》至今仍是研习传播学的必修之书。

施拉姆对传播学的最大功绩就在于"集大成"。也就是对许多与传播研究有关的学科和理论进行整理、提炼与综合，进而勾画出它的框架结构，充实起它的学说内容，使之具有独立学科的面貌。集大成的关键在于对他人已有成果的吸收、消化与借鉴，而不在于自己有多大的独创、开拓与革新。因为，集大成主要是集他人之所成。坦卡德在一篇题为《威尔伯·施拉姆：一门学科的完善者》的文章中评价道："施拉姆对这门学科的最大贡献或许并不在于他自己的理论观点——尽管这些理论观点很重要，而在于他对传播的核心问题所勾勒的学说框架，也正是在这一点上,他使这门学科得到完善。"

同样,传播学的问世从基础理论到具体研究也都归功于许多其他的社会科学家,特别是拉斯韦尔、拉扎斯菲尔德、卢因和霍夫兰等更是功勋卓著。但是,最后假如没有施拉姆的"组织与协调",没有他所进行的集大成的工作,那么传播学的诞生也同样难以想象,所以,他是当之无愧的传播学之父。

至此,我们可以这样总结:传播学是一门对人类传播现象及其规律进行综合性与深层化研究的新兴的交叉学科,起源于20世纪初期,形成于20世纪中叶,兴盛于20世纪后期。它的大本营在美国。美国社会的政治、经济与文化背景为传播研究提供了肥沃的现实土壤。20世纪40年代诞生于美国的信息论、控制论和系统论又为传播学提供了必要的概念、模式及方法论。与此同时,政治学、社会学、人类学、心理学、社会心理学、语言学、符号学、新闻学以及哲学等诸多学科的彼此渗透,则大大丰富了传播研究的内容。在对传播问题进行专门探讨的众多研究者中,政治学家拉斯韦尔、社会学家拉扎斯菲尔德、社会心理学家霍夫兰、心理学家卢因这四人的成就最为突出,为传播学的问世所做的贡献最为显著。至于传播学最终能成为一门正规的学科,则要归功于施拉姆。他在对传播研究集大成的基础之上,构筑起传播学的体系与框架,从而使传播学得以发展成一门蔚为壮观的显学。所以,他理所当然地被誉为传播学之父。

 思考题

1. 传播有哪几个发展阶段?
2. 传播学的研究历程是什么?
3. 概述一下传播学五位奠基者的学术影响、主要贡献。

第三章

传播的基本要素和主要模式

传播作为人与人之间所进行的信息共享与交流的活动,有着其内在的要素构成、发生发展以及产生效果的规律。传播的基本要素和主要模式分析,就是从静态和动态两个方面,对传播过程进行全面的剖析和描述。

静态地看,传播要素是传播活动得以进行的基本条件,是构成传播过程不可缺少的最基本的组成部分。在传播过程中,各种要素发挥着不同的功用,诸要素相互作用使传播过程得以实现。而传播模式则是在人类长期的传播实践和理论研究过程中,对传播过程中的种种现象与规律加以理论化、系统化而形成的具有简洁性、规律性、解释性的结构描述和理论概括,是对传播活动的动态把握。

从传播的基本要素和主要模式入手,能够从静态和动态两个方面,由浅入深、由构成到系统地把握要素之间的内在联系,从而揭示传播现象的普遍规律和内在实质,认识传播研究的历史进程,为进一步探索现代传播的新特点、新技术、新方法提供坚实的理论基础。

第一节 传播的基本要素

从形式上看,传播是传播者向受传者传递、交流信息的动态传递过程。要使这一过程得以完成,就必须具备一系列相关的因素。正如美国传播学者D.伯洛所分析的那样:"传播过程是一组复杂的结构,应将其中的多元关系作为研究的基本单位。"这种研究视角是出于对传播过程的横向考量。传播过程中信息的发出者和接受者、传播的情境、信息与通道以及影响传播活动的诸多因素,共同产生作用,不可或缺。了解传播要素及其作用规律,对于从宏观上把握过程,明确构成传播过程诸要素之间的关系,进而建构传播模式,探索取得最佳传播效果的途径,无疑是科学而又必要的。

下面我们来分析传播的基本组成要素和内外部共作用要素。

一、基本组成要素

拉斯韦尔在其《社会传播的结构与功能》一文中认为,一个完整的传播过程包含五大要素:即谁(who)、说了什么(says what)、通过什么渠道(in which channel)、对谁说(to whom)、产生了什么效果(with what effect)。与此相对应的是传播者、信息、通道、受传者、反馈五个基本要素。

(一)传播者

从考察人类社会的互动行为角度来看,传播是人的活动,人是传播过程的主体。在传播活动中,运用一定的手段向传播对象发出信息的行为主体,就是传播者。传播者是传播活动的信源(information source),是传播过程中传播行为的发起者。因而,传播者是任何传播现象与传播活动的起始点。广义地讲,人人都要进行传播活动,人人都是传播者。传播者是传播发生的首要因素,是启动传播过程的最初动力要素,是信息的搜集者、加工者、制作者以及传递者。

以传播学的"三分法"来讲,人类传播可以归纳为人际传播、组织传播以及大众传播三大分支,因而,传播者的角色在不同形式的传播中就会有不同的内涵。在人际传播中,传播者指以谈话、写信等方式交流信息的人际传播者;在组织传播中,传播者指政府首脑、团体负责人或代言人等组织传播者;在大众传播中,传播者既指从事大众传播工作的工作人员,又指从事大众传播工作的社会组织和团体。

传播者处于信息传播链条的第一个环节,传播活动中所流动的各种信息都是来自传播者。对于人类社会来说,每天客观世界发生的一切变化所构成的信息,数量浩繁,不可能也没有必要全部接受,而传播者的作用便是依据社会、政治、经济、文化等方面的需要,从大量的信息之中去粗取精、去伪存真,然后传播出有价值的信息。因而说,传播者是传播活动的控制力量。他不仅决定着传播过程的存在和发展,而且决定着信息内容的数量和质量、取舍与导向,在信息传播中起着特殊的"过滤"作用,传播学研究称其为"把关人"或"守门人"。

传播学的奠基人之一库尔特·卢因在1947年发表的《群体生活渠道》一文中首先提出了"把关人"的概念。文章中指出,"信息总是沿着包含有'门区'的某些渠道流动,在那里,或是根据公正无私的规定,或是根据'守门人'的个人意见,对信息或商品是否被允许进入渠道或继续在渠道里流动做出决定"。因此,"把关人"是一种比喻的说法,意指对信息的筛选和过滤。卢因认为,信息的传播网络中布满了"把关人",他们负责对信息进行把关,过滤信息的进出与流通。在信息大量涌现的现代社会,当无限的信息与受众有限的承受能力以及媒体有限的传输能力形成反差,加之信息爆炸时代所形成的信息泛滥使受众无所适从时,传播者的把关作用就显得尤为突出。尤其是大众传播工作者,在现代社会中充当着十分重要的"把关人"角色,西方国家曾有人把新闻传播称为独立于立法、司法、行政之外的"第四大权力",正是将新闻传播工作者看作是意志的表现和疏导信息传播,进而影响社会舆论,构成某一种社会力量的重要因素。社会生活中,我们在大多数意义和情境下所讲的传播,即为大众传播。因此,下面对大众传播者的特征进行具体分析。

大众传播者具有以下特征:①代表性与集体性。以大众传播为职业的传播者,其所发布的信息总是体现出一定的倾向性、思想性及指导性。代表了一定的传播部门、传播组织以及一定阶级、集团的价值取向。同时,由于传播技术等因素的影响,大众传播的信息发出,往往是由信息的采集者、制作者、传递者等集体共同协作完成的。②专职性与技术性。就职于大众传播机构的传播者,是以传播为职业的专门人员,他们拥有与其他社会就业者同等的社会地位。同时,他们的传播活动有别于一般的组织传播与人际传播,必须要有意识地掌握一定的知识与技能,接受一定的专门训练。尤其是在现代传播技术发展日新月异的情况下,现代大众传播工作者工作的技术含量不断增加,分工与合作的模式也越来越专业化,声、光、电、摄、录、剪、网络与信息高速公路等,决定了现代大众传播工作者应具有的综合素质与技能。③主动性与制约性。大众传播者在信息的搜集、加工、制作和传递过程中,具有较大的自主空间,他们的工作制约着传播的内容与形式,对需要传播的信息进行把关和过滤。即使是同一新闻事实,传播的详略、时间、形式,乃至于传播的语调、语气、表情等都会直接作用于传播过程,并会引起不同的传播效果。

大众传播者上述的三个特征,使得他们相比起其他类型的传播者(如人际传播者、组织传播者等)地位更加优越,传播力、影响力更为强大。换句话说,大众传媒是现代社会主要的信息提供者、发布者。但值得注意的是,在当下的网络社交媒体时代,技术赋权后的普通公众在一定程度上也掌握了信息的发布权、编辑权、传播权以及评论权等,也可以成为大众传播过程中的实际传播者,因而出现了独立于媒介组织机构之外的自发传播者(公民记者)。与此同时,自发传播者的出现也使得传统的大众传播机构及其工作者的把关能力变得相对弱化。

(二)信息

据统计,信息已经成为20世纪末世界最流行的词语之一,信息已从"信息论"发展到"信息高速公路"。因此,人们也将21世纪描述为信息爆炸的世纪。

作为传播学中的一个最基本的要素,信息在传播过程中居于核心地位。无论是传播者还是受传者,其作用对象都共同指向信息这一概念。D.麦奎尔在《大众传播模式论》中指出:"传播是个人或团体主要通过符号向其他个人或团体传递信息、观念、态度和情感。……就是通过信息进行的社会相互作用。"可以看出,传播在实质上就是信息的分享与传递。因此,信息成为传播学研究中一个十分重要的领域——内容分析领域。

对信息这一概念的解释可谓既简单又复杂。简单到可以不必去解释,人们头脑中就有既定的判断;复杂到目前还没有一种被公认的定义。广义的信息可以理解为"传递的某种事物",它可能是消息、信号,也可能是能量或者物质。也就是说,信息可以归纳为物理信息,如能量、电磁波等;生物信息,如色、香、味等;社会信息,即人类社会的沟通与交流。

作为一个科学概念,信息是在20世纪40年代由信息论的创始人、美国贝尔电话研究所的数学家香农首先在通信领域中提出来的。他认为信息就是通信的内容,通过信息增加收信者对情况的了解,并获得增加了的信息。因而,他把信息看作是人们对事物了解的不确定性的减少或是消除。另外,控制论学者维纳从控制论的角度把信息看作是不同的控制系统进行调节活动时,与外界相互作用、相互交换的一种内容。同时,还有学者将信息解释为一种变化,认为信息必须表现出事物的联系、变化、差异,提供出事物在运动变化过程中出现的新的特征。

从传播学的角度出发,在与相关概念的比较中,我们可以对传播领域内信息的概念有一个较为准确和全面的把握。

1. 信息与讯息

信息(information)与讯息(message)往往被看作同义词或近义词。但不同的语种对这两个概念又都有着各自的解释。信息常被译为音信、通信、消息、情报,可以理解为一切消息、信号、知识的总概括,有抽象的意味。而讯息在中文中常常被译为消息、广告等,指向一些具体的名物。同时,讯息也是一种信息,其特点是能够表达完整的意义。例如,"下雨了"是一条信息,而"西安下雨了"则构成一条讯息,可见信息的外延更广。讯息的概念之所以在传播过程研究中被经常使用,是为了强调传播的互动是意义完整的互动。在传播学中,讯息可以理解为是由一系列有序性符号组成的表达特定信息或意义的符号系统。

2. 信息与符号

符号的概念使用历史可谓久矣,使用范围也十分广泛。近代英国哲学家洛克第一次指出了语言、文字作为符号在思维活动中的替代作用,并且把这种替代作用看作是传递知识的基本途径。信息的传播同样需要一定的替代载体,因而作为传播的承载物,在传播学研究中,信息和符号总是联系在一起,并引起同等的重视。

美国社会学家伦德伯格认为"传播可以定义为通过符号的中介而传达意义",在传播过程中,信息总是借助于一定的符号来进行传播的。符号所代表的意义是通过人类的约定俗成而确定下来的。声音、手势、文字、图像、数码与语言等要素共同组成庞大的符号体系。信息传播的准确性有赖于符号意义的准确性。

信息传播作为一种普遍的社会活动,其具体内容复杂多样、千差万别,但从其表现形式上看,符号是构成信息内容的最基本的要素。在传播学中,符号可理解为是表达特定信息或意义的形式或手段,媒介是传播或负载符号的物质实体,而信息则是物质过程的思想内容,是符号所要传达的意义。

3. 信息的特征

信息作为传播中的核心内容,借助于媒介,经过传递、交流,在现代社会中体现出无与伦比的价值。无论是在大众传播还是组织传播、人际传播中,信息都体现出以下明显的特征:

(1)选择性与抽象性。传播过程中的信息,是传播者对社会信息所做的有目的的选择性的抽样传播。同样,受众也会对其进行选择性接受。同时,传播中的信息又是一个既无体积,又无重量的非实体的抽象,这就决定了传播过程中信息的可浓缩、可积累、可贮存和可继承的特征。传播过程中的信息是经过加工的信息,当它借助于一定的物质载体贮存之后,就可以长期发挥作用。

(2)价值性与共享性。进入传播过程中的信息总是具有一定价值的。当然,不同类型的传播,其判断信息价值的标准也有所不同,这不仅取决于传播者的目的、意图,也取决于受众对信息的需求和认同。信息一经传播,就可为众多的人所接收、占有、享用,信息的价值便在共享中得以实现。能够被共享的价值表现在多个方面,如理论价值、经济价值、社会价值、政治价值、宗教价值、美学价值、新闻价值、知识价值等。

(3)时效性与延承性。在现代信息社会,信息的时效性在某种意义上决定着信息价值的高低。信息从传播者到受众的时间间隔越短,所能提供给受众的价值内涵就越大。但同时,信息又不会是稍纵即逝的易碎品,正如苏联学者谢尔比茨基在《信息学概论》中所说:"信息是进行存储和传递的反映的守恒部分。"根据其不同的价值,信息借助一定的物质载体累积下来,并得以延承、发展。从某种意义上讲,知识就是信息的积淀。传播者的另一重要使命便是使信息爆炸向知识积聚转化,使之积淀成为人类文化、文明中的重要组成部分。

(三)通道

从信息论的观点出发,信息经过加工后以信号的方式传输总要经过一定的通道,信息传递所经过的这个通道也称为信道。

传播过程是一个信息的流动过程,传播者将信息编码之后以文字信号、图像信号、电子信号(音频信号和视频信号)、数字信号等方式,传输给受传者,而这是需要经过一定的通道的。

这一通道指的是信息流通与扩散的渠道。相比于媒介这一概念来讲,通道(信道)的意义更为宽泛一些。因为媒介这一概念一般只应用于大众传播之中,而通道(信道)则既可以应用于大众传播之中,又可以运用在人际传播以及组织传播上。但通常意义上来讲,这个通道就是我们所说的传播媒介。它是传播内容的载体,是传播者发送信息与受传者接收信息的工具,也是联系传播者与受传者之间的一条纽带。传播媒介是传播过程的基本组成部分,是传播行为得以实现的物质手段。

传播媒介的形式多种多样,随着人类文明史的发展与演进,传播媒介经历了早期符号媒介、手抄媒介、印刷媒介、电子媒介的发展过程。直到今天,传播过程荟萃了人类传播媒介各个时期的发展成果,形成了多渠道、多形式的传播网络体系:报纸、广播、电视、杂志、电影、电话、书籍、网络以及电子读物等,展示出丰富多彩的信息传播通道。

认识信息通道的特点和作用,把握传播媒介的运行机制,提高使用各种传播媒介的能力,始终是传播学研究的重要课题。其意义在于通过研究,更清晰地认识到每一种媒介的优缺点及其运作的规律,使之能更好地服务于信息传播。如研究广播作为听觉通道的特点,结合接受者的收听习惯,就能更好地发挥广播媒体的通道优势。

一般来讲,传播媒介具有物质性、中介性、负载性、还原性、扩张性的特点。衡量媒介作为传播通道的标准有多种,主要表现在:信息在通道中是否受到噪声的干扰?能否保证信息由信源到信宿后的保真程度?信息的传播时效如何?等等。

当下,在新技术的出现与支撑下,媒介生态环境已然发生了巨大的变化。新的媒介生态环境也催生了一些新的传播媒介形态的产生。如社交媒体(social media),指以 Web2.0 为技术支撑,由用户创造、分享以及传播信息的实时互动的在线媒体,如微博、博客、百科等。还有自媒体(we media),指在网络技术的支持下,微博、博客等共享协作平台、网络社交媒体的兴起,使普通大众可以通过数字科技、全球知识系统发布新闻、表达观点以及看法的途径。各种新老媒介也逐渐呈现出多功能一体化的发展态势。

(四)受传者

受传者又称受众。受众因在传统的线性传播观中处于传播过程的终点,而使其成为新闻传播学中非常重要的一个研究领域。也因近年来网络新媒体技术的发展使得受众的主体性以及主动性得到提升,出现了"生产型受众"(pro-consumer)的概念。生产型受众是指受众在新的信息环境和技术发展时代下,不仅仅是信息内容的接受者、使用者以及消费者,同时还参与到传播的过程之中,甚至成为信息内容的生产者。

作为信息的接受者,受众显然是信息传播的目的地,是传播活动的原动力。无论什么形式和性质的传播活动,都是针对受传者而进行的。信息传播者的主观意图,信息内容的价值,最终都是要通过受众得以体现的。因此可以说,受众既是信息传播的"目的地",又是传播效果的"显示器"。

传播学研究对受众的研究颇为重视,但早期的研究者是以传播者和媒体为中心的,自然而然地认为受众只是消极被动的"靶子",只要传播媒介对准目标一扣扳机,它们就会应声倒下。与此相类似的观点还有"刺激-反应"理论和"皮下注射"理论。而到了20世纪70年代,又出现了"受众中心"理论,强调了受众的主观能动性,但又有人走向极端,认为受众是可以左右一切的力量。

广义地讲,受传者的情况比较复杂,不同种类的传播,其受众不同。不同社会角色的受众接受信息的动机也有很大的不同。但受众绝不是传播研究曾经流行的"靶子论"中的"靶子",对信息只是消极被动地接受,也不是可以呼风唤雨的万能的"上帝"。作为传播过程的归宿,受众在传播中占据着十分重要的地位。

1. 受传者是传播活动的目的地

施拉姆认为,传播至少要有三个要素:信源、信息和信宿。受传者则是信息的接受者和反应者,是传播者的作用对象,即信宿。明确这一点对于传播学研究十分重要,既可以否定那种认为传播者万能的"靶子论",又使传播研究者能够更客观、更全面、更人性化地从受众的角度来审视传播活动。

2. 受传者也是传播活动中主动的觅信者

受传者对信息的需求是多种多样的。因而,他们除了根据自身需要有选择地接触和接受传播者所发出的信息之外,还想方设法地去通过各种媒介寻觅自身所需要了解和掌握的信息。这就反过来促使传播者及时掌握受众的信息需求动态,以提供更加适合受众的、有价值的信息。

3. 受传者是传播效果的鉴定者和回馈者

信息的传播不是单向的、直线式的,它具有双向回流的特征。一旦信息由信源到达信宿,受众总会有意或者无意地进行选择,或全部积极接受,或选择部分接受,乃至拒绝接受。受众的这些反应,正是对传播效果的一个最简便的鉴定。当然,受众的反应会迅速地反馈至传播者,这种回馈将直接决定传播过程是否具有继续下去的价值,也直接决定了下一步传播的趋向。

4. 受传者是传播活动的直接参与者

传播活动绝不单单是由信源向信宿的物理转换过程。由于受传者是具有主体性的人,他们在信息传播过程中对传播符号的译码,决定了他们实质上是传播活动的直接参与者。当信息由传播者进行编码、通过媒介传递出去时,受众在接收之前还要经过对符号的还原与翻译,赋予其意义并接受之。由于个体经历、文化水平等方面的差异,决定了信息不可能百分之百地按照传播者的意愿被接受。正如一部《红楼梦》,不同的人便会品出不同的书味。1000个人心目中就有1000个不同的哈姆雷特形象。列宁说他在一个夏天把《怎么办》读了5遍,"每次都在这个作品里发现一些新的令人激动的思想"。传播过程的最终实现离不开受众的参与。当然,这种参与有隐性的,也有显性的。其中显性的参与可以直接分析或得到及时回馈的信息,而隐性参与则不易分析,或受众由于种种原因而不愿显露出来。由此也引出了传播研究者对受传者的重视与研究。

此外,以不同的视角、不同的理论范式来解读受众,则会有不同的观点与发现。受众是具有多重属性的受众,即作为社会成员组成的受众(受社会关系的制约)、作为信息传播对象的受众(是传播者试图影响的对象)、作为信息抵抗者的受众(抵抗式接受信息)、作为商品的受众(将受众售卖给广告商)、作为信息传播者的受众(公民记者)、作为信息使用者的受众(关注并使用信息)、作为少数群体的受众(青年亚文化)等。

(五)反馈

反馈(feedback)本是现代科学技术的一个基本概念,它产生于无线电工程技术,其含义指的是被控制的过程会对控制机构起到一种反作用,而这种反作用又会反过来影响这个系统的实际过程与效果。反馈的概念是由麻省理工学院的维纳在他所著的《控制论》中首次引用的。作为控制论的概念,反馈是指控制系统把信息输出以后,又将信息作用的结果返回到控制系统,并对控制系统的再次输出产生影响。按照维纳所说的,就是"一种能用过去的操作来调节未来行为的性能"。

在传播学中,反馈的概念是由德弗勒首次在他的双向环形传播模式中引入的,主要指受传者对接收到的信息的反应或回应,也是受传者对传播者的反作用。获得反馈的信息是传播者的目的和意图之一,因为传播者可以根据反馈的信息检验其传播的效果,并以此为依据来调节以后传播的信息内容、符号形式以实现更有效的传播。

由此可见,反馈是传播过程的主要环节,其意义不仅在于对传播效果加以检验,而且更重要的是反馈这一概念的引入,使传统的对传播模式的单向理解转换成双向的循环的概念,彻底打破了传播者和受传者之间彼此割裂的界限,使传播者和受传者在沟通与交流之中确立起一种互动的关系,这一概念对于网络时代的信息互动显得更加意义深远。可以说,获得反馈信息是传播者孜孜以求的意图与目的,发出反馈信息是受传者能动性的体现。反馈是体现社会传播的双向性和互动性的重要机制,是传播过程中不可或缺的要素。

在传播过程中,反馈的表现形式和作用机制多种多样。读者或听众的来信和电话是一种反馈形式,人们对广告促销活动的反应、广播电视的受众接收率、报摊报纸销量和订购数量的增加或减少都会提供反馈的信息,甚至接受者接收时的迷惑或厌烦的表情同样也都传达出反馈信息。一般来讲,根据不同的标准可以将反馈分成不同的类别。根据反馈信息的真实可靠程度可分为真性反馈、假性反馈;根据传播的实际效果可分为正反馈和负反馈;根据反馈的来源形式可分为内反馈、外反馈;根据反馈的对象可分为对内容的反馈和对形式的反馈。另外,根据传播类型的不同,大众传播、人际传播、组织传播中的反馈也各有其特点。研究者根据大众传播的实际,还将反馈归纳为六种类型,即典型的反馈、间接的反馈、迟延的反馈、累积的反馈、定量的反馈、专门机构的反馈等。这里简单介绍几种常见的概念:

(1)正反馈。正反馈就是当反馈信息与原来传输的信息基本上一致,也就是说传播的信息产生的效果与传播者的意图吻合时,这时的反馈传输的是正信息,即对原信息起到一种增强作用,谓之正反馈。

(2)负反馈。负反馈与正反馈恰恰相反,反馈信息与原来传输者输出的信息发生了某种偏离,也就是说,没有达到传播者预想的效果,这时的反馈会对原来的信息起到一种减弱作用,谓之负反馈。

(3)真性反馈。真性反馈就是受传者对接收到的给定信息的真实反应,公开表示反对或赞成。这是在民主、自由的气氛中,人们发自内心的真实感受,能真实、客观地反映传播效果。

(4)假性反馈。假性反馈所反映的是受传者经过伪装、掩盖了真相的心理假象。它主要是受传者出于某种压力或者其他考虑,对传播内容的一种虚假反应,这种反馈往往会把传播者引入歧途,使其以后的传播产生偏差或失误。

(5)内反馈。内反馈也称为自我反馈,是指传播者在输出信息过程中产生的自身的心理反应。内反馈既包括宾我对主我的内省式反应,也包括传媒组织内部被动人员对主动人员的信息反应。这种反馈是一种自我调节,可起到防患于未然的效果。

(6)外反馈。外反馈是来自外部力量的反应,即受传者对所收信息的理解与反应。这是反馈的主要形式,是传播者判断传播效果、调整传播行为的主要依据。

(7)专门机构反馈。国外有许多专门的调查公司,专门搜索、分析和研究反馈信息。如美国著名的电视收视率调查机构——尼尔森公司、普尔斯公司,报纸杂志调查机构——西蒙斯公司、波利斯公司,民意调查机构——盖洛普公司、哈里斯公司等。我国的中国广视索福瑞媒介研究、零点研究咨询集团、中国经济景气监测中心等都属于专门收集受众反馈信息的机构。

反馈机制是传播系统中一个不可或缺且极为重要的环节,它直接参与了对传播实效的社会创造。从控制论的基本观点出发,反馈发生作用的目的就是为了有效地实现控制,而控制的本质在于调节,就是对偏离倾向的调节,其目的在于使事物的运动发展沿着既定的正确方向正常运行,让无序的趋势回到有序的运行轨道上来。因此,大众传播控制的本质就是要通过有效的反馈信息来调节脱离反馈规律的错误倾向,使大众传播保持在正确的运行轨道上并形成良性的循环互动,从而产生出良好的现实传播效果。

以上分析的五个要素是构成和影响传播的五个最基本的要素。它们也对应着传播学研究中五个最为重要的研究领域,即控制分析研究领域、内容分析研究领域、媒介分析研究领域、受众分析研究领域以及效果分析研究领域。但是,在现实的传播活动与传播环境中,构成和影响传播过程的因素是极为复杂多样的,绝不仅仅是以上五个最为基本的组成要素。因此,下面对可能在传播过程中产生影响的其他几个内外部共作用要素加以分析。

二、共作用要素

(一)编码与译码

在信息传递的过程中,由于信息的复杂性和传播方式的特殊性,往往不能使信息直接进入传播过程中,而是要把信息编制成适于传播的、受传者能够理解的信号。同样,受传者对信息的接受也会根据其理解能力、社会心理、传统文化等方面的因素对所接收的信息重新进行加工转换,并最终接受。

1954年,施拉姆提出了一个著名的传播模式,如图3-1所示。

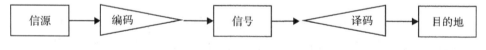

图3-1 施拉姆的传播模式

这个模式将信息论中编码与译码的概念引入传播研究之中,从而使我们对传播规律的揭示更具科学性。施拉姆的模式视编码、译码为传播过程中必不可少的环节,二者的连通形成了一个完整的信息传播过程。从符号学的角度来理解,就是二者"把自己头脑里存在的'抽象的'有广义的思考内容的原本,在对方头脑里也制造一份副本的行为"。

1. 编码

美国传播学者沃纳·赛佛林在其《传播理论:起源、方法与应用》中提出:"编码就是将目的、意愿或意义转化成符号的过程。"这种把从信息源得到的信息精确地或同构地编制成适宜传播者传播和受传者接受和理解的信号的活动,就是信息的编码。比如,发生了一个新闻事件,纸媒记者要把它转变为文字,电视记者要把它转变为声音和画面,摄影记者要把它转变为照片等。其中,发生的新闻事件就是信息,文字、声音、画面、照片等是传播的符号或代码,而新闻记者把新闻事件转变为文字、声音、画面以及照片的这种行为和过程就是编码。

根据施拉姆的传播模式,编码位于传播者一端。由美国哲学家 A.柯日布斯基创立的普通语义学认为:语言是静止的,而实际却是动态的;语言是有限的,而实际却是无限的;语言是抽象的,而实际却是具体的。传播活动主要就是用语言对外界概念化,并进而进行符号传播的过程。语言的局限性以及复杂性,决定了传播过程中科学编码的重要性。

传播过程中,由于符号的多样性,编码也就呈现出多样性的特点。比如在上面的例子中谈到,发生一个新闻事件,纸媒传播要把它变成文字,电视传播则要将其编成声音与画面,等等。进行信息的编码,必须注意传播者和受传者两个方面。对传播者而言,就是要尽可能全面、准确地理解和把握信息,并正确掌握编码的特点,以保证尽可能客观地传播信息;对于受传者而言,就应该使其了解各种传播符号的特点,强化自身认知能力,并尽可能地适应受传者对信号的兴趣偏好,对编码加以调整。由此可见,科学的编码是传播成功与否的关键所在。

人类传播从语言、文字传播到电报、电话等通信手段的应用,直到今天现代电子技术及声光电等媒体技术的运用,花样翻新。与此同时,编码技术要求也越来越高,对编码的研究已经成为传播研究的一个重要方面。

2.译码

译码位于受传者一端,是将接收到的符号或者代码还原为传播者所传达的那种信息或意义的过程。即与传播者要将信息编制成的符号相对,受传者要将符码通过解译还原为信息。

理想的传播效果应该是编码前的信息与译码后的信息完全一致,但这显然是不可能的。正如心理学家厄尔·凯利所说:"当我们了解周围事物时,我们是根据我们过去的经验和我们的目的有所选择的,而不是随意进行的。"受传者在译码过程中无法使信息完全得到还原,主要受到其阅历、心理、知识、接受信息的目的等要素的影响。

同时,编码是否科学恰当也直接影响着译码的效果,若编码时的信符悖离了约定俗成的原则,译码过程自然也会产生障碍,甚至出现歧义或者误解。

总结来讲,编码是传播者的行为,译码则是受传者的行为。一方面,编码与译码在所有类型的传播活动中都不可或缺,对于人际传播来讲更是尤为重要。人际传播通常就表现为人与人之间不断进行的、循环往复的编码与译码。另一方面,编码与译码在一定意义上都是在人的大脑中所从事的一种主观性的活动。编码作用于传播者的大脑,译码则作用于受传者的大脑。由于这种主观性因素的影响,编码与译码的过程中也难免会发生信息的失真与变形。因此,在实际传播活动中,受众接收到的信息含有传播者的选择与主观建构,相对地,对于传播者所传播的信息,受众也是依据自己的需要进行了选择性接触、选择性理解以及选择性记忆。

(二)噪声

1949 年著名数学家、信息论创始人香农和韦弗提出了一个著名的线性传播模式,即香农-韦弗通信数学模式,在此基础上演变为香农-韦弗传播模式。相比 5W 传播模式,香农-韦弗模式加入了噪声的概念,如图 3-2 所示。

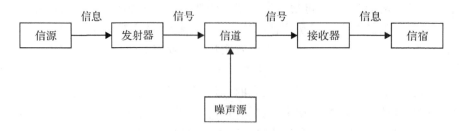

图 3-2 香农-韦弗传播模式

  这一模式最初起源于香农在美国贝尔电话实验所工作期间所得到的启示,他认为"通信的基本问题是在通信的一端精确地或近似地复现另一端所挑选的信息"。在通信的这一过程中,他加入了噪声这一影响因素。经过编码的信号进入信道传递的过程中,总会受到一些干扰,这样从信道末端传出的信号就增加了噪声的因素。这原本是一个着眼于自然科学领域的模式与概念,但是对传播学以及传播过程的研究产生了重要影响。

  理想的传播过程是顺利的、无障碍的、高效的,传播者使符号化的信息被毫无损伤地、原原本本地传递给受传者。但事实上这永远也办不到,各种干扰是无法避免的。噪声就是人们对传播过程中的干扰的总称。

  噪声,通常泛指嘈杂、刺耳、不和谐的声音,诸如收音机中的静电干扰等。传播过程中的噪声是一种广义的概念。在信息理论的术语中,噪声可以是电话、收音机、电视机或电影中的声音失真,或电视图像的变形和变色,或复制图片印刷时出现的模糊,或电报传递时发生的错误。同时,噪声还可以是说话者注意力分散的表现形式——增加了信号,但并非信源有意要传达的信息。也就是说,噪声是在传播活动进行的全过程中所出现的各种干扰因素的总概括,那些附加于有用信息之上的,以及阻塞有用信息通过的障碍,都会直接对信息传播构成干扰,均可被形象地称为噪声。

  噪声的形式多种多样,主要有人为干扰、自然干扰、内容干扰和机械干扰等形式,噪声可以是系统外的噪声,也可以是系统内的噪声。传播过程最主要的环节是信息经过信源、媒介到达信宿,粗略地看,这也恰恰是噪声形成的主要环节。

  首先,来自信源的噪声增加了信息的不确定性。一方面,这主要表现在多余的信息使原本想要传播的意义由于冗余而被冲淡。另一方面,噪声往往意味着假的、非真实的信息,其影响可想而知。当信息通道在一定时间和空间内相对确定时,大量的噪声相伴有用的信息涌入,势必影响有用信息的正常传播。这也就是为什么信息爆炸所带来的信息泛滥并不一定意味着知识能够激增的原因。

  其次,来自于媒介方面的干扰也是不可忽视的噪声源。一种可能是媒介自身的技术问题,它造成信息表现形式的质量低劣,从而影响受众对信息接收的清晰度;一种可能是传播过程中的差错,主要来自于媒介通道。通道的长短、宽窄在其中起着很大的作用,若通道长且窄则信息在其中的损耗就大。同时,传播过程中的环境影响,也会造成信息不能按照传播者的意图向外传播。

  从信宿的角度讲,来自于受传者方面的干扰因素也是构成噪声的一个重要方面。受传者对信息的需求以及接受目的的不同,以及他们的文化程度、社会阅历、心理等因素,决定了他们在对信符译码的过程中,会有意无意地添加或减少,这都直接造成信息不能按照传播者原意原本本地进行传播。

为了抵抗噪声的干扰,减少传递中信息的损失,传播研究者尝试了许多方法。可采取提高发送信号的功率、增大接收信号的功率和噪声功率比值的方法;或利用编码技术,特别是采用纠正错码的方法,以提高传输的可靠性。同时,关键或重要的信息在传播的过程中增加重复,以确保经过有噪声的渠道时,这些信息仍然能够保证被准确收到。沃纳·赛佛林称这为冗余的一种形式,认为:"冗余是一种对确定性或可预测性的测量。消息中冗余越多,它所携带的信息量就越少。但是,有时增加冗余,可以增加传播系统的效力。"

(三)经验范围

1954年,施拉姆在《传播是怎样进行的》一文中,引入了经验范围的概念。当传播者与受传者交流信息时,各自都有一套自己的目的和原因,而且如施拉姆所说:"所有参与者都带了一个装得满满的生活空间——固定的和贮存起来的经验——进入了这种传播关系,他们根据这些经验来解释他们得到的信号和决定怎样回答这些信号。"如图3-3所示。

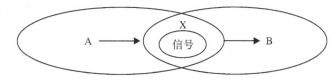

图3-3 经验范围

A向B传送信息,A、B所在的椭圆分别代表各自的经验范围,X则是A与B的重合部分,代表着A和B共同的经验范围。

经验范围的意义就在于,在传播过程中,由于传播者和受传者在经历、职业、兴趣、观念等方面的差异,势必给沟通带来障碍,正视各自存在不同的经验范围的重合部分,并力求将信息传播纳入双方共同的经验范围之中,则能够保证传播过程的顺利进行以及取得良好的传播效果。施拉姆用了一个非常简单的例子来说明这个道理:"驾车人和公路安全部门对红绿灯所表示的意思和看见红绿灯应有的反应应当是有共同认识的。"这就是他们共同的经验范围,否则的话,如果双方没有共同的经验范围,或者信息交流超出了重合部分,则不能保证交流的正常进行,传播过程自然就会陷入停滞。正如沃纳·赛佛林所分析的那样:"只有在信源和信宿经验范围内的共同领域,才是实际上传播的部分,因为只有在那部分,信号才是信源与信宿共同拥有的。"

当传播者发出信息,受传者靠什么去接收这一信息呢?靠的是经验范围的重叠。经验范围指的是人们的政治立场、文化背景、民族心理、宗教信仰、生活习惯、知识结构、兴趣爱好等。一个正常人如果不懂哑语,那么当聋哑人向他做手语时,他就会茫然无知,因为他与聋哑人之间没有共同的经验范围。这种情况与无线电广播中电台的发射频率与收音机收受波段频率必须相同的情况有点相似。这里有个前提条件,即只有参与的人在共同享有的经验范围内,传播的行为才能够发生。参与传播活动的人没有相同的经验,则传播难以实现。假如一个人从未见过飞机,那么当另一个人在传播信息中涉及了"飞机"这一概念时,他就会感到费解。当向他指出空中的飞行器是飞机时,他才会恍然大悟。所以只有当信息符码落实在双方经验范围的重叠部位时,一项传播活动才能实现。

经验范围的重叠对于传播十分重要。很多传播的困难实际上都与经验范围的重叠程度有很大关系。例如父母与子女之间有代沟,实际上是父母与子女的经验范围存在很大差异。子女们所接受的知识、价值观念等与父辈们所接受的有很大的不同。父母们不了解今天孩子们的知识结构和时代特点,子女们也忽视了父辈们可能具有的传统的价值观念。如果两者不注意建立彼此共同的经验范围,那么,这样的代沟就会越来越大。所以,不论何种传播形式,传播者如果不注意在共同的经验范围内制作信息符码,那么,他就不可能获得最佳的传播效果,甚至导致传播的失败。

另外应该注意的是,在传播中强调共同的经验范围,并不是说所传播的内容是双方所共知共认的,这势必走入另一个误区。共同的经验范围是传播得以顺利进行的基础,强调的是理解信息的技术问题。当基础层面的问题解决之后,仍要选择那些带有新意的、引起对方兴趣的信息内容,而不能仅将信息内容局限于双方既定的经验范围之内。

(四)传播效果

传播是人类一种有目的的社会活动。传播效果始终贯穿于传播活动的全过程,成为传播过程研究的重要因素。

所谓效果,指的是人的行为产生的有效结果,意即行为发出者实现愿望和目的的程度或当行为实现后所引起的一系列结果。传播的效果也就是传播过程中当传播者发出的信息到达受传者后,所引起的情感、思想、态度及言行方面的变化。传播效果是传播目的的最终体现,是传播者在传播过程中孜孜以求的主要目的,也是评价传播活动水平和质量的重要标准。

作为传播活动的重要组成要素,传播效果研究的意义重大。传播效果是传受双方的原动力,是传播活动的最终目标、最终归宿;传播活动的其他要素和环节所做的努力,无非都是为了实现传播效果,确保传播产生效果成为传播活动的根本目的。

目前,虽然有关传播效果的理论很多,但人们对传播效果本身以及其价值的评价体系还有待进一步完善。一般来说传播效果具有以下几个特征:

1. 显性与隐性并存

传播效果既有其显性的一面,即从受众情绪的变化、态度的转变以及行为的改变中可以直接把握到的效果。同时,又有较强的内隐性。因为它产生于受众接收信息时注意信息、理解信息、确立态度、采取行动等一系列内在操作机制的过程,往往隐藏于受传者的内心深处,即使显现出来也需要经过一定的时间。这就需要效果研究者确定一定的科学方法加以推测、评估或促其显现。

2. 即时性与累积性并存

受众接受信息后,传播效果有可能即时显现。但在很多情况下,效果的产生有一个累积的过程,受传者接受到的信息产生的影响有意无意地处于隐性阶段,经过日积月累、耳濡目染,最终才能产生巨大的效力。这样的效果一般是持久的。

3. 层次性与复杂性

传播形式的不同,受众类型的不同,决定了传播效果的层次性与复杂性。从效果存在的时间上看,有暂时效果和持久效果;从效果显示的时间上看,有即时效果和延缓效果;从信息的内容和指向上看,有规范效果、确认效果、共鸣效果、理解效果、享用效果;从社会影响的领域上看,有沟通效果、宣传效果、教育效果、艺术效果等。传播效果产生的社会作用也体现出其复杂性的特点：受众在接受信息后可能产生对社会有积极作用的效果，也可能产生对社会有消极作用的效果，甚至产生阻碍作用的效果。

影响传播效果的因素有很多，主要集中在传播者、媒介和受传者三个方面：①从传播者的角度来讲，信息依赖于传播者的采集、鉴别、选择和加工，信息来源是否可靠，信息内容是否真实、准确、全面、客观、及时，传播者自身的知名度、权威性以及业务水平、道德品质，甚至外在气质形象、亲和力都会直接影响传播效果。②从媒介的角度来看，媒介传播时制作内容的技巧与形式，信息量的度的把握，传播渠道是否畅通，以及媒介组织在受众心目中的形象，都会直接影响到其传播效果。③从受传者的角度来看，受传者的知识与智力，理解和认知事物的偏好与倾向；受传者的背景、心理和个性等因素对传播效果都有着较大的制约作用。

同时，还有噪声对传播效果的影响等。

（五）传播环境

如果说经验范围主要提供了个人传播的环境要素，那么，社会环境、文化环境、心理环境等因素则构成了广义的传播环境。人类的传播活动并不是孤立存在的，而总是置身于一定的周围情况、条件和氛围之中。这个环境既包括上述要素，同时也包括一个国家或地区的传播制度、传播事业的经营管理方式、传播媒介的发展水平等内容。传播环境是传播过程的外部要素，但同时也是不可或缺的因素，对传播环境的研究剖析，实质上就是对影响传播效果的宏观因素的多层面的综合性分析。概括起来有以下几个方面：①社会环境。社会环境主要是指在社会结构中，与传播活动有关的各种关系。这些关系有传播者之间的关系，传播者与个体受众之间的关系，传播者与团体受众之间的关系。每一种关系都有其特定的传受特征，传播者只有准确把握，才能找到共同的经验范围，为自己确定良好的传播空间、争取最好的传播效果。②制度环境。有不同的社会政治制度就会有不同的传播制度和传播经营管理机制，也可以说不同的社会制度中大众传播媒介的所有权和控制权有所不同，相应的媒体对信息内容的选择、传播倾向也就有所不同。例如有关传播制度的集权主义理论、自由主义理论、社会责任理论以及共产主义理论，都反映出媒介传播制度的倾向。这是传播环境在实质上的体现。③传播情境。传播情境主要是指传播的心理环境。相同的传播，在不同的情境中会产生不同的效果，甚至包含不同的意义。当传受双方都处于心理协调的状况下，传播效果就好，反之，则产生的效果就不好。同时，由于行为发生时的具体情境不同，信息的含义也会有区别。如一个人的微笑，有时意味着欣悦，有时是故作高深，有时则是暗含讽刺等。④自然环境。传播活动总是在一定的自然环境中进行的，无法摆脱自然条件的制约，地理气候以及特殊的人文景观都会直接影响到传播的效果。可以说，先进的传播技术的发明过程，也是人类摆脱自然环境束缚、改善传播环境的过程。⑤经济及科技环境。一个国家经济、科技的发展水平，直接影响着居民的媒介平均拥有量、媒介的普及程度以及媒介的传播技术，这是传播环境在量上的反映。

上述的传播环境都不是孤立存在的，它们总是相互作用、相互依存的。每个方面都影响着其他几个方面，并被其他几个方面所影响。例如在一个噪声很大的环境里进行交流，即使社会关系环境和心理情境再好，它的传播效果也会受到影响，并会因此而发生改变。物理的、社会的、心理的、时间的诸种情境类型共同发生作用，构成了传播的整体环境。

第二节 传播的主要模式

人类传播经过语言传播、手写传播、印刷传播和电信传播,直到电子网络时代的互动传播。几次传播革命不仅推进了人类文明史的进程,而且为传播学研究提供了一个清晰的轨迹。以此为线索对传播活动的规律加以抽象和概括,成为认识传播现象的一个重要途径。在传播学研究史上,不少学者采用了构建模式的方法,对传播过程中的方式、结构、各要素间的联系加以剖析,从而使传播过程的本质及规律得以清晰凸现。这种研究方法就是模式研究。

一、模式的功能

模式(mode),是对现实的一种抽象,是对某一过程或现象的内在机制以及外部联系的理论性的简化所形成的直观而简洁的形式。如果说理论是对现实的一组经过概括和系统化了的相互关联的结论和可供验证的观点,那么,模式则是再现现实的一种理性的简化形式。也就是说,模式是直观地描述理论的一种方式。

模式化研究是传播学研究的一大特色,大多数研究成果最终都以"模式"的形态出现。这一方面是因为传播理论与模式有着十分密切的关系,同时,更是因为模式运用于传播研究,具有不可替代的优势与功能。

(一)构造功能

构造功能也称模式的组织功能。传播现象是非常复杂的现象,传播过程是诸要素相互关联、相互作用的动态作用过程,对其认识具有一定的难度。模式以简洁的形式再现传播过程的内部构造与作用机理。以模式的形式描述这一动态过程,其意义就在于揭示传播过程中各系统要素之间的结构关系、作用原理以及与外界的联系。可以说,模式是一幅完整全面的构造图,从中可使我们获得对传播过程的整体认识。

(二)阐释功能

模式是再现现实的一种理论性的、简化的形式,与一定的理论相对应,是对理论的一种阐释与描述。传播理论借助于传播模式,使其内涵表达更清晰。传播学者将复杂的传播动态过程以及信息沟通中遇到的各种问题和矛盾,以最简洁的方式清晰地加以阐述,无疑是使我们理解理论的最佳辅助手段。

(三)传承功能

模式构建总是与理论发展同步、相伴相生,理论的传承性同样也折射于模式之上。优秀的传播模式并不意味着停滞不前。传播学研究的实践也证明,随着人类传播的不断发展变化,新的传播模式总是在已有模式的基础之上获得启发,同时获得超越,提出新的深刻的见解,进行新的建构。因此,任何传播模式的建立总是以开放的状态,随时进一步扩展研究内容与范围,以解答新的课题。

(四)能动与预测功能

"模式能提供我们考虑问题的框架""一个模式就隐含了对相关性的判断"(沃纳·赛佛林《传播理论:起源、方法与应用》),模式的建立既是一种理论的再现,又是一种认识事物、把握规律的思维方法。传播模式之所以沿用至今,也是因为它的能动作用。在对模式的分析之中,可以比较容易地把握现象并解决实际问题;通过对模式的再认识,又可以使传播研究者找出模式缺陷,超越固有模式,建立新的模式体系。同时,模式科学地给出了各因素之间作用的动态规律,分析其相互作用机理,为估算各种不同结局可能发生的概率提供基本依据,对一定时期的发展过程和结果进行预测。

二、传播的基本模式

模式的构建类型多种多样,文字模式、图形或程式模式、数字模式等较为常用。传播学研究所构建的基本上是文字与图形相结合的功能性模式。

自从传播学建立以来,传播学研究者就尝试提出各自的各种各样的传播模式,有数百个之多。我们无法也没有必要一一加以评说,只是通过时间与实践的检验,将特点逐渐明朗、观点较为典型的几类模式加以介绍,从中可以把握传播模式的演进轨迹,进而使我们受到启发,同时也对建立起信息时代的新的传播模式提供借鉴。

(一)线性传播模式

早期传播学研究中建构的模式主要是对传播过程进行单向流动描述的模式,我们称其为线性模式。其中最具代表性的是拉斯韦尔模式和香农-韦弗模式。

1. 拉斯韦尔模式

1948年,哈罗德·拉斯韦尔在他的《传播在社会中的结构与功能》中提出了"5W模式",即认为传播过程就是回答五个问题:谁(who)? 说了什么(says what)? 通过什么渠道(in which channel)? 对谁(to whom)? 产生了什么效果(with what effect)?

将这一文字表述转换为图的形式,就形成了"拉斯韦尔5W模式",如图3-4所示。

图3-4 拉斯韦尔5W模式

其中:"who"指传播者或信息来源,负责信息的采集、整理、制作和传递;"says what"即"传递的内容",由一个或一组信息组成;"in which channel"是信息传递所必需的物质载体,如报纸、电话、广播、电视等;"to whom"指信息接受者;"with what effect"即传播效果,指信息传播对受众可能造成的某种影响。

这一模式第一次较为详细、科学地分析了传播的结构、过程以及构成传播事实的各个元素,被视为传播学基本模式的"开山之作"。它的提出,深化了对传播要素和传播环节及其相互关系的认识,使传播现象逐渐清晰起来。

拉斯韦尔模式的意义不仅在于它以简洁的形式对传播过程进行了描述,更重要的是,它对传播过程中的基本要素进行了较为完整的概括,确定了传播研究的范围和基本内容。尤其是"媒介"及"效果"概念的提出,使人们对传播过程的认识产生了质的飞跃。

拉斯韦尔模式所引申出的五个参数和传播研究领域,沿用至今,如图3-5所示。

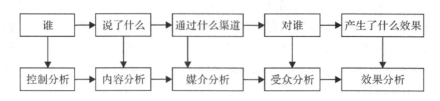

图3-5 拉斯韦尔模式的引申

然而,尽管5W模式在传播学史上意义重大,却仍免不了一些缺陷:①作为一个典型的线性模式,它将传播看作一种单向、呈直线形态的过程,忽视了传播是一种双向的互动过程,且没有体现出各要素、环节间的相互作用。②尽管拉斯韦尔在《传播在社会中的结构与功能》中用大量篇幅阐述社会与传播的关系,并提出"社会传播"的概念,但5W模式并未体现出传播过程与社会过程间的关系。③信息在传播过程中往往会产生变化,但5W模式并未体现出信息的变化。

虽然5W模式存在简单化的弊病,但瑕不掩瑜,它为后人研究提供了理论基础,并推动传播学学科不断发展向前。1958年,布雷多克在《"拉斯韦尔公式"的扩展》一文中,于5W模式基础之上增添了情境(in what situation)和动机(for what purpose)两个环节,形成"7W模式"。它虽是对5W模式的进一步发展,但还未突破线性模式的局限性。

2. 香农-韦弗模式

香农-韦弗模式也称信息论模式,创始人是克劳德·香农与沃伦·韦弗。二人根据维纳(Norbert Wiener)《控制论》中信号传输的统计学概念和反馈概念,在《传播的数学理论》(*Mathematical Theory of Communication*,1949)中进一步发展了线性传播模式,并绘制了简图,如图3-6所示。

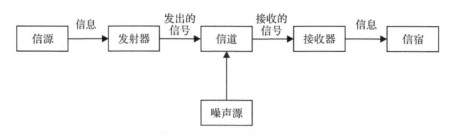

图3-6 香农-韦弗模式

这一模式显示了传播过程中的五个功能环节:信息由"信源"经"发射器"转变为信号,通过"信道"传送至"接收器"并再次转换成信息,最终抵达"信宿"。例如,在人际传播过程中,信息由人脑(信源)通过制造信号的发声器官(发射器)发出,经由空气(信道)传达至对方的听觉器官(接收器),经过解码而最终到达对方的大脑(信宿)。值得注意的是,在这一过程中,信号会受到"噪声"干扰而变得不稳定,导致发出的信号与接收到的信号不完全一致。换句话说,信源所发出的信息因受到传播过程中噪声的干扰,而与到达信宿的信息具有一定的差别。

香农-韦弗模式的一个突出贡献是引入了"噪声"的概念,在拉斯韦尔的基础上丰富与拓展了传播研究的内容范畴。传播活动不是在封闭的真空之中进行的,因此必然会受到来自外界环境的影响。除了"外部噪声",还可能有"内部噪声",例如信号间的相互影响。由于噪声对信号的干扰,导致了所传信息具有一定的差异性。

基于对"噪声"的思考,香农和韦弗提出了"熵"和"冗余"的概念。为抵消传播渠道中的噪声,最终达到有效的传播,信息中的"熵"与"冗余"之间就应保持平衡。简单地说,传播渠道中噪声越多,就越需要信息冗余,以降低消息中相对的"熵"值。例如在传播渠道的噪声多时,就应重复关键的部分,以确保关键消息的有效接收。通过冗余克服传播渠道中的噪声,在特定时间内可传送的信息量就会减少。

此外,该模式来源于香农在美国贝尔电话实验所工作期间得到的启示,是一个纯技术性的、应用于自然科学领域的通信过程模式。其对发射器、接收器等技术设备概念的引入,无疑给当时的传播研究注入了新的内涵,带来了一定的启示,使传播学者对电子信息技术在传播过程中的作用有了足够的重视。正如沃纳·赛佛林在其《传播理论:起源、方法与应用》中所说:"香农的信息理论产生的最直接结果,就是在20世纪80年代变得比较常见的数字通信技术。现在我们有录制数字化音频信号的激光唱盘(CD)和磁带,而且这个技术已迅速传遍整个电子传播领域,包括电话、收音机和电视机。"同时,香农的这种将社会科学与自然科学相结合的研究方法,也拓展了传播学研究的思路。

遗憾的是,香农-韦弗模式没能从根本上克服线性模式的局限。尽管"噪声"这一概念多少体现了传播过程受周围环境的影响,但还是弱化了社会环境与传播过程间的关系,并忽视了反馈的作用。

3. 线性传播模式评价

线性模式最明显的缺陷便是将人类复杂的传播过程描述为单向流动的直线,固化了传播者和受传者的角色、关系和作用,忽视了反馈的因素和其他环节。尤其是在社会传播中,传播者与受传者之间的互动性没有被充分地展现出来。这种单向性没有使受传者的主动性得到认可。罗杰斯曾在他的《传播科技学理》中指出,单向传播模式的"这些偏见都是彼此相关,且是累积性的"。"当一个人认为传播是单向与劝服性的,或抱着是来源利用传播以使受众产生改变的观点时,关于心理效果与机械因果论的偏见就产生了。"

(二)双向循环传播模式

1948年,维纳出版了《控制论》一书,创立了控制论。控制论的基本概念包括目的、行为、通信、信息、输入、输出、反馈、控制。这一理论的核心是加入了"反馈"的概念,从而突破了传统线性模式的局限性,使传播研究进入双向循环研究阶段。这类模式的崛起,更客观、科学地反映了现实的传播过程,标志着整个传播学又向前了一大步。

1. 奥斯古德-施拉姆模式

1954年,美国心理学家C.E.奥斯古德在吸收了控制论的研究成果、克服其机械性缺陷的基础上,首创了基本传播行为模式,也称为双行为模式或奥斯古德模式。

奥斯古德认为香农-韦弗模式是一种为解决工程应用问题而产生的机械传播模式,排除了信息的"意义",并将信源、发射器、接收器、信宿归为相互独立的因素。而奥斯古德则强调传播的社会性:"任何适当的模式至少应包括两个传播单位,一个信源单位(说话者)和一个信宿单位(听话者)。在任何两个这样的单位之间,将两者连接起来成为一个系统的,就是我们所说的消息。"如图3-7所示。

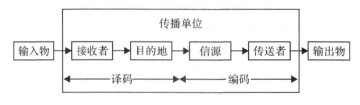

图3-7 奥斯古德模式

也就是说,传播活动由信息连接信源和信宿,每个人都是一个完整的传播系统,既是信源,也是信宿,兼具发送信息与接收信息、编码与译码功能,具有双重行为。

奥斯古德将符号的概念引入传播模式之中,强调传播活动是人类社会的传播系统而非机械系统,"提供了在一个个体内同时具有发射和接收功能的模式"(赛佛林《传播理论:起源、方法与应用》),探讨传播双方的行为及其相互转化,使研究具有社会学意义。

同样在1954年,施拉姆在奥斯古德模式的启发下发表了《传播是怎样进行的》(*How Communication Works*)一文,提出了三个模式,如图3-8所示。

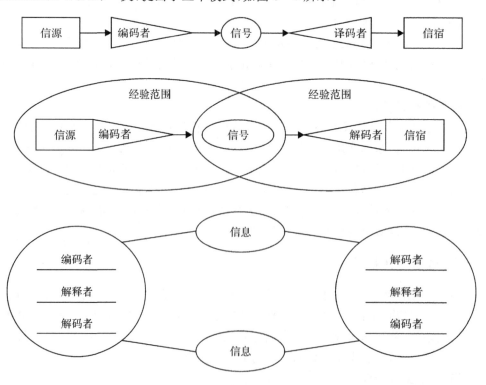

图3-8 施拉姆的三个模式

很显然,施拉姆第一个模式受香农-韦弗模式影响较大,与香农-韦弗模式极其相似;在施拉姆第二个模式中,他认为只有在信源与信宿共同的经验范围内,才是实际传播的部分;他的第三个模式将传播视为信源与信宿这两部分的编码、解释、解码、传送信号与接收信号的互动。将第二、三个模式结合起来,就形成了一个完整的循环模式,如图 3-9 所示。

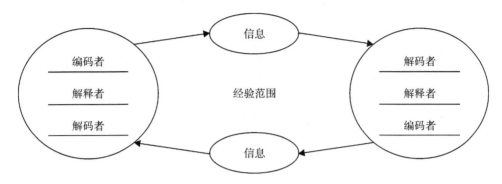

图 3-9　奥斯古德-施拉姆模式

由于施拉姆承认自己的许多观点是受到奥斯古德的启发,人们通常称这一模式为奥斯古德-施拉姆模式。

奥斯古德-施拉姆模式的确立,从根本上脱离了单向线性传播模式,同时又引入"经验范围"的概念,认为传播者与受传播者根据积累的经验,寻求沟通的可能。该模式"将传播视为两个部分编码、解释、解码、传送和接收信号的互动"。"在这里我们看到了反馈和共享信息的连续'循环'。"此外,这一模式引申出"传播单位"的概念,即任何传播活动的参与者,不论个人还是团体组织,都被视作一个"传播单位",兼具"传播者""受传者"的双重身份。可以说,这一模式更加准确、细致地表明了人类传播的沟通交流、信息共享的实际过程。

该模式表达了传受双方完全对等的传播观念,而实际上,不论在人际传播或组织传播中,传受双方因地位、能力及掌握信息资源的差别,传播过程往往是不平衡的。

奥斯古德-施拉姆模式较适用于人际传播,而不太适合大众传播。基于此,丹尼斯·麦奎尔在他的《大众传播模式论》中对施拉姆的观点加以引申,绘制了施拉姆大众传播模式图,如图 3-10 所示。

这一模式主要由"媒介组织"与"广大受众"这两大部分构成。媒介组织与一般的传播者、接受者一样,集编码、释码、译码功能为一身;受众则由大量个体组成,每个个体分属于各个基本群体和次要群体。媒介组织将大量复制的信息传递给个体,再由每个个体传播给周围群体的成员。

该模式也具有"反馈"环节,但仅是"可能的反馈":反馈不能直接到达媒介,只是可以通过大众的另一些行为间接推测出他们对媒介所传播信息的反应。例如大众虽无法直接将反映反馈给媒介组织,但可以不订购某家报纸,或不收听/收看某一节目。

麦奎尔对这一模式评价认为:"它以例说明了从一般传播模式走向大众传播模式的趋势,以及把大众传播看作社会的一个结合部分的趋向。施拉姆把大众媒介的受众成员描绘成与其他人及群体相互影响、对大众媒介的信息讨论并做出反应。"施拉姆的大众传播模式,是传播研究从一般过程走向大众传播过程模式的一个里程碑,显示出将大众传播看作社会传播的有机组成部分的趋向,被视为"传播模式发展史的一个部分"。

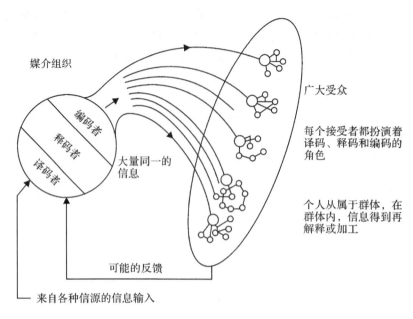

图 3-10 施拉姆大众传播模式

诚然,这个模式也有其局限性。受众在这一模式中被归于来往密切的各个群体中并相互产生影响,他们似乎对大众媒介的信息积极进行讨论并做出反应。而在实际的社会环境中,受众间的联系偏于松散。此外,该模式还造成传播信息由媒介组织单一传递给受众成员的结果。

2. 德弗勒互动过程模式

1960年,美国传播学者 M. 德弗勒出版了《大众传播理论》。他在香农-韦弗模式的基础上,明确增加了反馈机制,使传播模式由双向循环走向环形互动,更符合人类传播互动的特点,如图 3-11 所示。

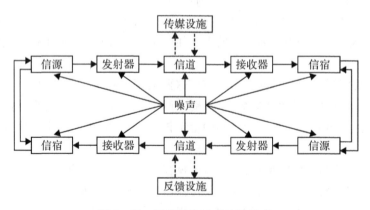

图 3-11 德弗勒的互动过程模式

与此同时,该模式将噪声的概念进行了进一步拓展,认为噪声不仅对信息,而且对传达和反馈过程中的任何一个环节都会产生影响,从而加深了人们对噪声的认识。

德弗勒模式是以控制论为指导思想的。其主要贡献就是引入了反馈的机制,从而更客观准确地反映了现实的传播过程,也给传播效果研究以启示。正如德弗勒所指出,传播能否取得理想效果,关键看传者对"反馈"重视的程度如何。这一模式的适用范围较为普遍,包括大众传播在内的各种类型的社会传播过程,都可通过该模式得到一定程度的说明。

3. 双向循环模式评价

双向循环传播模式彻底克服了单向线性模式简单化、固定化的局限性,使传播模式的描述更贴近现实,更客观准确。它以多要素介入、双向环形结构较为客观地呈现了信息交流的复杂性。尤其是噪声、经验范围、反馈等概念的引入,拓展了传播学的研究范围。

当然,双向循环模式也有其自身的局限性。它仍未跳出传播过程本身的框架体系,一定程度上忽视了外部环境的复杂性及其对传播过程的制约和影响。以德弗勒模式为例,仅仅提到噪声这一影响因素,是不能穷尽人类传播的复杂性与多样性的。尤其是当我们面对日新月异的卫星电视、有线电视、图文电视、电脑网络等新的传播媒介和传播形式时,有必要重新审视这些模式,创造出符合当今传播环境下的新型传播模式。

(三)系统互动传播模式

考察传播过程的内部机制是必要的,但任何一个传播过程都并非在真空中进行的。"人类的任何传播都是由相接成链的一系列系统组成的。系统的定义为:以一种或多种形态存在或者其中有一个或多个事件发生的任何一部分信息链。……人类传播包含了很多相互连接的系统。"(《传播理论:起源、方法与应用》)如果说单向模式与双向模式运用了信息论与控制论的理论成果,那么,系统论的观点同样给新传播模式的建立以启示。许多传播学家开始从系统的观点出发,在关注传播过程内部微观环境的同时,更多地开始研究传播过程的中观与宏观环境、系统环境,这对于信息传播日益全球化的现实有着十分深远的意义。

1. 赖利夫妇的传播系统模式

1959年,美国社会学研究者J.W.赖利和M.W.赖利夫妇,发表了《大众传播与社会系统》一文,提出了著名的在社会系统框架之中的传播系统模式,如图3-12所示。

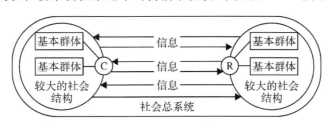

图3-12 赖利夫妇模式

这个模式将任何一个传播过程都视为一个系统,这些系统又置身于包罗万象的社会总系统之中:①传播者与受传者被视为一个个体系统,有着各自的内在活动(人内传播);②个体系统与其他个体系统相互连接、相互作用(人际传播);③个体系统并非孤立的,他们分别从属于不同的群体系统并进行传播活动(群体传播);④群体系统的运行又在更为庞大的社会系统中,与社会的经济、政治、文化等因素相互影响,形成互动关系。赖利夫妇将以报纸、广播、电视为代表的大众传播,也归于现代社会各种传播系统中的一种。

在这里,有三个相互关联的概念:一是基本群体,也称初级群体或首属群体,指与个体亲密联系的群体,如家庭、邻里、亲密伙伴等;二是较大的社会结构,也称次属群体,指与个体关系较为松散的群体,如学校、工作单位、社团等;三是社会总系统,也称隶属群体,指民族、国家乃至世界。

赖利夫妇模式的构建,彻底摒弃了将传播过程孤立于社会系统之外的研究方法。社会系统包括了各种微观、中观和宏观的系统,每个系统既具有相对的独立性,又与其他系统普遍联系并进行互动。人们通过结构的多重性与联系的广泛性,看到了传播过程的复杂性和系统性,推动了以后的研究者始终将传播视为一个复杂而有机的综合系统,并结合外部环境因素加以研究。

但是,正如这对学者夫妇所说,这个模式仅仅是一个提示了"框架"的"工作模式",仍需做进一步的分析。德国学者马莱兹克的大众传播过程模式在这类研究中较具代表性。

2. 马莱兹克的大众传播过程模式

1963年,德国学者 G. 马莱兹克在《大众传播心理学》一书中提出了大众传播过程的系统模式,如图 3-13 所示。

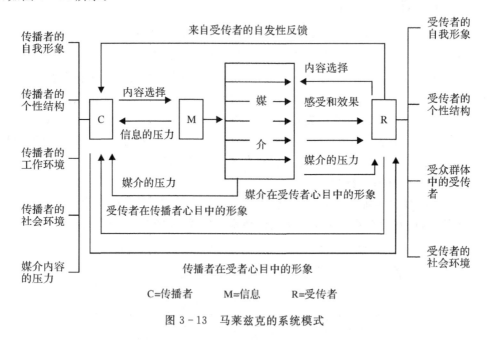

图 3-13 马莱兹克的系统模式

马莱兹克的模式在赖利夫妇模式的基础上,引入了无形的社会作用力——社会心理因素。在他看来,大众传播是包括社会心理因素在内的各种社会影响力交互作用的"场域",每个主要环节都是这些影响力的集合。

(1)影响和制约传播者的因素——传播者的自我形象、个性结构、工作环境、社会环境,以及来自媒介性质及内容的压力、来自受传者的自发性反馈,以及来自公众的压力或制约等。

(2)影响和制约受传者的因素——受传者的自我形象、个性结构、受众群体对受传者个人的影响、受传者所处的社会环境,以及传播者在受传者心中的形象、媒介对受传者的压力等。

(3)影响和制约信息及媒介的因素——制约信息的因素包括两方面:第一是传播者对信息内容的选择和加工,受到上述影响和制约传播者的许多因素共同作用;第二是受传者对信息内容的接触选择,同样受到受传者背后许多因素的共同作用。此外,制约媒介的一个重要因素是受传者基于媒介接触经验而产生的对于媒介的印象。

如此之多影响因素的介入,使马莱兹克的分析模式更为全面、系统,更加客观准确。其优点在于既深化了社会总系统对传播过程的影响的认识,又提高了社会心理因素对传播者和受传者影响的比重。当然,马莱兹克模式也存在明显的不足,他只是对各种因素加以列举,而没有进一步对各因素的作用特点及影响力的大小差异加以分析。因此,关于社会传播的系统研究还有待于进一步深化和完善。

3. 德弗勒美国大众媒介体系模式和大众传播效果依赖模式

美国社会学家、传播学家 M. 德弗勒所提出的两个大众传播模式,分析了社会系统中政治、经济等子系统的变化对传播系统的影响,也充分体现了系统的观点。

(1)美国大众媒介体系模式(见图 3-14)。

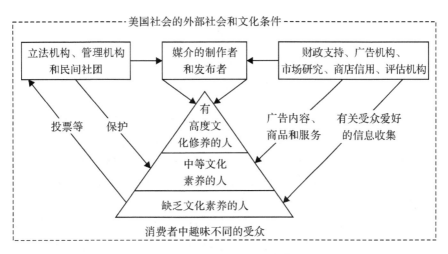

图 3-14 德弗勒美国大众媒介体系模式

这一模式表述了在自由市场经济条件下,社会中政治、经济、文化等力量的变化与传播过程之间的关系。值得注意的是,受众群体在这里被分为"有高度文化修养的人""中等文化素养的人"以及"缺乏文化素养的人"三种不同层次,不同文化素养的受众群体在社会中扮演着不同的角色。此外,媒介在这里也被细分,媒介制作和发布组织均为私人公司,受自由市场原则支配,以追求经济利益为最终目标。

通过引入美国社会的政治、经济、文化等因素,以及对受众群体与媒介的进一步细分,更加详细客观地体现了传播过程是社会系统中的一个有机组成部分,并与社会环境有着紧密联系。

(2)大众传播效果依赖模式(见图 3-15)。

大众传播效果依赖模式也称为媒介系统依赖模式。1976 年,德弗勒与美国大众传播社会学家鲍尔·洛基奇合作了《大众传播媒介效果的依赖模式》一文,对"媒介依赖"(media dependency)进行了阐述:一个人越依赖于通过使用媒介来满足需求,媒介在这个人生活中所扮演的角色就越重要,而媒介对这个人的影响力也就越大。在此基础之上,产生了媒介系统的依赖模式。

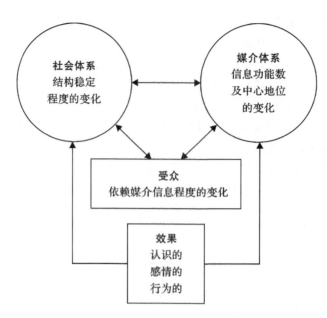

图 3-15 德弗勒的大众传播效果依赖模式

这一模式将媒介看作"受众-媒介-社会"中的一个有机组成部分,显示了社会体系、媒介体系、受众及效果之间的相互依赖关系,从而使媒介系统研究更贴近社会系统的变化。正如德弗勒在《大众传播学诸论》(1989)中所言:"媒介系统通过个人、人际网络、组织和社会系统结成的复杂依赖关系",已成为"当今社会的延续所必不可少的一个信息系统"。"媒介所起的具体社会作用在各个社会有所不同,因为媒介系统在不同社会具有不同的生存依赖关系。"

由此看出,受众、媒介体系与社会环境是决定大众媒介效果的要素,三个要素之间相互联系、相互影响。该模式突出了传播媒介与社会、受众间的密切关系,表明媒介系统实际上是社会系统中一个不可分割的子系统。

(四)大众传播过程模式

马克思主义的精神交往理论也为传播模式的构建提供了理论依据。他把传播这种精神交往活动放在人类生产和交往活动的社会总系统之中,确立精神生产与物质生产的辩证关系。以马克思主义理论指导传播学研究,在战后的日本兴起了社会传播的总过程研究,与当时美国的主流传播学形成对照,它是在对美国的主流传播学进行反思和批判的基础上形成的。二战后,美国的传播学理论迅速进入日本并在学界占据了主流地位。要考察这些传播过程的重大问题,必须从美国的狭义过程研究的框架中跳出来,另外开辟新的研究视角。

战后初期也是马克思主义研究在日本比较兴盛的时期。20 世纪 50 年代开始,以东京大学新闻研究所教授日高六郎为代表的一批学者,把马克思、恩格斯的交往理论与传播学研究结合起来,写出了不少基于唯物史观的论著。这些研究把传播看作是一个与社会交往形态密切相关的重要范畴,从这个观点出发,他们在对人类社会传播的总的历史发展过程进行分析的同时,也把现代社会的传播特别是大众传播过程与宏观的社会结构结合起来进行考察。其中,田中义久 1970 年在日本《新闻学评论》发表了《大众传播的现实课题》,田中义久在提出的大众传播过程模式中把人类交往分为三种类型:第一,与人的体能有关的"能量交往";第二,与人类社会的物质生产相联系的"物质交往";第三,与精神生产相联系的精神交往,即符号(信息)交往。符号(信息)交往过程也就是传播过程,它建立在前两种交往的基础之上,与社会的生产力、科学技术、生产关系和意识形态保持着普遍联系和相互作用的关系。大众传播过程模式如图3-16所示。

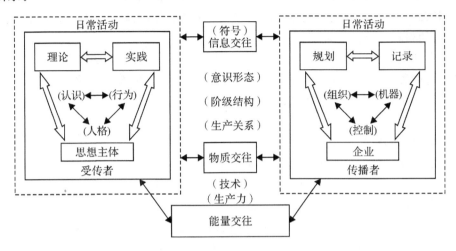

图3-16 大众传播过程模式

这一模式从美国主流传播过程研究的狭义的模式中跳了出来,从传播与社会结构、社会制度等新的视角对社会传播的总过程加以把握。把传播看作是一个与社会交往形态密切相关的重要范畴,在对人类社会传播的总的历史发展过程进行分析的同时,也把现代社会中的传播,特别是大众传播过程与宏观的社会结构结合起来进行考察。其内涵主要体现在:①将精神交往与精神生产相联系,精神生产也存在着生产力与生产关系的辩证关系,精神产品传播业可视为信息产业。②把人类交往以三种类型展现于模式之中,即信息交往、物质交往、能量交往。传播过程的信息交往以能量交往和物质交往为基础,通过人类日常活动相互影响、相互作用。③模式具有较大的适用性,既可解释人际传播,又适用于大众传播,也体现出系统论的观点。

从这个模式出发,日本学者将资本主义社会的大众传播总过程看作是信息的生产、流通和消费过程,对资本主义的本质进行了深刻的分析。日本学者认为,现代大众传播与资本制度是密切结合在一起的,传播媒介在从事营利性活动的同时,与权力相融合,在维护资本主义制度和意识形态方面具有重要的影响;大众传播新闻报道的闹剧化和娱乐内容的大量提供,客观上起到一种"麻痹神经"的作用。他们研究大众传播的目的,在于唤起现代受众的觉醒,使其超越"大众"状态而成为"能动的传播主体",成为有批判能力的"理性市民"。这样,日本学者的"传播总过程"研究就远远突破了行为主义的框架,而把传播研究与整个社会结构、与改革社会的目标结合起来。

田中义久的大众传播过程模式,是第一个基于唯物史观的系统模式,对以后的传播学研究提供了启示,对我国传播学研究如何既吸收西方观点又结合辩证唯物主义理论无疑也提供了一个科学的思想。

(五)韦斯特利-麦克莱恩模式——一个阶段性的总结性模式

美国沃纳·赛佛林博士与小詹姆斯·坦卡德在《传播理论:起源、方法与应用》的最后一章对全书进行理论整理时说:"可能没有一个现成的框架或模式,能成功地把这些不同方面的理论和研究归结到一起……我们试图尽可能地利用一个特别的传播模式,即韦斯特利-麦克莱恩模式,将所有的材料归纳到一起。"

韦斯特利和麦克莱恩是在1957年发展了纽科姆的人际对称模式的基础上,提出他们的传播模式的。它的思想根源是社会心理学和平衡及互相理论,而它是由传播行为基础模式演变而来的。韦斯特利和麦克莱恩想研究出一个更为复杂并且能够反映大众传播的模式,但同时又可以保留互相模式的简易性、系统性和相关性。

1.纽科姆的人际对称模式

社会心理学家纽科姆于1953年提出了人际对称模式(见图3-17),它是对心理学家海德早期理论的扩充。海德主要从参与双方内部认知的角度出发。纽科姆是一个社会心理学者,他通过人与人之间的交互作用来诠释传播,提出了他的人际对称模式,他主张的是对称的压力和冲突,传播将会因不确定和不平衡而更加频繁地发生,也就是说这种情况会刺激传播的发生。

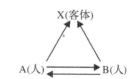

图3-17 纽科姆的人际对称模式

纽科姆的人际对称模式又称纽科姆A-B-X模式,是一种关于认知过程中人际互动与认知系统的变化及态度变化之间的相互关系的假说。

它由三种要素、四种关系构成。三种要素是:认知者A,对方B,认知对象X。四种关系是:A-B感情关系,A-X认知关系,B-A感情反馈(B对A-B感情关系的认知),B-X认知反馈(B对A-X认知关系的认知)。四种关系构成认知主体A的认知系统;当把反馈包括在认知系统中时,A和B的地位是互换的,A是认知主体,又是认知对方;B亦然。于是,B作为认知主体出现时,也形成一个认知系统。A的认知系统和B的认知系统组成一个复合系统,呈集合状态,是一种群体式认知系统。

在这个模型中,A、B、X三者都是相对独立又相互联系的,便组成了一个包含四个方面的系统(见图3-17):①A对X的倾向,包括A把X作为一个对象接近或回避的态度以及对X的认知态度;②A对B的倾向,也是完全一样的情况(为了避免用词的混淆,纽科姆把对人(A、B)的倾向说成是正面或反面的吸引,把对X的倾向说成是喜欢和不喜欢的态度);③B对X的倾向;④B对A的倾向。

图3-17中A、B代表相关的两个人,X则表示沟通的客体(沟通的内容:人、事、物或观念)。从图中可以看出:A与B和X之间构成了三角形的三个角。如果A与B和X之间的倾向越强,即双方都希望能够全面了解X,并且有关X的信息对A和B都是公开的、流通的,那么A和B与X的关系像A-B-X模型一样形成一个稳固的等腰三角形。图中A与B之间的吸引力越小,A与B之间的距离就越大,但是他们为了保证这个模型对称,必须维持A-X和B-X这两条边对等的关系,这种对等关系是建立联系所必需的。但是如果A和B对X产生了不同的认识,A会不顾B-X,或者B会不顾A-X,那么A-X和B-X之间的影响就会不同,A-B-X模型就会失去了对称和平衡,则A-B之间的失衡关系更加速了A和B

关于 X 的观点不一致。

随后,纽科姆于 1959 年对他早年的命题加上了一些限定条件。他提出传播只有在某些条件下才可能活跃：①人与人之间要存在强烈的吸引力；②物体 X 至少要对参与者中的一方具有重要性；③物体 X 对传播双方来说都是恰当的。

纽科姆模式指出,人们愿意去支持并且相信与他们情境类似或者立场相同的信息,这种信息促使人们去证实和支持他们所选择的信息,所带来的结果是人们将会促使此类信息的传播,并在态度、言语、措辞等情感倾向上强化它。但是有学者指出该模式或许针对个人的指向性更强烈一些,我们能否将它直接运用在具有普遍性的社会群体当中还有待研究。比如：假设我们认为他的认知模式就只是个人与个人之间的关系,那就不对,如果政府在传播政策的时候希望得到民众的认可,就会产生纽科姆的假定现象。

从认知均衡这种思考方式看,纽科姆的模型与 F. Heider 的海德平衡理论十分接近。但是,海德的模型是关于认知主体自身的认知平衡,纽科姆的模型则把认知平衡扩大到人际互动过程和群体关系中。纽科姆对人认知理论的基本观点是,人们相互之间的感情、态度、信念有一定的联系和相互作用,因此人们的认知系统有趋向于某种一致性的倾向。他引用 1951 年关于美国总统 H. S. 杜鲁门解除 D. 麦克阿瑟的职务后不久的调查资料,证明对杜鲁门怀有好感的学生的亲戚也对杜鲁门有好感；而在反杜鲁门的学生的亲戚中,绝大部分是反杜鲁门派。他认为,认知不平衡是由这种趋于一致性的倾向在人们心理上形成的压力所造成的。他把这种压力叫作"趋对称压力",在这种压力下产生的认知不平衡,沿着趋对称压力的方向变化,人际关系中的认知变化并不取决于任何认知主体自身的心理力,而是人际互动中的合力。

2. 韦斯特利-麦克莱恩的传播概念模式

韦斯特利是纽科姆的学生,也深刻地受到了纽科姆模式的影响。此模式始于 1957 年,当时的韦斯特利试图通过建构一种模式,既能反映更为复杂的大众传播的实际情况,同时又能保留以前那些较简单模式的特点,吸收它们的优点,尤其是得益于纽科姆强调的符号共享系统。其主要目的在于提出问题以帮助研究现实的大众传播现象、大众传播者和媒体机构。它的思想根源是社会心理学和平衡及互相理论,是在纽科姆 A-B-X 模式的基础上进行的改进。韦斯特利-麦克莱恩传播概念模式如图 3 - 18 所示。

韦斯特利和麦克莱恩根据他们对大众传播的理解提出了纽科姆 A-B-X 模式中所没有的观点。一方面,在大众传播当中反馈或许不具备及时性,信息回馈的速度可能非常缓慢；另一方面,一个受众在面对大量的媒介信息源的时候,他在这种特定的环境当中一定会做出选择。最重要的是韦斯特利和麦克莱恩在 A-B-X 模式中增加了一个要素,那就是信息传播渠道 C,C 代表的是大众的传播者。

从图 3 - 18 中可以看出,韦斯特利采用了纽科姆的基本模式,但倾向的客体不止一个,而是由 X_1 到 X_∞,代表了无数的事件、观点、对象和人物,在 A 和 B 之间放置了角色 C,C 传给 B 的消息 X'' 代表 C 在两方面消息中的选择,这两方面消息是 A 传给 C 的 X',以及 C 从自己的感受范围(X_{3C}, X_{4C}) 对 X 进行抽象得到的。反馈不仅可以从 B 到 A(F_{BA})或从 B 到 C(F_{BC}),还可以从 C 到 A(F_{CA})。显然,在大众传播环境中,多个 C 接收到多个 A 传来的消息,并传送给大量的 B,B 同时也接收来自其他 C 的消息。概括起来说,这一模式提供了传播过程的三个角色：A 是信息源或倡导角色,可以是一个人或一种社会体系,有目的地从事信息的选择与传

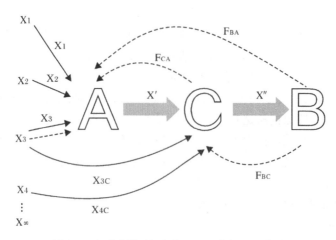

图 3-18　韦斯特利-麦克莱恩的传播概念模式

递;B 是行为角色,表示接收信息的个人或社会体系;C 是渠道角色或把关人角色,选择能满足 B 的需要或解决 B 的问题的对象 X 的抽象符号,将它们转换成包含与 B 共享意义的一些符号形式,通过某种渠道将这些符号传递给 B。

韦斯特利-麦克莱恩模式的特点在于:肯定了信息选择的多样性,拓展了信息选择的范围;强调了反馈的多样性及重要性;使传播的参与者因为连续全面的反馈而联系更加密切;传播系统具有自动调节性,社会的大众媒介当中存在着竞争,这种竞争有助于媒介优胜劣汰,不断发展自我、完善自我;这一模式所确定的传播系统是动态的,具有自动调节的功能。尤其突出的一点是,虽然这是一个较为简单的模式,但通过它可以将传播学研究的诸多成果归纳起来、整合在一起,因而称其为一个阶段性的总结性模式。正如韦斯特利和麦克莱恩所说:"我们试图发展一种单一的传播模式,它有助于将目前的研究发现整理有序。它还可以提供一种概念的体系,这个体系将激发新的相关研究方向,而且将旧的理论和学科的差异在混乱的状态下组成为一些总体上有序的东西……能否建立一个简单省略的模式,而不至于发生严重的问题时即失去用处。"事实上,韦斯特利-麦克莱恩模式的建构基本上实现了他们的愿望。这个模式弥补了纽科姆 A-B-X 模式的不足之处,帮助研究现实中大众传播情况,而不仅仅是针对个人传播。它的优点是传播可以是有目的的,也可以是无目的的,反馈也是,并且提出了"守门人"这个概念。自从这个模式发表以来,在很多有关"守门人"、经验主义以及概念性的研究中都分别引用和使用了这个模式。但是,无论任何模式都不可能完美,只能是针对社会某一方面。

从现实生活中我们也可见韦斯特利-麦克莱恩传播概念模式的应用。比如,宣传和现实社会为何会存在巨大的差异?通过该模式从传播效果观察可以分析信源、传播者和受众三方面,挖掘出媒介对受众认识的改变。

(六)受众中心模式

1.使用与满足模式

在大众传播的研究中,大部分学者论述的是效果和媒介对人们的影响,自从"使用与满足模式"出现之后,学者们从研究媒介如何应付人类转向人们该如何处置媒介。这个模式的中心,在于通过对媒介内容的使用从而达到满足和需求的实现。受众行为,很大程度上是为了满足个人的需求和兴趣。

在 E.卡茨 1974 年的著作《个人对大众传播的使用》中,卡茨站在受众的立场上,分析了受众对媒介的使用动机以及获得的需求满足,考察大众传播给人类带来的心理和行为上的影响。正如图 3-19 所示,满足与使用理论是"社会因素(社会条件)＋心理因素(个性特征)—媒介期待(媒介印象)—媒介接触—需求满足(满足类型)"的因果连锁过程。卡茨以 20 世纪 70 年代为分界线,将该理论分为两个阶段——传统阶段和现代阶段。传统阶段研究的是人类使用某些媒介的原因,而在现代阶段,专家学者们将目光转移到人在使用媒介时的动机以及个体与媒介之间的关系。

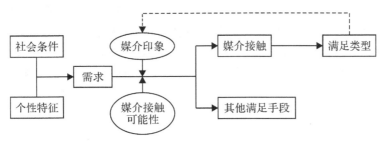

图 3-19　使用与满足模式

2.使用与效果模式

温德尔 1979 年提出的使用与效果模式,是使用与满足以及效果的综合模式(见图 3-20)。在这个模式里"使用"这个概念相当重要,是整个使用与效果模式的中心,"使用"可以是使用的内容数量,使用的内容类型与使用的内容的关系,使用媒介的方法。

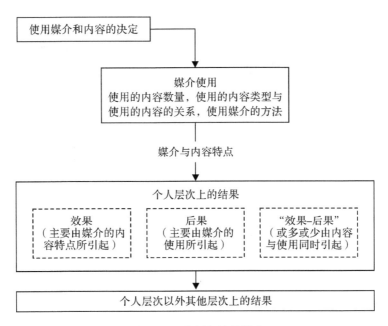

图 3-20　使用与效果模式

在使用与满足的模式当中,个人的需求决定其媒介的使用,而在使用与效果模式当中,需求仅作为其中的一个因素而已。个人的特性、对媒介的期望与感觉以及接近媒介的程度将导致个人做出是否要使用大众媒介内容的决定。对于大多数的媒体活动来说,都存在功能替代物。这个模式很特别的地方是试图将两种主要的范例结合在一起,将使用与满足理论的精华结合传统的效果模式,推陈出新;主要贡献在于,明确提出了"使用"这个概念。

3. 信息寻求模式

在信息量巨大的现代社会中,各类信息以前所未有的速度和规模袭来,人们想要在庞大的信息群中甄选和鉴别出个人所需要的信息,需要耗时耗力,并不那么容易,所以就有专家和学者专门研究人们应该怎样去寻求信息。

信息寻求模式(见图3-21)是多诺休与蒂普顿在1973年提出的寻求、问题和加工信息的模式。在寻求信息的时候,个人可能用各种不同的策略进行选择。这个模式,在宽聚焦与窄聚焦策略之间存在着差别。在宽聚焦策略情况下,个人首先对可能的信息源做出一个目录,加以研究,然后选出使用的信源。而在运用窄聚焦策略的时候,把一个单个的信源作为寻求信息的

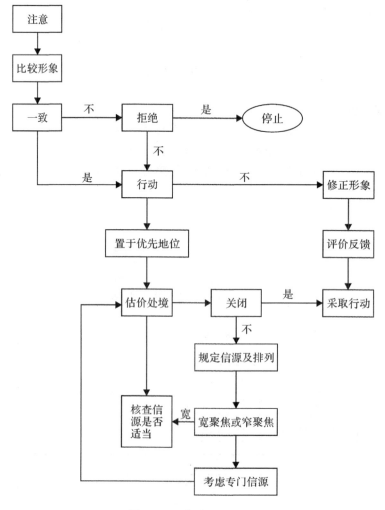

图3-21 信息寻求模式

出发点,并以此信源为寻求基础去进一步寻求信息。

学者认为该模式的优点是它明确了信息寻求过程中的重要因素和关系,它同时也为考虑实际生活中信息寻求的前后期步骤提供了一个广阔的视野。对于该模式的使用,多诺休等人在1979年曾经用它来描述不同信息寻求方式和表示不同类型的信息寻求者的特性。

第三节　新媒体时代的传播模式新思路

正如著名传播学者罗杰·菲德勒在《媒介形态变化》(中文版)序中所说:"我们正处在人类历史上最伟大的数字式革命之中,数字式语言(即计算机的数字语言)是这场革命的中坚力量和变革的主要催化剂,正是它们带来了这次重大转型,我称之为人类传播史上的第三次媒介形态大变化。它超越了人类的一切语言,它有力量变革现存一切形式的传播媒介并且创造出崭新的形式。"

从古代到现代,分享信息、传播信息一直都是人的天性,人类对于社交媒体的运用从来都不是此刻正发声,社交媒体也从来不是什么新鲜的东西,有社交就意味着有传播。英国学者斯丹迪奇的著作《从莎草纸到互联网,社交媒体2000年》表明:从古罗马政治家用来交换信息的莎草纸,到宗教改革、美国革命和法国革命期间印刷的小册子,直至今天的Facebook、微博和微信,历史上人们之间交流信息的方式依然流传至今,影响着当下我们的生活。传播方式在不断变化,社会大众传播也在发生变化,传播模式同样需要与日俱新。

的确,在人类进入新世纪之际,传播也以日新月异的姿态迅速发展,互联网、环球网、电子书籍以及新的数字式标准除了改善传输的质量外,也使得传统的电视、收音机等传播更具有交互性。诸如此类的新的表现,也给传播研究提出了新的挑战,一场传播研究的革命已经到来。许多学者纷纷提出传播模式的新思路。虽然这些模式还存在许多缺陷,但它们都是更加贴近新媒体发展的实际,无疑会给我们的研究以启示。

1. 辐合传播模式

1981年,美国学者罗杰斯和金凯德在其《传播科技学理》中描述了"辐合传播模式",如图3-22所示。这一模式表明,互动传播是一种循环过程,通过这个过程,参与双方一起创造和分享信息,赋予信息意义,以便相互理解。

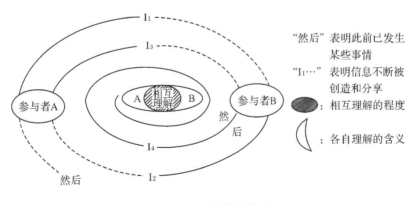

图3-22　辐合传播模式

A、B重叠部分是指两人相互理解的程序。"辐合"是二人或更多的人向同一点移动,或一人向他靠近,并在共同兴趣或焦点下结合的一种倾向。罗杰斯在1987年补充道:"这一模式促使我们去研究时间历程中,人类相互关系的异同与变化,他们由信息交换而联结。"辐合传播模式比较适用于分析解释互联网上双方参与者创造和分享信息的互动过程,从传播研究的最小单位——参与双方着眼,同时也可以将分析单位扩展到参与者个人网络,也可以是一个小团体,直到整个网络。

我国传播学者邵培仁认为,辐合模式再现了以电脑为媒介的参与者双方创造和分享信息的动态过程和结构形态。这个观点的提出,不仅可以引导传播学者将审视、分析的目光转向一个前景广阔的领域,还能够直接指引人们去追踪传播系统中某一特殊信息的流动与演变,进而探寻人类在认识上靠近与离散的原因与背景。

2. 阳光模式

邵培仁在浙江大学出版社出版的《传播学导论》中,在分析辐合模式不足的基础上,依据网络传播的现状和发展趋势,提出了阳光模式(见图3-23)。邵培仁认为,假如可以撇开传统的人际传播和大众传播的惯用形式不论,那么依据网络传播或互动传播的现状和发展趋势,用阳光模式来描述和反映是比较合适的。

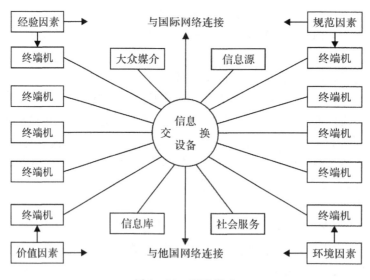

图3-23 阳光模式

阳光模式是指以宏观的、整体的眼光所抽象出来的,通过信息交换中心(如电信局或网站)连接各个信息系统进行信息创造、分享、互动的结构形式。阳光模式面对传播的多种形式,也显出其局限性,因而设计者认为阳光模式是从整体互动模式中引申出来的,还可以再存放进去形成新式的整体互动模式。但是阳光模式并非已尽善尽美,随着传播科技的进步以及认识的扩大和深入,它应进一步加以补充和完善。

3. 整体互动模式

整体互动模式包括了人际传播、大众传播、网络传播三个系统以及四大圈层因素,即核心要素、次级要素、边际因素和干扰因素。它的四大特点是:①它强调整体性和全面性;②它具有辩证性和互动性;③它具有动态性以及发展性;④它具有实用性和非秩序性。

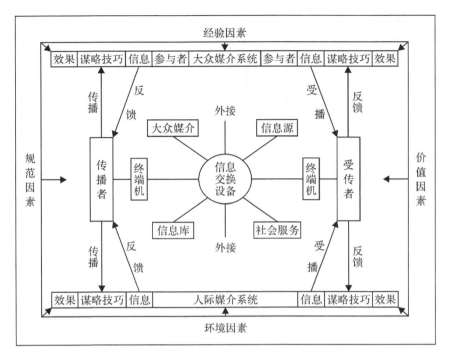

图 3-24 整体互动模式

整体互动模式不仅考虑到本系统与外部世界的复杂联系,而且重视传播过程中各因素共同构成的整体关系以及人类传播的全部现象。可以说,这一系统为传播研究提供了一个辩证分析的途径。

传播学诞生至今,传播模式的构建,始终是研究者研究的重点。英国传播学者麦奎尔等人,曾整理分析了 48 种主要模式。随着人类进入 21 世纪,传播事业不断发展,新的、适合新技术发展现状的传播模式还将不断构建,为人们认识传播规律提供了更科学有效的认识工具。

4. 传播模式的发展趋势

从传播过程中可以看出,学者们考虑到了在进行信息交流时要注意传播行为的方方面面,因此传播是一个整体性的过程,只有从整体上把握传播的方向,进而对传播进行探讨才可以避免顾此失彼出现片面性的理论。从上述的传播模式中可以总结出,传播还是一个双向的过程,所有的信息交流都不是单向的过程,而双向的过程主要是通过信息反馈实现的,而反馈的这个过程使传播者和受传者彼此沟通、相互作用,因此必须重视信息的反馈,以便在传播时遇到问题可以及时纠正,维持好传播的平衡性。除此之外,传播的动态性也是不可忽略的,传播之所以难以捉摸其规律性,主要在于信息在沟通交流或者获取时是不断变化的过程,开放、动态的信息尽管给研究带来了很多的困难,但是很多新的理论、知识、文化也在此迸发出勃勃生机。

从线性模式到整体互动模式,一方面对传播的理解越来越强调传受双方的交流、沟通、创造,另一方面受众的地位受到重视,日益趋向受众中心化。早期模式中传播效果可以由传播者的意图决定,但是当下的传播过程中受众则显现出至关重要的地位,传播效果也由受众决定,如何使用媒介去取悦受众、满足受众、加强与受众的互动是当下热议的话题。

传播模式多种多样，有关传播模式的探索和研究只会越来越多，尽管这些研究的确是发展和丰富了我们的知识，但是至今我们仍未探讨出一个众多专家所普遍认同的模式。要警惕的是，传播模式的泛滥化研究和使用，如在研究传播学过程中过度使用和崇信模式的完美化可能会误导研究，因此模式只是帮助我们理解的工具，在使用时要灵活运用并对其进行宏观透析。

 思考题

1. 传播的基本要素有哪些？
2. 什么是经验范围？
3. 阐述传播的基本模式。

第四章

传播的类型、功能及应用

人类的传播活动种类繁杂、形式多样,可从多种角度进行分类。从传播的符号分,可分为语言传播、非语言传播;从使用的媒介分,可分为印刷传播、电子传播;从传播的效果分,可分为告知传播、说服传播、教育传播……传播学的研究对象是人类传播。由于人类是一种社会存在,也有学者将其等同于社会传播,但是二者还是有一定区别的。因为在人类传播的各种类型中,有一种自我传播还不能算社会传播。

究竟如何划分人类传播的类型呢?较有代表性的有以下两种:①二分法,即自我传播和大众传播。这一分法主要着眼于传播的技术和手段。自我传播是以人体自身为媒介、以语言为主要手段、以表情和动作等为辅助手段的传播方式。大众传播是以机械化、电子化、数字化的大众媒介,即报纸、广播、电视和网络等为手段的传播方式。这一分类的优点是简明扼要,缺点是太笼统、不具体。②四分法,即自我传播、人际传播、组织(团体)传播和大众传播。这一分法主要着眼于传播的范围、规模。也有传播学家认为把传播分成三类就可以了,即人际传播、组织传播和大众传播。理由是所谓自我传播是人自身内心世界的信息活动,其实这并不是一种传播形式,而是个人的内心体验和思维活动。而团体传播是人际传播的高级形式,即当人际传播出现边界,传播者与受传者的人数关系相对固定以后,就出现了团体的内部传播,当传播双方以形成了固定关系的若干个人为代表进行信息沟通时,就出现了团体的外部传播。从某种意义上说,组织传播是比人际传播更高级的一种形式。

综上,传播按照性质和规模大致可分为自我传播、人际传播、群体传播、组织传播和大众传播,本章将主要从这五个部分进行讨论。

第一节 自我传播

"认识你自己"被古希腊哲学家公认为哲学探究的最高目的。个体成长过程就是不断认识自我的过程。"自我认识是我们对自己的思想、感觉、偏好和信仰的理解",自我传播在所有传播形态中是最容易被忽略掉的,因为它是人与自我的交流对话,是发生在个体内的一种信息流动,很难留下被外界发现的传播痕迹;但是自我传播又是一切传播形态的基础。自我传播的过程往往是主体有意识或无意识发生的,对于这一传播形态的研究涉及大量的心理学和社会学知识。个体是社会活动的主要组成部分,是社会语境中积极主动又具有反省性质的参与者,因为,对于自我传播的研究具有重要的现实意义和价值。

一、自我传播概述

自我传播(intrapersonal communication)又称人内传播、向内传播或内在传播,指个体接收外界信息后,在头脑中进行信息加工处理的心理过程,如独立思考、自言自语等。自我传播是人类最基本的传播活动,是一切社会传播活动的生物学基础。自我传播多为心理活动过程,属于心理学的研究范畴。

自我传播表现为人类个体内的意识活动和思维活动,在这样一个抽象的意识层面,信息是否存在双向的流动? 信息传播是在哪两个"主体"之间发生的? 虽然社会传播的过程结构可能并不适合于自我传播过程,然而学者们依然努力用"主体间信息互动"的结构对自我传播做出了多种解释。一般的解释是:人的意识中存在着多元的"自我",自我传播就是这些不同"自我"之间的信息互动。

(一)弗洛伊德的"本我""自我""超我"

弗洛伊德从心理学的视角出发,认为个体的人格由本我、自我、超我三个系统组成。

本我即原我,是指原始的自己,由生而有之的某种心理本性——诸如本能的所有东西构成,包含生存所需的基本欲望、冲动和生命力。本我是一切心理能量之源,本我按快乐原则行事,它不理会社会道德、外在的行为规范,它唯一的要求是获得快乐、避免痛苦。本我的目标乃是求得个体的舒适、生存及繁殖,它是无意识的,不被个体所觉察。

自我,其德文原意是指"自己",是自己可意识到的执行思考、感觉、判断或记忆的部分。自我的机能是寻求"本我"冲动的满足,而同时保护整个机体不受伤害,它遵循的是"现实原则",为本我服务。

超我,是人格结构中的社会成分,代表着自我控制。它是个体在成长过程中通过内化道德规范、内化社会及文化环境的价值观念而形成的,其机能主要在监督、批判及管束自己的行为。超我的特点是追求完美,所以它与本我一样是非现实的,超我大部分也是无意识的,超我要求自我按社会可接受的方式去满足本我,它所遵循的是"道德原则"。

弗洛伊德认为,"本我"的目的在于追求快乐,代表着人身上原始的动物性;"自我"的目的在于追求现实,获得"我"最大的利益;"超我"的目的在于追求完美,代表着人的社会性,也可以理解为我们常说的"良心"。在人类个体的行为过程中,"我"之内经常存在着"本我"和"超我"的冲突,也就是动物性与社会性的深刻冲突,这种"情"与"理"、"灵"与"肉"、"本能"与"道德"、"卑劣"与"崇高"的冲突需要"自我"来做出判断和解决。"本我"不停地强制"自我"做某些事,"超我"又不断地谴责"自我","自我"服从"超我"的强制规则,它不仅必须寻找满足"本我"需要的事物,而且还必须考虑到所寻找的事物不能违反"超我"的价值观。弗洛伊德这样论述"自我"难扮的角色:"有一句格言告诫我们,一仆不能同时服侍两个主人,然而可怜的自我却处境更坏,它服侍着三个严厉的主人,而且要使它们的要求和需要相互协调。这些要求总是背道而驰并似乎常常互不相容,难怪自我经常不能完成任务。它的三位专制的主人是外部世界、超我和本我。"

"自我"通过与"超我"和"本我"的对话来解决经常存在的矛盾,这经常表现为人的判断过程。回忆一下向恋人表白前一刻"告白"与"不告白"这两种观点的激烈碰撞和做出决定的过程,我们就可以深刻地理解"自我"是如何通过对话或者"谈判"来解决这种矛盾的。而从自我传播的角度看,这种通过对话来解决矛盾的过程就是无数次的自我传播过程。

(二)米德的"主我"和"客我"

米德最早从传播的角度对人的自我意识及其形成过程进行了系统研究。在詹姆士多重自我以及库利的"镜中我"理论的基础上,米德阐释了"自我"概念,并将"自我"划分为"主我"(i)和"客我"(me)两个相互联系、相互作用的方面。"主我"是行动的自发意向或冲动,是作为意志和行为的主体,它通过个人对事物的行为和反应具体表现出来;"客我"是个人采取的一组有组织的其他人的态度,即个人已经从他人那里学到的有关自身的看法和观点,也就是"被类化的他者",是自我意识的社会关系性的体现。当一个人作为"客我"时,他将按照他人对他的态度和期望来左右"自我",他反映了法律、道德及共同体的组织规范和期望;当一个人作为"主我"时,他按照自己的冲动来自发地行事。

自我传播就是指发生在"主我"和"客我"之间的信息交流和对话,类似我们常说的思考。"主我"与"客我"的交流是作为主体的"我"与作为社会角色的"我"之间的交流,是一种最完全、最彻底、最纯真的交流。人的思维、内省活动就是一个"主我"与"客我"之间以信息为介质的双向互动过程。

(三)布鲁默的"自我互动"

布鲁默是现代象征互动理论的集大成者,在1969年出版的《象征互动论》一书中,他提出了"自我互动"理论:人能够与自身进行互动,即自我互动(self-interaction)。他认为,人是拥有自我的存在,人在将外界事物和他人作为认识和行动的对象的同时,也把自己作为认识和行动的对象。在这个过程中,人能够与自己进行沟通与传播,并能够对自己采取行动。这种人与自己进行的沟通与传播便是自我传播。

二、自我传播的媒介

人脑就像信息存储中心一样,贮存着大量的"内储信息",这些内储信息可以是知识、经验,也可以是情感、思路等,它们是"主我"与"客我"进行交流的不可缺少的材料。那么人脑中的信息是通过什么符号来交流的呢?米德认为,"主我""客我"之间双向互动的介质是所谓的"有意义的象征符"(significant symbol)。他认为,"有意义的象征符"不但能够引起他人的反应,而且能够引起使用者自己的反应,人内传播的思考活动,就是通过"有意义的象征符"来进行的。在这里,"有意义的象征符"可以是声音的,也可以是形象的,也就是说,可以是声音、文字或图像。我们这里探讨的是自我传播所采用的声音符号系统是否就是人类的社会化语言符号系统。

布鲁默认为,人们在沉思默想时的无形的自我传播,用的是内部语言;把思维结果表达出来的有形的体外传播,用的是外部语言。内部语言是一种私人语言,用来指称或标识自己的私人感觉,这种语言有的根本不能用声音表达出来,有的即便能表达出来别人也不能理解,人的很多心理活动都是不能用语言向他人传达的。当然,自我传播所使用的内部语言大部分情况下与外部语言采用同一套符号系统,自我传播的信息,也就是思考的内容,是可以记录并向他人传播的,例如自我传播的信息有时会以自言自语的形式传播至外界的他人。其实,个人的思维和意识都是在与他人通过社会化的语言互动的过程中逐渐形成的。

总体上来说,内部语言和外部语言虽有区别,但都是对"有意义的象征符"的运用。科学家曾做过这样的实验:将细针状的电极嵌入舌头或下唇的肌肉内,并令被试心算一道数学题,或默诵一首诗歌。这时被试虽然不作声,可是他的思维却始终有电位变动伴随着。然后再让被试算这道数学题或朗诵这首诗歌,所得的电位变动记录与前者是完全相同的。可见,沉思默想的自我传播是离不开语言的。

三、自我传播的特性

自我传播是个体信息系统内的传播活动,与人体内部的生理机制密切相关。正常的神经系统是自我传播的基础,大脑存储的信息多少也与自我传播的活跃程度有着直接的联系。自我传播并不是绝对地与外部环境隔绝,它具有一定的社会性。自我传播的范围严格地限定在个体内部,信息在自我意识内流动,不能为他人所共享,因此,自我传播并不属于社会传播的范畴。但是,由于人的意识、思维的形成是具有社会性的,所以自我传播这种非社会传播也具有一定的社会性属性。

首先,人类的"自我"意识来自于社会性互动。库利的"镜中人"理论认为,一个人的自我观念是在与其他人的交往中形成的,一个人对自己的认识是其他人关于自己看法的反映。人们是在想象别人对自己的评价之中形成了自我的观念。"我想象在你眼里我是什么人,我就是什么人。"米德接受了库利的理论,他指出自我是通过与他人互动的社会过程而得到发展的。个体在许多其他个体的平均期望的基础上逐渐建立起一个"普遍化的他人"。这个过程主要是在儿童时期完成的,当然成人也不断地通过与他人的互动调整"自我"的概念。但是,自我并不是与他人的社会互动在头脑中的简单再现,个人会在自己的立场上以自己的方式对他人期待的意义进行能动的理解、选择、修改、加工,并在此基础上予以重组。

其次,自我传播的内容来自体外环境,包括社会环境。按照唯物主义立场,人的意识都是来自于人与外界环境互动的实践。自我传播的信息内容,也就是人类思考的内容都是源自外部的信息,或是直接受到外界信息的刺激,或是早已存储在大脑中的信息。自我传播是建立在人类的知识结构基础上的,也就是人脑存储的信息的基础上的,而这都来自个体与环境的互动中。

最后,自我传播的过程也是模拟社会传播进行的,是"主我"与"客我"的互动,是社会传播的内化。

自我传播是其他传播方式的基础。自我传播以思考为核心,是人体内的信息处理过程,其他任何传播所传递的信息在经由个体感觉器官进入大脑后的一切流动,包括选择、解码、判断、决定、编码等思考的过程都属于自我传播的范畴。自我传播构成一切外向型(人际、群体、组织、大众)传播的前提和基础。

第二节 人际传播

要了解人际传播,首先应该了解人与人是如何建立关系的。由于个体所处的环境、文化、性别、年龄等差异,对人际交往理论的研究结论也不尽相同,因此很难全面而有效地覆盖整个人际传播;同时,人际交往相对私密,因此学术研究成果有较大差异,其传播影响力有限。但是人际传播是社会传播的基础,对它的理解倘若缺乏科学的解释,就难以实现群体传播、组织传播和大众传播,更难以实现跨文化传播。

一、人际传播概述

人际传播(inter-personnel communication)又称人际交流或亲身传播,是指个人与个人之间面对面的直接信息交流,是个体之间的相互沟通。人际传播是人际关系得以建立的基础,也是人与人之间社会关系的直接体现。

二、人际传播相关理论

(一)人际需要的三维理论

社会心理学家威廉姆·舒茨(W. Schutz)1958年提出人际需要的三维理论。舒茨认为,每一个个体在人际互动过程中,都有三种基本的需要,即包容需要、支配需要和情感需要。这三种基本的人际需要决定了个体在人际交往中所采用的行为,以及如何描述、解释和预测他人的行为。三种基本需要的形成与个体的早期成长经验密切相关。

包容需要指个体想要与人接触、交往、隶属于某个群体,与他人建立并维持一种满意的相互关系的需要。在个体的成长过程中,若是社会交往的经历过少,父母与孩子之间缺乏正常的交往,儿童与同龄伙伴也缺乏适量的交往,那么,儿童的包容需要就没有得到满足,他们就会与他人形成否定的相互关系,产生焦虑,于是就倾向于形成低社会行为,在行为表现上倾向于内部言语,倾向于摆脱相互作用而与人保持距离,拒绝参加群体活动。如果个体在早期的成长经历中社会交往过多,包容需要得到了过分满足的话,他们又会形成超社会行为,在人际交往中,会过分地寻求与人接触、寻求他人的注意,过分热衷于参加群体活动。如果个体在早期能够与父母或他人进行有效的、适当的交往,他们就不会产生焦虑,他们就会形成理想的社会行为,这样的个体会依照具体的情境来决定自己的行为,决定自己是否应该参加或参与群体活动,形成适当的社会行为。

支配需要指个体控制别人或被别人控制的需要,是个体在权力关系上与他人建立或维持满意人际关系的需要。个体在早期生活经历中,若是成长于既有要求又有自由度的民主气氛环境里,个体就会形成既乐于顺从又可以支配的民主型行为倾向,他们能够顺利解决人际关系中与控制有关的问题,能够根据实际情况适当地确定自己的地位和权力范围。而如果个体早期生活在高度控制或控制不充分的情境里,他们就倾向于形成专制型或是服从型的行为方式。专制型行为方式的个体,表现为倾向于控制别人,但却绝对反对别人控制自己,他们喜欢拥有最高统治地位,喜欢为别人做出决定。服从型行为方式的个体,表现为过分顺从、依赖别人,完全拒绝支配别人,不愿意对任何事情或他人负责任,在与他人进行交往时,这种人甘愿当配角。

情感需要指个体爱别人或被别人爱的需要,是个体在人际交往中建立并维持与他人亲密的情感联系的需要。当个体在早期经验中没有获得爱的满足时,个体就会倾向于形成低个人行为,他们表面上对人友好,但在个人的情感世界深处,却与他人保持距离,总是避免亲密的人际关系。若个体在早期经历中被溺爱,他就会形成超个人行为,这些个体在行为表现上强烈地寻求爱,并总是在任何方面都试图与他人建立和保持情感联系,过分希望自己与别人有亲密的关系。而在早期生活中经历了适当的关心和爱的个体,则能形成理想的个人行为,他们总能适当地对待自己和他人,能适度地表现自己的情感和接受别人的情感,又不会产生爱的缺失感,他们自信自己会讨人喜爱,而且能够依据具体情况与别人保持一定的距离,也可以与他人建立亲密的关系。

(二)社会交往理论

社会交往从动态角度分析社会现象,这一概念是从马克思主义交往理论中提取出来的。在马克思、恩格斯的理论中,社会交往指的是人们在生产及其他社会活动中发生的相互联系、交流和交换。他们用社会交往概念论述了历史唯物主义的理论。在西方社会学理论中,社会相互作用或社会互动是概括人们之间有目的的相互影响的概念,这些概念是与人们的社会行动的概念相联系的,即它们要解释人们之间相互影响的意义与机制,分析这一过程所包含的社会意义。因此,西方社会学家往往在微观上使用社会相互作用的概念。

社会交往系统的基本要素包括社会交往的主体和客体、交往力、交往关系、交往的意识、交往的需要和交情等。它们是一个有机整体。其中,社会交往的主体和客体都是具体的、社会的、现实的人,不是抽象的、孤立的个人。交往工具作为交往力的组成要素之一,是交往力发展水平的标志,主要有语言、通信手段、运输工具和货币等四大类。交往力,是指人们进行社会交往活动的能力。社会交往关系,是指人们在社会交往活动中的地位和相互关系。交往关系和生产关系都是社会关系的组成部分,生产关系是交往关系的基础。

社会交换理论是 20 世纪 60 年代兴起于美国进而在全球范围内广泛传播的一种社会学理论。由于它对人类行为中的心理因素的强调,也被称为一种行为主义社会心理学理论。这一理论主张人类的一切行为都受到某种能够带来奖励和报酬的交换活动的支配,因此,人类一切社会活动都可以归结为一种交换,人们在社会交换中所结成的社会关系也是一种交换关系。社会交换理论由霍曼斯创立,主要代表人物有布劳、埃默森等。

迈克尔·罗洛夫在《人际传播社会交换论》中指出:人际交往是处于一个关系之中的甲乙双方借以相互提供资源或协商交换资源的符号传递过程。该定义将交往中的信息流动视为商品,通过交换而获得需要;同时不仅把传播看作是一种目的,也看作是一种达到目的的手段,因为通过人际传播能够确定对方的需要期望,也能够向对方提供交易目的的信息。如果人际交往的投入和预期回报相符,人们会认为互动愉快舒服,就会持续互动;如果相反,那就意味着人际交往停止或终止。显然,这种理论强调的是通过人际交往从他人处获得回报,这种交往以符合自身利益为取向。这种理论不无道理,但把所有人际传播视作交换行为,把人的行为商品化,有失偏颇。人不仅仅具有自然属性,有满足本能的需要,更重要的是人具有社会属性,属于有思想的高级动物,而思想的交流、意见的碰撞使人际交往多姿多彩。

(三)"镜中我"理论

"镜中我"理论由美国社会学家查尔斯·霍顿·库利在他 1902 年出版的《人类本性与社会秩序》一书中提出。他认为,人的行为很大程度上取决于对自我的认识,而这种认识主要是通过与他人的社会互动形成的,他人对自己的评价、态度等,是反映自我的一面"镜子",个人通过这面"镜子"认识和把握自己。因此,人的自我是通过与他人的相互作用形成的:①关于他人如何"认识"自己的想象;②关于他人如何"评价"自己的想象;③自己对他人的这些"认识"或"评价"的情感。

其中,前两项只有在与别人的接触中,透过别人的态度才能获得。库利认为,"镜中我"也是"社会我",传播,特别是初级群体中的人际传播,是形成"镜中我"的主要机制。一般来说,这种以"镜中我"为核心的自我认知状况取决于他人传播的程度,传播活动越活跃,涉及越多方面,个人的"镜中我"也就越清晰,对自我的把握也就越客观。

三、人际传播的功能

人际传播具有传递信息、扩大影响、改善形象的功能。有人把人际传播的功能归结为三个方面,即信息沟通、思想沟通和情感沟通。第一,人际传播能够有效地把信息传递给受传者。由于人际传播是通过人际关系的运转进行传播的,传播者处于主动地位,能有目的、有针对性地进行信息传递,因而比较容易以情感打动对方,使接受者易于认同。所以,其传播效果要优于其他传播方式。第二,人际传播可以以较快的速度获得反馈信息,促进人际传播活动的改善。由于人际传播无须经过传播媒体的中介作用,而是通过人际关系的直接交往,动之以情,晓之以理,因此能迅速收到反馈信息,重新调整传播战略和方法。第三,人际传播更易于沟通企业和大众之间的情感,弥合裂痕,建立起相互信任与合作的关系。长期的交往,难免由于工作的失当和误解等原因造成公众对企业的反感和不信任。要挽回不良影响,人际传播则是一个重要途径。在人际传播中,我们可以运用情、理、义并重的攻心原则和方法,配合一定的说服艺术,有针对性地打消对方的思想顾虑,扭转成见,把企业的良好形象真正地重新树立起来。良好形象的建立,依赖于良好的产品和服务。人际传播要把企业良好的产品和服务的信息传递给消费者,这也是人际传播的关键。

四、人际传播的类型及特点

人际传播包括面对面传播和非面对面传播两种基本类型。面对面传播是人们之间亲身的、直接的信息交流。这包括语言传播(如说话、讨论、演讲等)和非语言传播(如手势、感情、姿态等)。在大多数情况下,面对面传播中的语言传播和非语言传播是互相补充、交替使用的。

面对面传播的特点是:第一,信息传播双方交流充分、反馈及时,并给对方留下直接的印象。第二,信息传播双方进行封闭式交流,内容是可以保密的。所以,交流双方可以更多地进行感情交融、更好地相互理解,从而较容易消除双方的思想分歧。第三,可以根据信息反馈及时调整要说明的内容,或做出进一步解释和澄清。

非面对面传播是指传播者与受传者之间使用文字媒介(如书信、图片等)、电子媒介(如电子邮件、电话等现代传播媒介)进行信息交流的一种传播形式。

随着现代科技的发展,距离遥远的传播者与受传者双方,可以通过电脑、电视在屏幕内外进行交谈,也可以通过电视、电话进行交流,这是一种新型的人际传播。因为通过文字媒介,特别是电信媒介来传递信息,大大缩短了传播者与受传者双方的空间距离,所以,这种人际传播方式适用于远距离的信息传播。

五、人际传播的方式方法

公共关系活动中进行人际传播的目的,就是要和公众进行有效的沟通。有效的人际传播,需要根据人际传播特点以及组织与公众的特点来进行。虽然人际传播是个人与个人的信息交流、信息沟通,但是在公共关系工作中,公共关系人员的人际传播并不意味着他与公众某一成员的交往就是一种纯私人性质的个人交往活动,而是作为一个组织的代表者来从事人际传播活动的。因此,公共关系中运用人际传播技巧应注意以下几点。

(一)以开放、平等、积极的心态和行为进行人际传播

所谓开放,就是对人讲心里话,坦率诚恳地表白自己。社会心理学和传播学研究表明,当人们与自我暴露水平较高的人打交道时,最有可能进行较多的暴露。所以,公共关系人员应当具备坦诚、大方的个性。同时,人际传播的开放性应当与社会认同的准则相符合,掌握开放的分寸,因为过分开放也会适得其反,让人难以接受。另外,平等地进行人际传播也是实现良好沟通的重要一环。无论上级对待下级,还是领导对待职员、服务员对待顾客,缺乏平等的交流,都难以使人口服心服,也难以达到人际传播的目的。与人际传播的平等性同样重要的是人际传播的积极性。公共关系人员只有对公众表现出积极的关切,才能够培养出人际传播的良好氛围。反之,如果在人际传播中以消极的态度对待公众,就只会引起公众的反感,难以达到预期的效果。

(二)全面正确地运用人际吸引的手段

人际传播中,恰当地运用人际吸引手段是取得成功的重要方面。在人际传播中,运用自己的外表取悦公众,只是进入初步和浅层的阶段。在以外貌、风度、气质吸引公众,获取好感的同时,公共关系人员更应对人际吸引的各种要素全面地加以理解和运用,促进人际传播目标的实现。

首先,应根据人们态度的类似性进行人际吸引。俗话说,物以类聚,人以群分。人与人之间若具有共同的态度和人生观、价值观,就容易获得对方的共鸣和响应。在公共关系人际传播中,公共关系人员应该树立公众至上的意识,把公众利益作为组织制定政策和采取行动的根本出发点,并在人际传播中以恰当的方式加以表现。只有尽量为公众着想,才能缩短彼此之间的距离,以实现最佳的沟通。

其次,应根据人们交往的互补性进行人际吸引。所谓互补性,是指人们倾向于接近那些能够补充自己的需要和个性品质的人。因此,公共关系人员应该在自己的性格、观念和气度等方面培养出具有广泛适应性的"弹性",学会与各种各样的人打交道,并在此交往中达到其传播目的。

第三,应通过提高交往的频率,提高人际吸引力。一个人与他人接触的次数越多,就越容易使别人加深对他的印象和了解。了解了这种交往频率与人际传播效应的关系,就应当在公共关系工作中,经常有意识地与各类公众保持联系,与群众打成一片。

(三)顺应人际传播特点

人际传播有着区别于人类其他传播形式的特点,在人际传播过程中,应当顺应这些特点进行实施和操作。例如,随机性是人际传播的一个重要特点。那么在人际传播过程中,就应当注意通过公众的行为(如姿态、表情、眼神、动作等)和语言,及时了解信息发出后对方的反应,而且注意根据这种反馈信息来审视自己的传播行为,测试传播效果,以便及时调整自己的传播行为。这种在人际传播中的随机应变,有利于提高传播的有效性。又如,灵活性是人际传播的另一重要特点。在人际传播过程中,应当根据组织需要和公共关系计划的需要,在实施过程中,不拘泥于固定的时间和地点,只要有利于传播内容的传递就应当扩大人际传播场所,利用各种适当的时间,不失时机地进行传播沟通。再如,针对性也是人际传播的一个重要特点。在人际传播过程中,传播者应当充分考虑接受者的个性特点、心理特征、经验范围等多方面的情况,有针对性地开展传播工作。

第三节 群体传播

现实生活中,人是不会脱离群体而独立存在的,群体是一群个体的集合,群体有很多种,如家庭、学校、朋友圈、协会、俱乐部等。每一个人都生活在一定的群体中,群体是将个人与社会相联结的桥梁。

一、群体传播概述

群体传播(group communication)是指群体内部或外部的信息传播活动。群体传播在形成群体意识和群体结构方面起着重要的作用,而这种意识和结构一旦形成,又反过来成为群体活动的框架,对个人的态度和行为产生制约,以保障群体的共同性。因此,群体传播是群体生存和发展的生命线。

群体指的是由共同的利益、观念、目标等因素相互联结,存在着相互影响关系的个人组成的社会集合体。

不同学者对群体的分类是不同的。美国社会学家库利根据群体在个人社会化过程中所起作用的直接和间接程度,将群体分为初级群体(primary group)和次级群体(secondary group)。德国社会学家 M. 韦伯将群体中是否存在管理主体或机构作为分类标准,把拥有管理组织系统的群体称为团体(verband),其他则属于一般群体。另一位德国社会学家 L. 威瑟也依据组织性的强弱,将群体分成两类,一类是组织群体(organisation),另一类是非组织群体。

群体传播的特点有以下几点:①信息传播在小群体成员之间进行,是一种双向的直接传播。②群体传播在群体意识的形成中起重要作用。群体意识越强,群体的凝聚力就越强,越有利于群体目标的实现。③在群体交流中形成的一致性意见会产生一种群体倾向,这种群体压力能够改变群体中个别人的不同意见,从而产生从众行为。④群体中的"舆论领袖"对人们的认知和行为改变具有引导作用,往往是开展健康传播的切入点。

二、群体传播与群体意识

群体传播不仅与群体的形成密切相关,它还对群体意识的形成起着关键的作用。群体意识包括群体归属、群体感情、关于群体目标和群体规范的合意等方面的内容。群体意识的形成对群体来说非常重要,它形成以后,会对群体成员的个人态度和行为产生制约作用,是相对于个人意识的一种外在的、约束性的思维、感情和行为方式。

而这种群体意识的形成就是群体传播作用下的结果,可以说,离开了群体传播,群体意识就不可能存在。任何一个群体都有自己的传播结构,这个结构可以从信息的流量与流向两个方面来理解。一般来说,信息的流量大,意味着信息覆盖面广,群体成员间互动和交流频度高,群体意识中的合意基础好。

另外,信息的流向是单向的还是双向的,传播者是特定的少数人还是一般成员拥有传播的机会等,对群体意识的形成也是至关重要的。双向性强意味着群体传播中民主讨论成分多,在此基础上形成的关于群体目标和群体规范的合意更统一、群体感情和群体归属意识更稳固,群体的凝聚力更强。

当然,群体意识形成以后,也会对群体传播产生重要的影响。法国社会学家 E. 迪尔凯姆认为,群体意识虽然可以通过社会化过程为个人所吸收,但总体上仍然属于一种集合意识,这种集合意识往往对群体传播的结构和流程产生重要影响。

个体不能脱离群体而独立生活,个体在社会中为完成某些工作,必须和其他人合作,人们通过传播、分享信息最终完成既定任务。因此群体传播不仅是完成任务的工具,也是维持群体、保持群体凝聚力的工具。群体传播理论研究应该是传播理论研究中的一个重要方面,但是到目前为止,这方面的研究远非期望得那样普遍而深入。

第四节 组织传播

上一节的群体传播实际上是非组织传播。本节讲到的组织传播里的"组织"是指组织群体。组织是一个结构秩序更加严密的社会结合体,有着明确的目标、制度、纪律,有严格的分工和统一的管理体系,因此,组织是人们为了高效完成分散的个人或松散的群体所不能胜任或承担的生产或社会活动而结成的协作团体。现代社会是高度组织化的社会,也是组织传播高度发达的社会。区别非组织群体与组织群体的一个标志是看其中有没有科学的管理系统,有没有一个管理主体。

一、组织传播概述

组织传播(organizational communication)是以组织为主体的信息传播活动,是组织之间、组织内部成员之间有目的、有组织、有领导的信息传播活动。现代社会中,组织传播已发展成为一个独立的研究领域,即公共关系学。

组织是个体的集合,但又不是个体简单的叠加,组织内的人各居其位、各司其职、各负其责,组织的功能大于个人相加的功能之和。组织中的个人既有自身属性,但由于身处组织内,因而带有组织赋予的种种烙印而成为组织人,所以组织中的人具有个体和组织成员的双重属性。组织传播大体可以分为组织内传播和组织外传播,但两者很难区分开。组织内部人与事的传播,会不同程度地涉及组织成员中所有的人和事,组织间和组织与外界的互动,也经常成为组织内部传播的应有之义。外部世界发生的许多事情,在组织内传播需要得到一种组织的理解和阐释,或强化或弱化,或忽略或凸显,或顺应性解读或对抗性解读等,组织在这一情境中扮演"把关人"角色。组织传播研究虽然涉及组织内部的人和事,但因包括不在同一场域中的人和事,因此,那些人和事的特征会投射到组织中来,经过组织的过滤和选择,反映出组织的某些特点。

除了组织内外传播的划分,还可以根据组织内的关系结构特征,将组织传播分为正式传播和非正式传播;根据传播渠道的性质,将组织传播分为技术性传播和非技术性传播。

理解组织传播及其特点,需要注意以下几点:首先,组织的信息传播行为只能由具体的组织成员担当,组织成员作为个体和组织人,具有双重属性,对组织传播具有影响。上一节所讲的群体传播的知识,也有助于理解个体在组织传播中的行为表现。其次,除了以组织名义进行传播活动外,还存在着大量组织成员之间的个体互动以及组织内小群体的传播活动。在管理上是否为这种传播活动提供方便,对组织能否正常运转意义重大。比较严格的组织,会对这类传播活动加以规范。最后,组织内的等级决定了组织传播是一种制度化的传播。

德国社会学家马克斯·韦伯(Max Weber,1864—1920)从科层制的角度谈组织,认为科层制遍及社会的所有领域,是现代社会理性化的标志,也是现代人类的生存方式。他说:"在一个官员、职员和工人与行政管理物资分开以及纪律和训练有素都不可或缺的社会里,没有官僚体制的机构,除了那些自己还占有供应物资的人(农民)外,对所有的人来说,现代生存可能性都将不复存在。"因此组织成员和组织内部各小群体间的传播活动,会受到组织的话语体系和特有符号的制约。

组织或多或少意味着一定的约束,没有约束就没有组织。组织意味着目标,没有目标就失去组织的意义和合法性。因此,组织传播的意图性远大于人际传播。组织的结构、组织人在组织中权利与职责的情况,是理解一个具体的组织传播特点的两个要素。

二、组织传播的理论

美国组织传播学者凯瑟琳·米勒(Katherine Miller,1959—)用类比(隐喻)的方式概括了四种组织理论,进而总结了组织传播理论的特点。这种类比由于生动且隐喻恰当,得到组织传播研究者的认同。

(一)以"机器"类比组织

古典学派在工业革命的背景下,以机器来类比组织的特征和在其中的人。他们主张组织的结构应该类似机器。机器具有专业化、标准化和可预测性特点,任何机器都是依照一定标准和原则组合起来的,各个部件都有其特定的功能,可以替换,具备故障的可预测性。这样的类比强调由人组成的组织也应具有专业化、标准化和可预测性的特征。18世纪法国哲学家拉美特利的(Julien Offroy De La Mettrie,1709—1751)《人是机器》(L'homme machine,1747)一书,已经显露出这种认识。这个学派的代表人物有法国管理学家亨利·法约尔(Henri Fayol,1841—1925)、美国古典管理学家弗雷德里克·泰勒(Frederick Taylor,1856—1915)以及德国社会学家马克斯·韦伯。韦伯将官僚组织视为一个由权威、权力和纪律组成的系统。在这样的组织中,传播主要表现为书面的、正式的、垂直流向的指令和简单的机械式回应。该学派将组织看作机器,追求工作效率的提高,具有一定的合理性。但忽略了组织的主体,即组织成员个人的精神需要、自我满足以及社会互动的精神需求。

(二)以"家庭"类比组织

人际关系学派注重组织中人的行为动因,把行为动因看作一种社会心理现象。他们不赞同用机器类比组织,反对把个人看作能够随意替换、只受经济因素或政治理想驱动的齿轮。他们重视情感在组织中的润滑作用,主张把组织成员看作需要关心、社会互动和成就刺激的个人,他们不仅为经济和政治理想所驱动,也为满足较高层次的需要所驱动。于是,他们以家庭来类比组织,认为在组织里,成员应该像家庭成员那样获得归属、安全、自我实现等方面的满足。他们更重视组织中情感方面的人际传播、纵横交错的传播流向等非正式传播。1924—1932年,以哈佛大学教授梅奥(George Mayo,1880—1949)为首的一批心理学家在美国芝加哥西部电器公司所属的霍桑(Hawthorne)工厂进行了长达9年的心理学实验。实验结果表明,组织中的小群体对员工行为的影响,超过正式组织权力结构所发挥的影响,工作中的人际关系所产生的社会性满足,有利于提高生产效率。霍桑实验第一次把工业中的人际关系和交流问题提到首要地位,并且提醒人们在处理管理问题时要注意人的因素。该派的代表人物、美国社会心理学家马斯洛(Abraham Maslow Harold,1908—1970)提出了一个与人的动机有关的需要层次论。他认为,人受到很多基本需要的驱动,并且这些需要有层次之分。第一至第五层次需要分别为生理需要、安全需要、归属需要、自尊需要和自我实现需要。由第一层次需要依次类推,后一层次需要的产生以前一层次为前提。马斯洛的需求层次理论为人际关系学派提供了理论。这个学派的代表人物还有美国行为科学家赫兹伯格(Frederick Herzberg,1923—2000)、美国心理学家麦格雷戈(Douglas McGregor,1906—1964)等。另一些学者也以家庭类比组织,强调员工对组织的智力贡献和个人劳动是达到组织目标的重要因素。这些人被称为人力资源学派。该学派代表人物、美国行为科学家布莱克(Robert Blake,1918—2004)与美国管理学者莫顿(Jane S. Mouton,1930—1987)于1964年提出的管理方格理论(Management Grid Theory)就体现了上述思想。该理论假设领导者对人和生产的关心并重时,管理效率最高。他们分析了五种典型的管理风格,认为团队型管理实现了对人和生产的并重关心,能有效激发员工的潜力,实现生产和员工自我满足的双赢,是一种最为可取的管理风格。该学派其他代表人物有美国行为科学家利克特(Rensis Likert,1903—1981)、美国管理学者乌奇(William Ouchi,1943—)等。

(三)以"系统""有机体"类比组织

以上两种类比均偏重于关于组织的理想性建构,忽略了组织实际的运行状态,于是有部分学者把组织类比为系统或有机体,关注组织传播的实际运行,他们构成系统学派。该学派认为,一个有机的组织由若干个子系统构成,这些子系统按照一定秩序排列,相互依存。组织不是独立自主的机器,而是必须与周围环境互动以求得生存的复杂有机体。组织与外部环境之间、组织与各子系统之间、子系统与子系统之间必须彼此开放,允许各种信息在其中进行交流和反馈。美国东卡罗莱纳大学传播学教授艾伦(Thomas H. Allen)1976年做了一项组织传播网络的分析,展现了组织系统的复杂性。组织成员的地位和角色各不相同,他们之间的连接方式也有差别,由此构成一个传播系统。她把网络关系中处于不同地位和角色的成员分成四类:桥(bridge)、联络人(liaison)、孤立人(isolate)和明星(star)。桥是某一个群体中的个体,与其他群体相联系,因此是两个或更多的群体之间的纽带。联络人像桥一样,将不同群体联系起来,他与不同的群体都有联系,而不仅仅是与某一个群体联系。孤立人在传播的网络中属于不大活跃的个体,他只与个别人有联系或不与其他人有相互关系。明星指的是组织中最有交际能力的个体。这个学派除了网络分析外,还运用个案分析、模型分析勾勒出组织传播中的复杂关系。个案分析通过观察与特定问题纠缠在一起的组织传播状况,来理解整个组织系统的传播;模型分析则用统计技巧等来建立组织中传播行为和过程的模型,评估组织传播系统的复杂变化。

(四)以"文化"类比组织

人和组织都是处于具体文化(文明)中的,文化表现为传统、仪式、图腾、宗教或信仰等,生活在某一文化圈内的人形成相近的认知。某种文化无形中控制着处于这种文化笼罩下的人和组织。一部分学者以大比小,把组织类比为一种文化,侧重从文化的特点解释组织的传播行为,被称为文化学派;另一部分学者侧重揭示文化如何统治组织,被称为批判学派。文化学派认为每个组织都有自己的行为方式以及关于这些方式的解释,研究组织的传统、故事、仪式、庆典、价值观、信念、行为是他们的主要工作。他们认为,传播贯穿组织运作的全过程,通过传播形成组织的文化,透过组织文化可以解释组织的行为。美国管理学家艾德加·沙因(Edgar Schein,1928—)提出的组织文化层次模型是文化学派中较有影响的理论。他把组织文化分为三个层次。第一层次是该组织的外在价值观,如组织的建筑、家具、设备、服饰、文件、称谓、决策风格、会议风格等由组织成员创造的物质和社会环境。这是组织文化的外在表现。第二层次是该组织的主体价值观。假如一个组织的管理者持有勤奋、奋斗的价值观,那么他可能不仅要求自己,也要求组织成员勤奋工作,或经常提出加班要求。如果这种价值观得到组织成员的认可,可能成为组织成员的价值观。管理者的价值观虽处于强势地位,但个人的价值观也会与管理者发生冲突,例如一个组织成员持有注重效率和享受的价值观,认为在工作时间中高效地完成工作,下班后应该多享受生活,那么他可能抵制加班。这时就需要组织文化的第三层次来协调,即组织成员更高层面的世界观,例如对人与自然、现实、真理、人性等基本问题所持有的观点,这些观点往往被组织成员认为是理所当然的。文化学派关注组织文化的构成,但忽略了形成组织文化的深层次原因;批评学派则指出组织文化背后隐藏的权力结构如何控制组织的传播活动。他们认为,组织中存在广泛的权力来源,有些是明显的,如权威、对稀缺资源的控制、对信息和知识的控制等;有些是隐蔽的,例如对生产方式和技术的控制、对性别问题的控制和对话语的控制。批判学派重点研究的是隐蔽权力的存在。

组织传播的沟通负荷是指组织传播的信息总量,这个概念的提出,在于强调组织传播信息量的适当和稳定的问题。组织传播对组织而言,是一种关系建构、维系、象征的机制。组织内传播的数量和质量稳定、适量,则组织内各方面的关系正常;组织的对外传播过于膨胀或过于弱化、断裂,则说明组织与外部的关系表现异常。组织传播的信息总量(沟通负荷)、密度以及效度,是组织关系测量的有用指标。即使正常时期的组织传播,信息量也并非越多越好,信息量的膨胀如同信息的匮乏一样都是有害的。对于组织,特别是对于组织的领导人而言,因为传播存在层级,领导人接收的信息和可能需要处理的信息与下级相比,理论上呈几何级数增长,而领导人对信息的处理能力是有限的。有限的信息处理能力面对信息的泛滥或匮乏,都可能影响组织做出正确的决策,妨碍组织的正常运转。信息的泛滥不一定仅仅是信息太多,更指信息质量太差。这时的信息泛滥与信息匮乏是一个问题的两面:过量的信息不是被舍弃,就是以低质量的方式被随意处理,而真正需要的信息可能总是处于匮乏状态。

第五节 大众传播

人类已经进入了数字化生存的时代,我们已经无法离开媒介生存。作为人类传播中最有影响力的传播形式,大众传播无处不在,它与我们的生活、工作几乎融为一体,让我们更加清晰地去认识置身其中的世界,大到瀚海的宇宙空间、风云变幻的世界经济政治形势,小到社区各种情况,可谓包罗万象。当代社会如果没有大众传播,那么我们的生活将是多么不可思议。

一、大众传播概述

大众传播(mass communication)事实上是一种极为复杂的社会现象。在以往的教科书中,通常将大众传播划分为书籍、报纸、期刊、广播、电视、电影六大类,实际上运用大众传播这个概念时,多指报纸、广播和电视。这三类传媒的传播活动广为人知,而当下,互联网以及手机媒体广泛使用,有学者将网络传播及手机媒体也视为大众传播的一种,也有学者持否定态度,这还需要学界进一步厘清。尽管如此,大众传播依然是目前社会中最有影响力和最为重要的传播活动。"Mass"的意义十分复杂,大体上可分为四层含义:为数众多的传播者;规模庞大的传播机构;大批量复制的传播内容;人数众多的受传者。

大众传播不同于人际传播。人际传播中,传播者基本上是个体,是单个人。在大众传播中,传播者通常是一个群体,这一群体是专门从事制作、采写、编评的专业人员。这一群体在心理学上叫作"同质性群体",他们的年龄、性别、民族、性格、信仰、工作目的可能各不相同,但从事的工作是同一目标,有同样的身份,即传播者。

大众传播是指职业传播机构和人员通过广播、电视、报刊、书籍、电影等大众传播媒介向范围广泛、为数众多的社会大众传播信息的过程。随着科技的进步,大众传播迅速发展,对大众传播媒介的占有与利用,已成为社会文化发展的重要标志。

传统意义上的大众传播有三个特点:第一,它是公开的社会性传播活动;第二,它的传播路径基本上是"点"对"面"的;第三,信息主要由"点"单向流动到"面",信息反馈是偶然的、延时的。

在大众传播媒介高度发达的今天,人际传播和群体传播依然是人们最基本、最常用和最灵活的传播手段。良好的人际传播和群体交流可通过榜样示范、社会支持和群体舆论等作用促进传播双方在态度、行为上的改变。在健康教育社会动员中,组织传播发挥着重要作用。大众传播媒介在向人们公开、迅速、大量地提供信息的同时,也在通过舆论导向、公众人物示范、社会教育、广告等形式改变人们的健康观念,引导健康行为乃至健康消费。

二、大众传播的功能

李普曼在《舆论学》中间接论述过大众传播的作用。他认为,报纸上的新闻为我们描绘了一个虚幻的生活图景,我们依据虚幻的图景去思考和认识世界。也就是说,我们的认识往往不是来自直接的生活经验,而是来自间接的媒介图景,大众传播的作用就是勾画这些媒介图景。施拉姆在《传播学概论》中从另外一个视角说明传播对个人所起的作用。

> 今天早上我从家里走出来,看见一个穿运动衫的人,我朝他笑笑说:"早晨好!"……如果有人真的照字面译成新几内亚的部族语言可能会有困难。我不是说这是一个"好的"——就是说不错的——早晨吗?不,这是一个天气恶劣的早晨,下着滂沱大雨,水从山上冲下来,几乎使我浸泡在水里。我是不是就像我们"吉祥的星期五"一样从某种道义上的角度谈起这个早晨的好呢?不,这一天跟其他日子一样。我是不是祝愿他有一个"好"——就是说愉快的——早晨呢?在某种程度上有这个意思,但是他看上去完全能够安排他自己的早晨,而事实上我感到相当恼火的是因为他能够在海边度过这个早晨,而我却必须去上班。那么我同他说话的意思究竟是什么呢?我能够做出的最合理的解释是,我是在履行我们自己的部族礼仪。我是在向他传播,我属于他的群体,属于他的文化,不是一个外人,不是一个反叛者,也不是一个威胁。换句话说,我是在证实一种惬意的关系。

三、大众传播理论

(一)拉斯韦尔的"三功能说"

拉斯韦尔在《传播在社会中的结构与功能》一文中提出了传播的三种功能:一是监视社会环境。这是指从事传播工作的人,如新闻记者、外交官,时刻都在向社会提供信息,使人们了解自己所处的环境。二是社会协调功能,适应社会环境。这是指社会各部分通过信息交流,了解各种社会情况,为适应环境而建立相互关系。这里的传播是一个联络、沟通、协调社会的重要系统。三是社会遗产传承功能。人类社会的发展建立在继承和创新的基础之上,只有将前人的经验、风俗、智慧、知识加以记录、积累、保存并传播,后人才能在此基础上进一步发展创新。传播正是保证社会遗产传递的重要机制。

(二)莱特的"四功能说"

社会学家查尔斯·莱特在拉斯韦尔"三功能说"的基础之上,在《大众传播:功能的探讨》一书中又增加了一个社会功能,即娱乐。

1. 环境监视功能

环境监视功能是指大众传播在特定社会的内部和外部收集和传达信息的活动。这项功能是针对大众传播收集和传达信息活动而言的。环境监视功能包括:警戒外来威胁;满足社会的常规性活动(如政治、经济、文化等)对信息的需求。

2. 解释与规定功能

大众传播并不是单纯的告知活动,它所传达的信息中通常伴随着对事件的解释,并提示人们应该采取什么样的措施。解释与规定的目的是为了引导和协调社会各成员的行为。

3. 社会化功能

大众传播在传播知识、价值以及行为规范方面具有重要的作用,也称之为大众传播的教育功能,与拉斯韦尔的社会遗产传承功能相对应。

4. 提供娱乐功能

大众传播中的内容并不完全是务实的,它的一项重要功能是提供娱乐,尤其在电视与网络媒体中,以满足人们的精神生活和休闲娱乐需要,如文学、艺术、电影、游戏等。

拉斯韦尔的"三功能说"与莱特的"四功能说"比较完善地阐述了传播的主要作用。监测环境(the surveillance of the environment)、联系社会(correlation of the components of society)、社会遗产传承(the transmission of the social heritage)和提供娱乐(entertainment),被公认为是传播以及大众传播的四大功能。

大众传播除了正向功能外,也可能产生负向功能。拉扎斯菲尔德与默顿都提到过大众传播具有"麻醉精神"的功能:媒体对某一事件或现象大量报道,本意是增强报道效果,结果却产生相反的作用,不仅使受众对这些报道最终"熟视无睹""漠不关心",还会产生逆反心理。暴力、色情、危险和威胁等内容的传播,会导致社会涣散甚至恐慌。

(三)三种社会功能

拉扎斯菲尔德与默顿从社会学的角度提出了三种社会功能。

1. 赋予社会地位

个人、团体、事物、商品以及社会问题、社会运动经过大众传媒的报道,就会获得社会地位和知名度。正面的事物会带来正统化效果,负面的事物会以"恶"的效果而传播,因此传媒对于破坏力大的事物的报道需要坚持适度原则,不能给予更"出名"的传播效果。

2. 促进社会准则的施行

大众传播揭露背离社会准则的倾向,这往往迫使公众采取一定程度的行动来反对他们曾经在私下予以容忍的偏向。

3. 麻醉精神的消极功能

大众传媒以庞大而丰富多彩的信息资源,占据了大众大量的时间,导致人们疏远了许多传统的人际关系与社会关系,使得人类异化为工具,削弱了人的行动能力。

人们把越来越多的时间花在收听、观看和阅读大众媒介的产品上面。而这些为数众多的传播品只能使人们对社会问题的关心停留在表面,而这种表面性常常掩盖了群众的冷漠态度。向一般读者、听众和观众提供大量的新情况可能会产生麻醉精神的作用,而不是鼓舞的作用,造成"存在即合理"的假象,大众传媒持续不断地传播碎片化的信息,使得受众不间断失去辨别能力,并且不假思索地顺从现状。

四、总结

综上,我们可以总结出大众传播的六种主要社会功能。

(一)报道功能

报道功能即大众传播媒介发布新闻与传递信息的功能。报纸、广播、电视、书籍、杂志、互联网、手机等大众传播媒介的首要功能,是向社会提供新近发生的客观事实的消息与信息。大众传播机构收集国内外各地的社会经济情况与科学技术进展,并随时向社会传递信息,使人们了解并熟悉社会环境及其动态信息。

(二)宣传功能

宣传功能即大众传播媒介使个人、群体与组织在民众中获得一定荣誉与地位的作用。宣传功能主要表现在三个方面:使个人与组织的地位更加牢固,给他们以声誉并提高他们的权威性和影响力;提高他们的知名度与信誉;强调社会问题与社会事件,使它们成为民众共同关注的热点。

(三)导向功能

导向功能即大众传播媒介使个人社会化与组织行为规范化的作用。这种功能主要表现在三个方面:弘扬优秀传统文化、人类遗产、社会良俗,加速个人社会化;肯定个人、群体、组织的行为,使这些行为及其主体成为民众效仿与学习的对象;揭露某些个人、群体、组织的行动,使这些行动及其主体成为民众否定的对象,使民众反对某些不正确的偏向。

(四)娱乐功能

娱乐功能即大众传播为人们提供闲暇消遣、愉悦身心的信息服务功能。现代大众传播媒介包括大量的文学、音乐、体育、戏剧、游戏等内容,使人们在工作之余,获得娱乐、审美情趣与精神享受。

(五)整合功能

整合功能即大众传播把个人、群体与组织联结起来的社会凝聚作用。这种作用通过如下途径实现:信息传递同步化,使受众产生共鸣;信息传递密集化,使受众加强相互了解;信息传递迅速化,使社会不断调节受众情绪成为可能;信息传递组织化,使受众产生族群意识,并强化归属感。

(六)消极功能

消极功能即大众传播媒介的某些形式与内容带来某些不良后果的作用。上述五种功能一般是指正功能,而消极功能一般是指大众传播在完成报道、赋予、导向、娱乐、整合目标时,产生的负功能。传播假消息、传播伪知识等,就是报道的负功能。传播情色信息、视频等,则是娱乐的负功能。

思考题

1. 结合自己的心理活动,思考如何进行有效的自我传播。
2. 以他人为镜的人际传播的目的是什么?
3. 简述组织传播的要素及需要注意的问题。
4. 简述大众传播的社会功能。

第五章

传播者的角色、制度和控制

"问渠哪得清如许,为有源头活水来。"自然界和人类社会都存在着传播现象,从自然界最简单的种子随风播种、蜜蜂授粉,到人类社会中纷繁复杂的信息交流、网络传播,传播者就像是"源头活水",不断为传播活动补给"清澈水源"。

传播者在传播过程中发挥着"领头羊"的重要作用,如中枢神经一般控制着无数个传播活动的神经,因此,在传播学研究领域中又把对传播者的研究称为"控制研究"。

在网络科技不断进步的今天,传播者的构成也日渐复杂,传播已经不再是专业传媒组织享有的"特权",传统的由传媒组织独享的公共传播资源开始为大众所利用,传播者出现了更多新特点。

第一节 传播者的概念、特点与角色转变

一、传播者的概念

在自然界中和人类社会中,传播活动是广泛而时刻存在着的行为。风的吹拂为蒲公英带来播种的希望,海浪的波动让贝壳远航,月亮的盈亏引起潮汐变化,狼遇到危险时的嚎叫引起狼群警惕。与这些低级传播行为相比,人类社会的传播行为则是主动的、有意识的高级传播行为。

在人类社会中,究竟谁是传播者?简单来说,传播者就是在传播过程中,利用生理机能或者各种技术手段向对象发出信息的一方。

传播者作为传播活动的伊始,是传播活动得以进行的首要条件。传播者的主要职能就是收集信息、处理信息,之后再传播信息。从这个意义上来看,眼神交流是传播,肢体互动是传播,与人攀谈是传播,编辑信息、著书立说更是传播,人人都可以是传播者。传播者是一个宽泛概念,包括个人传播者、传播组织机构和传播组织机构的从业人员。

二、传播者的特点

按传播者与受传者的关系来分,传播者可以分为直接传播者和间接传播者;按传播对象的不同性质来分,传播者可分为人际传播者、群体传播者、组织传播者和大众传播者;按传播者在

传播活动中的地位来分,传播者可以分为一般传播者和职业传播者。本书主要讨论传播活动中不同地位的传播者的不同特点。

(一)一般传播者的特点

一般传播者是指并非专门从事传播工作、不以传播作为谋生手段的人。一般传播者不是特定的组织和群体,具有以下特点:

1. 普遍性

一般传播者具有普遍性,每个人都可以是传播者,比如日常信息传播活动的传送人,网络中话题的发起人,微博、微信的发出者,视频网站的非专业主播等,他们可能是医生、律师、农民、经济学家等,也可能是教师、导演、政府工作人员等。随着移动网络的普及和发展,一些重大新闻或信息的第一传播者可能不再是职业记者,而是普通公民。一般传播者的人数越来越多,传播范围与平台也更加广阔。

2. 自由性和灵活性

一般传播者的传播活动具有自由性和灵活性,传播内容通常为日常生活内容或者民生热点问题,新型传播媒介兴起之后,论坛、微博、微信等自媒体的出现让一般传播者的传播范围已经不局限于人际传播,传播方式也不拘泥于口头传播,而是通过网络进行大众传播。

网络为普通公民言论自由表达提供了技术基础,在新媒体上的传播媒介形式也更加灵活多样,从单一文字到图片文字并存、图片与音频并存以及文字、视频、语音等多合一的全媒体形式,传播者可以自由地根据需要传播的内容或自身意愿选择传播形式。

3. 与受众的同一性

传播者和受众从来都不是泾渭分明的,传播者也会以受众的身份来接收和选择信息,而新媒体时代的到来让一般传播者的角色也变得更加不固定,在新媒体上,一般传播者既是传播者又是受众,两种身份有机地融合在一起。传播者与受传者的同一性,是新媒体产生之后传播者出现的新特点,这种同一性也会随着技术的进步而不断增强,也会使一般传播者的地位不断提高。

(二)职业传播者的特点

职业传播者是专门从事传播工作的人,他以传播为职业和谋生的手段。职业传播者的角色比一般传播者相对固定,他们一般凭借先进的媒介手段有意识、有目的地向大众进行传播,如记者、编辑、主持人、播音员、新闻发言人、导演、演员、作家、撰稿人、教师、学者等。职业传播者是社会发展到一定阶段的产物,通常代表某种特定阶级,其传播行为不如一般传播者自由,会受到诸多因素的制约。

职业的传播者,以及传播机构或传播组织,具有以下特点:

1. 阶级性

任何传播组织都代表一定的阶级、集团或群体的利益和意见,站在一定阶级立场上进行大众传播,所反映的往往是所代表的阶级的意见,反映其社会群体的愿望。

我国是社会主义国家,职业传播者所代表的是无产阶级的思想和意见,为无产阶级政党服务。在党的领导下的职业传播者肩负着宣传党的路线、方针、政策和把握正确的舆论导向的责任。保证国家政策的上情下达,真实反映社会各阶层、各部门的情况,在增进社会沟通协调的同时,为党和政府制定更符合社会发展要求的政策提供依据,维护国家的安定团结,维护社稳定和长治久安。

2. 专业性

由于传播工作的特殊性质,要求职业传播者必须具有一定的专业知识和专业技能,拥有新闻传播理论知识,具备基本的业务水平以及一定的专业精神和职业道德,快速敏锐地察觉新闻信息、社会新动向等,并客观、真实地报道出来。

职业传播者的专业性还表现在创新性上,职业传播者需不断地更新专业知识,不断学习新技术,创新传播方式。进入媒体融合阶段,传播形式与内容的不断更新、不断涌现的新型媒体对职业传播者的专业要求愈来愈高,新媒体全天候、全覆盖的特征也对职业传播者的职业精神提出更高要求。

3. 权威性

职业传播者的权威性一般表现在四个方面:权力和地位、资历和威望、专业特长、能力和才华。传播者越具有权威性,其传播的影响力就越大,信从的受众就越多。新媒体的发展壮大,一定程度上削弱了职业传播者的权威性,但随着媒体融合脚步的前进,传统媒体纷纷转型,加入微博、微信、客户端,传统媒体以其积累的媒介威望和社会贡献,在新媒体中继续保持其权威性,并在其中占据重要一席。

4. 约束性

职业传播者对传播内容和传播方式的选择并非是随心所欲的,他们所代表阶级的政策倾向,社会各种不同价值观的影响,上级主管部门的意见,个人的知识储备、理论修养,以及传播技术的现有水平,都对传播者构成一定的约束。传播者的选择行为正是在遵从约束、冲破约束的过程中不断改变和发展的。

5. 控制性

职业传播者是信息传播的"守门人",在收集、制作、设计、印刷或录制、传播、销售等过程中,都要根据一定的目的来对信息进行选择和过滤,传播者控制了信息传播的内容和形式。因此,关于传播者的研究又被称作"控制研究"。

三、传播者的角色演变

(一)专职传播者的演变过程

原始社会时期,氏族和部落的长者、酋长、巫师等就是实际上的专职传播者,只是由于当时的社会条件所限,传播活动主要还是以亲身传播为主,规模化的传播活动尚未广泛形成。国家产生以后,就开始形成了专职的传播机构,专职的传播者随之大量产生。我国商朝时便有专门化的卜、史、巫、尹等官职,专司卜筮、记事等传播活动,之后又出现了专门到民间采风的官员,我国第一部诗歌总集《诗经》便是采风官员与民间搜集者共同努力的成果。以传播学说、知识、方略等为职业的传播者大量出现于奴隶社会的兴盛时期和早期的封建社会,游说在当时是一种"达则兼济天下,穷则独善其身"的专门事业;同时期国外也有亚里士多德、柏拉图、苏格拉底等人,开创了人类文化传播的先河。

造纸术和印刷术产生后,官方的编修馆、书局、民间印刷刊刻作坊大量出现。传播者开始面向更为广泛的接受者进行间接传播,传播者内部出现了越来越细致的分工。印刷术应用的早期，传播者内部分工尚不明确，著述者、刻印刊行者往往是同一个人，后来有了专门的书局，大大改变了这种情况，各种书刊纷纷问世，平民教育事业空前发展。火车、机动轮船及汽车等交通工具的发明加快了信息的传播速度，推动了大众传播事业突飞猛进的发展，传播者内部第一次出现了广泛而细致的分工，专职的访员、编辑、主笔以及辅助性的传播技师、工人、管理人员等基本定型，专职的出版商也应运而生。教师按照不同的学科和教育的层次产生了定型的划分，各类学校体制也开始逐步健全。牧师、传教士以及探险家们则远涉重洋，深入原始丛林与沙漠腹地，自觉或不自觉地进行传播活动。这些是19世纪中后期社会开始发生的重大变革。

专职传播者在社会上崛起，成为一个独立的阶层，开始与传统权贵们分庭抗礼。19世纪后半期，亨特在《第四阶级》一书中宣称记者是大众传播的代表人物，是僧侣、贵族、平民之外的第四阶级；马克思也曾将大众传播称为第三种力量；西方新闻界称记者为"无冕之王"，认为记者享有凌驾于社会之上的特殊地位。

当时新型的大众传播者阶层代表人物多是政治家或是政论家，我国有梁启超、康有为、陈独秀、邹容，外国有高尔基、约翰·里德、李普曼等。资产阶级登上政治舞台并掌握了政权之后，政治军事斗争趋于平缓，经济文化开始了平稳的发展，社会生活节奏逐步加快，人们的需求开始多样化，仅仅提供政论和普及知识的大众传媒显然已经不能满足大众的需要，大众传媒必须改变传播的内容，提供社会新闻和服务性、娱乐性信息，因此，传播者与政论家开始分道扬镳了。此后虽然新闻传播媒介中仍然不断涌现出杰出的政治家、政论家，但他们对政治事务、社会事务的影响已不再那么直接和深远。专事新闻信息搜集的记者和编辑逐渐取代了政论家的地位，传播媒介的商业气息也越来越浓厚，记者和编辑通过大众传播业来增值资本，再通过经济实力与舆论权威来间接影响政界和社会。

在19世纪末，传播实业家开始大量涌现，如美国的戴纳、普利策、赫斯特，英国的路透、诺斯克利夫等，相较于西方国家，我国的传播实业家，如史量才、吴鼎昌、胡政之等，出现相对较晚。中华人民共和国成立后，我国虽未出现个人传播企业家，但传播者也渐渐演化为具备专业特征的传播者队伍。特别是电子媒介大量出现之后，对传播技术的要求越来越高，对信息的处理也越来越精细，技术人员在传播中的地位也越来越重要。

（二）新闻传播者的角色变化

语言的诞生使传播可能化，文字的发明使传播便利化，造纸术和印刷术的普及使传播广泛化。20世纪90年代中期，互联网的规模和覆盖范围迅速扩张，网络技术将世界上的计算机联系在一起，为信息资源的全球范围传播提供了可能，网络技术的不断进步也更加有效地实现信息传递的方式和手段。随之兴起的网络新闻媒体也已经被公认为是继报纸、广播、电视之后的"第四媒体"。

1. 新媒体时代新闻传播者与受众的一致性

随着新型传播媒介的出现，新闻传播者逐渐由单一的职业传播者扩大到了全社会，普通民众或网民、非专业传播组织、独立传播人也成为新闻传播者，"人人皆有麦克风"，网络赋予普通人以新角色——传播者。普通民众可以将自己日常所见所闻传播至微信、微博、微视频等自媒体平台，甚至许多重大突发性事件都是先由网友目击后拍摄记录下来，上传至自媒体，从而引起大量网民关注和转发。如2015年8月12日天津滨海新区发生爆炸事故，事故发生不到半小时，首先"爆"出消息的是微博网友，由于事故极为严重，第一时间多名网友都上传了拍摄下来的视频,一时间"轰动"自媒体。次日,各大媒体纷纷转发报道事件,网民作为新的传播者,掌握了第一手视频资料,让受众犹如亲临现场,关注度急速攀升。新闻的传播由过去传统媒体的"信息—媒体—受众"的传播模式变成新媒体的"信息—受众"的模式,职业传播者不再是传播信息的专有者。职业传播者在传播活动中不再占有首发地位,很多情况下,职业传播者成为首发信息的整合者和二次传播者。

移动网络新技术推动了传播工具的多样化,使人们不再受到工具的限制,随时随地享受传播活动。电视新闻记者不需要在采到新闻后回到后期编辑设备上进行剪辑,依靠手机、平板电脑等移动设备就能够立即编辑、进行传播;直播主持人不再依赖直播间或专业录制设备进行直播活动,利用移动设备凭借网络直播软件就能完成直播。无论传播者身处何地,只要能够通过网络媒介终端接通互联网,就能够完成网络传播活动,网络使传播的成本和门槛都大大降低了。

我们在介绍一般传播者的特点时,已经介绍了在网络时代,传播者和受众出现"同一性"的新特点,传播者和受众的身份也不再明确,传播和接收信息几乎是同时完成的,一瞬间就能够完成角色转换,这是网络传播结构所导致的,也是传播者与受众的心理状态所需要的。不仅是身份解除了限制,网络时代受众可以轻松选择自己需求的信息,根据自身的喜好关注相关信息,因此,传播者的主体地位发生了深刻的变化,传播者与受传者的地位在某种意义上发生互换,"传播者中心"渐渐被"受传者中心"所替代,在"互联网+"大力发展的时代,"互联网思维"被解读为"用户思维"或"受众思维",要求传播者站在受众的角度上去思考问题,从受众的需求出发,来开发潜在的消费群体,探索潜在的消费心理,寻求潜在的消费诉求。

随着网络的不断发展,我国专业新闻传播机构也在经历着种种角色变化,如今专业新闻传播机构大体由传统媒体转型的机构和商业性新闻网站组成。虽然网络分散了职业传播者的"话语权",但专业新闻机构仍然构成了网络新闻传播的"主旋律",其话语的真实性和权威性等优势是一般传播者无法比拟的。在网络信息的浩瀚海洋中,专业的新闻传播机构成为网民"航行"的导航者,帮助网民进行信息的"把关",这也是传播者作为"把关人"角色的新内涵。

2. 新媒体时代新闻传播者的角色责任冲突

马克思认为,人的本质在其现实性上是一切社会关系的总和。在当代社会中,新闻传播者在多重社会关系中扮演着多种角色,形成"角色丛"。新闻传播者的角色具有多样性,有学者将新闻传播者的社会角色和责任概括为以下三点:

第一,新闻传播者作为传播行业的成员,肩上背负着社会和公众对新闻传播这一职业的角色期待。新闻传播者是党的喉舌与宣传者、社会环境的监测者、社会公共利益的代言人、舆论引导的意见领袖等。在众多角色中,传播者需要履行好职业责任,以满足公众的角色期待,获得良好的道德评价。

第二,新闻传播者作为媒体组织或其他利益集团的成员,每个个体传播者都履行着一定的职业责任,代表某种集体利益,对媒体组织或组织的利益负责。

第三,新闻传播者作为人类共同体的成员,是某一社会的特定成员,其行为和价值观念都与共同体密不可分,需要遵循社会的行为规范,为人类社会的进步推波助澜。

由以上三种角色可以看出,新闻传播者在社会关系中需要履行不同的角色责任,而往往在社会中多样性的角色和责任之间常会发生冲突,各种角色之间难以达到平衡或者一致,陷入选择困境中。在新媒体环境中,社会所规定的新闻传播者的角色期待增多,新媒体与传统媒体所规定的角色的"道德义务"发生了冲突,导致传播者角色冲突。另外,新闻传播者的自然属性与职业属性要求之间也会产生角色冲突。新浪网曾转载了一组路人骑车遇到马路陷阱栽跟头的照片，引起了网民极大的争议，引发了关于新闻传播者在履行新闻责任和社会公德心之间应做出何种选择的争论。传播者在完成职业责任要求的同时，如何平衡尊重人格、保护环境等社会伦理道德要求，也是角色冲突的极大表现。

第二节 传播者的任务和权利

一、传播者的任务

传播者的任务取决于传播工作的性质，取决于它与传播活动中信息因素的关系。简单地说，传播者的任务就是如何把有价值的信息有效地传达至接受者处，并取得相应的效果。大众传播活动是一项较为复杂的、有较强协同性的工作，不同的传播者在传播活动中所起的作用也不尽相同。

具体来说，传播者的任务主要有以下几点。

（一）收集信息

传播者收集信息包括有意识和无意识两种。有意识地收集信息，动力来自于传播者的生理与心理的双重需求，对大众传播者来说是职业所需，也是社会和媒介的需求，传播者遵从这些需求，有目的、有意识地收集整理信息。无意识地收集信息是传播者在没有思想准备或采访计划的情况下，突然接触到信息，如一些突发事件的目击者，在无意识、无准备的状态下记录现场突发状况，这种状态是由被动到主动、由无意识到有意识地收集信息的过程。对于职业传播者来说，要求在无意识状态下保持随时反应的能力，抓住最具有价值的信息，培养随时随地发现信息的"新闻眼"。

（二）作为"把关人"加工信息

在一定的传播系统中，信息总是通过某些关口进行传播的。在信源和受众之间，有着决定信息中转或终止信息传递的"把关人"。"把关人"可以是一个人，也可以是一个集体。在信息的提供、收集、编辑、传播过程中都存在许许多多的"把关人"。

传播者采集信息之后，要对信息的内容和表达形式进行加工，这是传播者的主要工作重心，包括对信息的取舍和信息的符号化。在加工制作信息的过程中，传播者的主要任务就是担负起"把关人"的责任。

所谓"把关人"就是对信息进行过滤和加工的人，对信息进行过滤、加工的过程就是"把关"。"把关人"控制着信息的流量流向，影响着接受者对信息的理解，决定着该报道什么，不该报道什么，报道的重心该放在何处，需要怎样解释信息才能更好地为受众所理解。信息每经过一道"把关"，就可能发生一次变化。可以说，"把关人"对信息能否传递给受众，以怎样的内容和形式传递给受众，都有着生杀大权。

对飞速运转的大众传媒来说，要求"把关人"在短暂而有限的时间内迅速取舍信息，传播者不仅需要经验，需要对社会不同价值观以及受众充分了解，还需要尽可能客观，排除个人的价值倾向和好恶偏见。然而对于大众传播者个体而言,接受教育的不同程度和职业生涯中形成的职业道德倾向也决定了传播者对信息的取舍程度,完全避免个人偏见是不可能的,但作为"把关人",需要相对公正地避免自身因素带来的负面影响,将客观信息真实、准确地传递给大众,不能为博取大众眼球故意歪曲信息,造成大众对信息的误读。

(三)反馈信息

在大众传播中,受众的反馈意见对传播者起着"亡羊补牢"的作用,传播者需要从受众的反馈中了解传播的效果,对照自己最初的传播目的做出相应的调整,这也是大众传播者的一项重要任务。

在以往的人际传播和组织传播中,传播者可以方便、及时地获取接受者的反馈信息,这些信息有可能表现在语言和身体语言之中。在网络欠发达时期,需要通过信函、电话、调查结果等方式得到受传者的反馈信息,这相对来说是滞后的,不利于传播者获取信息并迅速做出反应。

互联网为传播者与受众之间的交流起到了及时又便捷的纽带作用,网络的交互性使大众传播获取接受者的反馈变得像人际传播一样方便,网络传播打破了传统纸质媒体和电视媒体单向、滞后的反馈模式,传播者和接受者在网络虚拟空间内可以"面对面"地沟通交流,使得获取反馈信息的速度大大提高了。如2017年春节期间,某主持人在直播报道时错将重庆磁器口归属地说成是成都,节目播出后引起了网友的关注和讨论,网友纷纷在微博上"吐槽"称自己"可能去了假的瓷器口",这段口误视频在微信上被广泛转发。次日,这位主持人在节目中道歉更正,表示在节目里私自"拱手"把磁器口"送"给了成都,感到万分抱歉,希望磁器口可以原谅他的"五虚六耗""七荤八素"。这段本该一本正经的道歉配上主持人独有的语气和"人性化"的道歉词,透露出几分"段子"的味道,反而获得了观众的理解与热捧。可见,网络传播使传播者可以立即接收反馈信息,并能够迅速做出更多合理的处理。新媒体环境为反馈信息带来了得天独厚的优势。

(四)议题设置

社会舆论普遍具有倾向性的特征,一般表达的是公众对社会问题的判断。舆论研究是研究公众对一些特定问题持赞成或反对意见的基本分布情况等。在公众普遍对社会问题进行探讨、形成判断之前,必须经过一个问题被有意提出并成为社会关注和议论的焦点,即成为一个公共议题的过程。这是大众传播者的重要任务。

议题设置功能作为一种理论假说,来源于美国政论家李普曼,他在《舆论学》中提到:"新闻媒介影响我们头脑中的图像。"1961年英国学者特雷纳曼和麦奎尔对电视和政治现象展开研究,研究得出的证据明显地说明人们会思考媒介提出的问题,但并不一定支持媒介灌输的观点。之后美国学者库恩也提出了类似的观点。虽然他们尚未使用"议题设置"一词,但他们的话已经言简意赅地提出了日后议题设置的基本观点:大众传媒的传播活动左右着公众思考和议论的主要问题,媒介及其从业者有把某些问题确定为社会公众议题的任务。

目前大多数公众仍然不能直接接触客观事实,都是通过媒介报道来了解"第二手现实",即使是在新媒体进入公众日常生活的今天,人们在面对重大的社会事件时,仍然依赖媒介提供的信息来了解事件发生的始末和原委。媒介报道新闻的过程,是传播者对新闻事实的选择,即前文所说的"把关",经过信息把关行为,媒介形成了议题。把关贯穿在传播过程中的每一个具体的环节中,从而有意识地为公众构建社会现实。由此可见,传播者日常对信息的选择和传播方式直接影响公众对现实的理解,且设置的议题使一些事实从无数客观事实中凸现出来,公众也往往把这些信息视为重要的问题。另外,公众也会根据信息在媒体中出现的频率来判断议题及背后信息的重要与否。因此,传播者的议题设置很大程度上影响着公众对现实世界的认识和对事实重要性的理解。

值得一提的是,从理论和实践上看,网络传播中的议题设置并没有消失。首先,网络传播的结构决定了网络平台本身就具有议题设置的功能,信息传播扩散速度快,蔓延的区域广阔,对某一事件的报道频率和强度大大提高。另外,在传统媒体的信息传播中是传播者单方面为受众设置议题,受众只是议题设置过程中的客体。而网络平台第一时间告知受众,再由受众传播至微博、微信等自媒体进行二次传播,受众成为议题设置过程中的参与者之一。

二、传播者的权利

传播者的权利可以分为一般性权利和专业性权利。一般性权利指的是根据国家宪法规定,一般公民有权利享受传播活动,比如言论权、出版权、著作权等。《中华人民共和国宪法》第35条明确规定:"中华人民共和国公民有言论、出版、著述、集会、通信、游行的自由。"专业性权利指的是从事大众传播领域工作人员享受的权利,比如新闻、出版、文艺、文化机构、经济与广告传播的专业权利,这些权利包括编辑权、采访权、版权、秘匿权和安全保护权等。

(一)编辑权

编辑权是指传播者对信息进行控制的权利,同时也是一种自控权利,包括决定和实施编辑方针,对信息进行取舍、修改,对信息形式进行制作,对媒介进行管理等。大众传播兴起之后,出现了同人式、任命式、半官方式等不同编辑方式。无论采用哪种编辑方式,绝对独立、自由的编辑权都是不存在的,特别是在阶级社会,编辑权总是反映了不同阶级的利益,是为政治服务的。尽管如此,编辑权仍然为专业传播者提供了足够的空间,同时也要求传播者重视大众传播中的特有规律。

随着网络不断发展,新媒体与自媒体逐渐代替广播、电视与报纸等传统媒体,变成大众获取新闻的主要途径。网络媒体是开放的、互动式的,任何人都享有编辑权,专业传播者的编辑权有所削弱,权利正在逐渐向大众倾斜。

(二)采访权

采访权又被称为知察权,指传播者可以通过正当手段自由采集新闻或进行调查或访问活动的权利。采访权有多重形式:一种是完全由传播者掌握的,传播者可以在法律允许范围之内采访任何人、任何事件,出入任何场所,可以与任何部门接触;另一种是在有限范围和时间内,由编辑部和行政机关联合任命与委托传播者进行的采访权利。重要的是,传播者必须要在法律限定范围内,在行政机关的认可情况下,为大众采集感兴趣的信息,防止泄漏国家机密。

可以说,采访权是职业传播者的最重要权利,记者没有采访权,就无法进行报道,大众也无法行使知情权和监督权。可是若记者在采访中滥用采访权,也会侵犯大众的隐私权,甚至会对社会乃至国家安全造成危害。对于大众传播者的采访权这种重要权利,国家通过进行认证和权利赋予活动,即限量发放记者证等形式来实现管理。

(三)版权

传播者制作出信息产品后,信息产品的复制权(版权)即为该传播者拥有,不经其同意任何个人和组织不得完整地或大量地进行复制。随着公民法制意识不断提高,越来越多的人意识到保护版权的重要性,对版权的保护实际也是对人权的尊重与保护。

随着网络技术的不断进步,在新媒体平台对信息或文章的复制、转发、转载变得易如反掌,传播者对其作品的控制力下降,随之而来的版权问题已经成为传媒业的突出问题,很多转载作品因未注明出处而造成的侵权行为越来越多。新媒体时代,对版权的保护也给传统的司法维权方式提出更高的要求,给立法执法部门带来新的挑战。

(四)秘匿权

秘匿权也叫取材秘密权、消息来源保密权,指的是传播者有对消息提供者的情况实行保密的权利。保密权既是一种权利,又是一种义务,实行秘匿权的目的在于保护消息提供者的人身安全,以免其受到打击、迫害或报复,同时秘匿权也可以保证传播者得到充分且真实的信息来源。秘匿权要求传播者不得对任何人泄漏消息提供者的个人基本情况,也不得泄漏其提供的文件资料等。

任何事物都有两面性,秘匿权也有"副作用",有时会成为传播者制造假新闻的保护伞。尤其是在网络发达的今天,滥用秘匿权引发的虚假新闻日益泛滥。为了防止新闻失真,许多国家制定了专门的法律条文,规定在法庭必要的审讯取证程序中,传播者不得行使秘匿权。英国对广播电视与报刊有着不同的管理制度,对广播电视管理很严格,有多个机构进行不同媒体的监管,而对报纸则没有专门的管理机构进行监督,但对虚假新闻可以向报刊投诉委员会(PCC)和全国记者协会(NUJ)的道德委员会进行投诉。我国也制定了《关于严防虚假新闻报道的若干规定》,以杜绝虚假新闻。

(五)安全保护权

1986年英国进行了一次民意测验,其中的问题是:"你认为最危险的职业有哪些?"测验结果表明,新闻记者这一职业是仅次于士兵、警察之后的最危险职业。以新闻记者为代表的广大大众传播者活跃在矛盾尖锐交锋的领域,必然具有危险性。人类历史上因为进行传播活动而招来杀身之祸的人数不胜数,从早期的布鲁诺等"异教徒",到后来的马克思、列宁等革命家,无时无刻不面临着危险,甚至付出了生命。我国诸如此类的事件也很多,早期的"苏报案"和"沈荩案",章太炎、邹容、沈荩两死一囚;《申报》总经理史量才被国民党特务暗杀;等等。近几年记者在采访中被骚扰、被围攻、被殴打的事件也屡有发生,如震惊国人的洛阳电视台记者李翔采访地沟油被害案,还有《河北青年报》常务副总编辑乐倩在住所楼下被殴打成重伤等事件,更不用说在战火纷飞地带从事一线采访工作的新闻工作者了。

有鉴于此,国际交流研究委员会第90号文件中倡议讨论对新闻人员提供特殊保护。《日内瓦公约》中关于保护国际武装冲突中受害者的附加协议里,就有一项保护新闻人员的条例,规定应将在冲突地区从事专业任务的新闻传播人员视为平民而予以有条件地保护。

1987年,联合国教科文组织通过的《关于大众传播工作的宣言》第2条第4款规定:"保证从事大众传播工作的新闻人员和其他人员在本国和国外都能得到保护,保证他们有进行本职工作的最好条件,是十分重要的。"

2013年11月2日,两名法国记者在马里惨遭暗杀,事件震惊全球,联合国大会当年通过决议,将每年的11月2日定为"终止针对记者犯罪不受惩罚现象国际日",2015年,联合国召开会议,呼吁关注记者安全问题,教科文组织率先推动了"联合国关于记者安全及有罪不罚问题行动计划"的实施。越来越多的国家正在建立新的法律和机制,提高新闻传播者的安全保护。各国的司法系统和安全部队也提高了在安全保护问题上的参与度。

第三节 传播制度

传播制度就是社会制度中对大众活动直接或间接地起着制约和控制作用的部分。传播制度作为一种社会制度的反映,其内容是十分复杂的,它体现了社会制度或制度性因素在各个方面对传播媒介活动的制约和影响。传播制度中既包括媒介与政府的关系问题,也包括媒介与社会群体以及广大受众的关系问题;既包括言论出版的自由与权利问题,也包括言论出版者所应承担的责任和义务问题。

一、《报刊的四种理论》

美国传播学者弗雷德·赛博特、西奥多·彼德森、威尔伯·施拉姆三人合著的《报刊的四种理论》一书中,阐述了四种报刊的控制理论:集权主义理论、自由主义理论、社会责任理论和苏联共产主义理论。四种理论决定了西方世界报刊的形式。

(一)报刊的集权主义理论

这一理论由弗雷德·赛博特提出,他认为从历史上和地理上来说,集权主义理论最有普遍性,奠定了报刊制度的基础。集权主义理论基于从柏拉图到马凯维利几百年来的独裁主义政治思想,认为报刊是国家的公刊,必须对当权者负责;大众媒介统一步调,国家才能顺利地为公众的利益服务。

"当集权主义者注意到公众通信工具的职能时,他已经决定好了政府的基本目的。这些目的不可避免地支配着通信工具在文化和政治方面的态度。像柏拉图一样,他通过自己的推理,得出一个结论:在社会成员中传播消息、思想和意见,必须对完成预定目标具有直接或间接的效果。"集权主义理论认为国家安全高于一切,为了国家的安全稳定,统治者有权对信息流通、新闻传播、言论扩散加以绝对的控制和审查,对违反统治者规定的报刊要加重处罚。

这一理论认为真理是统治阶级智慧的产物,是"依附于权力而存在的",传播媒介的作用是辅助统治阶层自上而下地控制舆论,媒介必须以权力的意志为转移,一切为统治者服务。

法西斯主义宣传是集权主义传播理论的重要表现,当时希特勒和助手戈培尔建立了专门的机构对媒介进行全面检查,查封一切反对派报刊,对媒介进行统一管理,在多年实践中形成了法西斯宣传体系。奉行至高无上的国家意志和领袖意志,传播民族优越感和对外扩张的野心;限制言论自由和新闻出版自由,使人民的思想高度统一,并通过组织和法律上、特务统治的极端措施,强化控制所有报纸、广播、杂志等大众媒介。

集权主义理论出现在特定的历史时期,是特定统治阶层维护自身利益的极端行为,给社会发展和传播带来一定的灾难,遭到许多革命者和思想家的抨击和批判。

(二)报刊的自由主义理论

自由主义理论基于密尔顿、洛克、米尔和启蒙运动,是在封建统治瓦解、资产阶级逐步的崛起中确立的。洛克认为:"权力的中心在于人民的意志,政府不过是受委托办事的人。人民赋予这种权力,同时也可以撤回这种权力。"人天生具有理性,在理性活动的保护下将个人权利交给国家,换取国家保证和维护人的天赋权利,其中宗教、言论、出版自由都是天赋权利的一部分。密尔顿认为人们可以运用理性来辨别正确与否、好坏与否,真理是肯定的、可以表达出来的,真理本身具有"战胜其他意见而存在下来的无可比拟的力量",密尔顿的这种思想形成了现代关于"观点的公开市场"以及"自我修正过程"的概念,人们可以自由地表达思想,真实的、正确的思想会被保存,虚假的、错误的思想会被克服。洛克和密尔顿的思想为自由主义报刊制度奠定了基础。

自由主义理论将集权主义理论中的人和国家的关系颠倒过来了,人不再是受别人主宰的附属品,并能够在面对矛盾的事实或有所选择的时候,有理性地分辨真伪、好坏。寻求真理的权利成为人类的天赋权利之一,报刊恰恰被视为人们寻求真理道路上的伙伴。自由主义肯定公众通信工具在民主社会中的地位,反对政府垄断通信手段,提倡公众不受限制地拥有并管理一套公众通信工具,这样一来政府就不能参与通信过程了,但与此同时也需要公众自己面临通信领域的生存情况。

因此,自由主义理论认为:报刊不是政府的工具,必须不受政府的控制和影响,报刊有权利批评政府和官员的不当行为,并且这种批评是正当合法的;人是具有理性的动物,可以凭借理性来辨别真理,因此必须倾听各种见解,让真理得到生存的空间;坚持个人的权益,主张言论自由和出版自由,任何人都可以不经过政府当局的允许进行出版活动;新闻出版可以不接受第三方的审查,出版内容不受任何强制。

不可否认的是,与集权主义理论相比,自由主义理论是历史的伟大进步,"消除了人们心灵的桎梏,并且为人类开辟了新的远景",但资本主义体制本身又决定了不可能将自由主义原则实施到底,其中经济不平等会造成传播的不平等,通信工具的私人化滥用又影响了媒介的公共性等,自由主义理论也受到了尖锐的批评。

(三)报刊的社会责任理论

这种理论是对自由主义理论的修正,是自由主义理论的"一个新思想的接枝",在20世纪发展起来,反映了现代社会学和现代思想对人类理性的怀疑。社会责任理论基于通信工具的革命及对启蒙运动的哲学的某些行为派的怀疑论点,这一理论的前提是"自由是伴随着义务的;而享有我们政府特权地位的报刊,就对社会承担当代社会的公众通信工具的某种主要职能"。

社会责任理论中所规定的报刊职能基本与自由主义理论下的报刊职能相同,报刊具有六项任务:提供关于公共事务的消息、讨论和辩论;为政治制度服务;启发公众,使他们能够实行自治;主要通过广告的媒介,沟通商品和服务的买卖双方,为经济制度服务;供给娱乐;维持财政的自给自足,使报刊能够不受特殊利益的压迫。社会责任理论既接受报刊为政治服务、启发公众、保卫个人自由,但又认为报刊在执行这些任务时有欠缺;既承认报刊为经济服务,但又不同意将这一任务放置于促进民主和启发公众的作用之上;可以接受报刊提供娱乐,而条件必须是"好的"娱乐;承认报刊需要保持财政上的自给自足,但在必要情况下,个别通信工具不一定要参与市场运作。

其中,由芝加哥大学校长出面组织的新闻自由委员会对报刊的自由现状进行了详细的调查,列举了现代社会对于报刊的五种要求:①报刊须供给"真实的、概括的、明智的关于当天事件的记述,它要能说明事件的意义",意思是报刊必须真实准确,不能报道虚假信息,必须把事件和意见分开,不能混为一谈。②报刊应当成为"一个交换评论和批评的论坛",报刊的控制权本身掌握在少数人手中,少数的传播机构就需要传递公众的讨论意见。③报刊要正确描绘出"社会各个成员集团的典型图画",通信工具需要尊重民族情绪、种族集团和宗教集团的敏感。④报刊要负责"介绍、阐明社会的目标和美德"。⑤报刊要便于公众"获得当天的消息",公众有权获得最近的消息,报人也要怀有这种责任感。

另外,委员会认为改进报刊的实践需要报刊、公众和政府三方面来完成。报刊在提供信息的内容、数量、质量时,要增强职业精神;公众对报刊有一定的义务,如非营利机关应帮助报刊执行任务等;政府承认报刊作为私人所有的商业,并可以施行鼓励人民创办新的通信工业等措施,这就意味着政府不仅允许自由,还须积极促进自由。

和自由主义理论相比,社会责任理论又前进了一大步。自由不是无限度的,提倡积极的自由的同时不排斥政府在必要时刻进行媒介干预。但同时社会责任论只是自由主义的一种修正,没有从根本上消除资产阶级媒介运行中的矛盾,也没有完全克服自由主义的种种缺陷,在追逐商业利益和承担社会责任之间仍然有着一条无法逾越的鸿沟。

(四)报刊的苏联共产主义理论

苏联共产主义理论是基于马克思、列宁、斯大林和苏联共产党的专政,这一理论是由施拉姆提出,分析以苏联为代表的社会主义国家的新闻传播制度,他认为共产主义理论实际上是集权主义理论的变种。其主要目的在于巩固苏维埃政权,媒介应该受到政府的控制,且媒介归国家所有,应接受国家管理。

概括而言,以苏联为代表的社会主义国家的传播制度具有以下几方面的原则和规范:①传播媒介和传播资源是国家的公有财产,不允许私人占有;②传播媒介必须为工人阶级服务,必须接受工人阶级先锋队——共产党的思想和组织上的领导;③媒介必须按照马列主义原理、社会主义的意识形态和价值体系来传播信息,宣传、动员、组织和教育群众;④在服务于社会总体目标的同时,媒介应该满足广大群众的愿望与需求;⑤国家有权监督和管理出版物,取缔反社会的传播内容。由于苏维埃政权的社会主义性质,这一理论被许多学者推广成为社会主义传播制度理论。

上述报刊的四种理论的基本主张和特点,对比其异同之处,可归纳如表5-1所示。

表 5-1 《报刊的四种理论》主张对比

理论	享有新闻自由的主体	媒介所有权	主要目的	媒介功能	管理办法
集权主义	独裁统治者；政府特许的个人	政府；政府特许的个人	统一思想，消灭反对意见；巩固和扩张政权	传播统治者认定的"真理"；传达政令	特许出版制；新闻检查；煽动诽谤罪；"知识税"和津贴报纸；政府发行官报；贿赂记者控制舆论
自由主义	资本家	资本家	建立"意见的自由市场"；成为"第四等级"，监督政府	提高人民文化水平，服务于民主政治；保障人民自由权利	极端自由主义；完全放任自由竞争；反对任何干涉
社会责任	具有社会责任感的媒介从业者	资本家；政府；社会团体	建立"意见的自由市场"，保障每个人的言论自由，维护公众利益	提高人民文化水平；服务于民主政治；保障人民自由权利；促进经济发展；提供高尚的娱乐	媒介专业化；成立媒介评议会；政府制定法规，以保障新闻自由；提倡新闻自律
苏联共产主义	共产党及其领导下的政府	共产党及其领导下的政府	统一思想，巩固政权，促进社会发展，实现社会主义制度	充当集体的宣传者、鼓动者和组织者；开展批评和自我批评	由共产党及其领导下的政府运作，各级党委宣传部负责管理同级媒介；上级对下级媒介实行批评和监督

二、阿特休尔的媒介体系

施拉姆等人的《报刊的四种理论》作为经典的媒介理论著作一直未曾遭到质疑，然而自1971年开始，相继有几位学者对此进行了补充和修正，其中有美国学者拉尔夫·洛温斯坦和约翰·梅里尔在四种理论基础上提出"五种理论"；美国学者威廉·哈希顿增加了"第三世界的媒介理论"；英国学者丹尼斯·麦奎尔提出了"六种理论"；到了1984年，美国学者阿特休尔的著作《权力的媒介》的问世，打破了学界对经典理论风平浪静式的讨论。阿特休尔认为不应将媒介制度断定为好或者不好，"无论是过去还是现在，新闻媒介都没有展现出独立行动的图景，而是为那些所有者和经营者的利益提供服务"，媒介从来都没有摆脱政权的控制。由此，阿特休尔认为新闻媒介的自由和独立是不可能的。

阿特休尔从政治、经济和文化状况出发，分析了世界范围内不同的新闻体系，把世界的媒介体系划分为三种模式，认为全部媒介都是"由多种不同主体和旋律组成的交响乐"，其中"每一乐章都包罗了新闻媒介所处环境的全部现实，包括历史的、政治的、社会的、文化的，还有心理的现实","市场经济代表第一乐章,马克思主义和进步中的世界分别代表第二、第三乐章。或许我们还可以用地理概念来命名,如西方乐章、东方乐章和南方乐章"。根据阿特休尔形象的比喻,我们将其三个乐章分别称为西方媒介体系、东方媒介体系和南方媒介体系。

我国传播学者邵培仁在《传播学》中对三种媒介体系有如下详细介绍:

西方媒介体系

这是市场经济世界的媒介体系。新闻事业的目的是,教育人民正确地投票选举,以此来捍卫社会秩序;要求大众追求真理,善尽社会责任;以非政治方式告知新闻;公正地为大众服务,支持现存的资本主义制度;但媒介本身又作为监督政府的工具。西方新闻传播者信守的原则是:媒介不受外界干涉;为公众的知晓权服务;要力求反映真理;要公正客观地报道世界。他们认为:新闻自由就是记者的活动不受外界控制;新闻媒介也不屈从于权力,不受权力操纵;甚至新闻自由本身也不需要国家新闻政策来保证。这一体系中的传播者和理论家总以为他们的媒介体系是最好的。

东方媒介体系

这是指马克思主义世界的媒介体系。在这一体系中,新闻事业的目的是教育人们正确地为人处事,并以此来捍卫社会制度;要求人们寻求真理,善尽社会责任;以政治方式教育人们并争取盟友;要求人们拥护社会制度;在重大问题上,要求统一观点,协调行动。东方媒介体系中的新闻工作者有责任帮助人们改变错误的意识,并教育工人使之具有阶级觉悟;媒介努力满足人民的客观需要,客观地报道世界的变化,并促进社会变革。在对新闻自由的认识上,这一体系认为,新闻自由不仅仅是富人的意见表达自由,而应是全体人民自由发表意见的自由;新闻自由必须建立在反对或没有压迫和剥削的基础上;为确保新闻自由的正确实施,需要推出一项国家性的新闻政策。这一体系中的决策者们较为重视新闻媒介的政治功能,而一般不太重视其商业功能。

南方媒介体系

这是指第三世界或欠发达国家的媒介体系。这一乐章"在全部三个乐章中最公开、最直接地把新闻媒介当作教育的工具"。新闻媒介既被用来捍卫社会制度,又被用来改造社会制度,具有雄壮有力、变革创新的特点。媒介以政治方式教育人民服务于真理和社会,与政府合作,为各种有益的目的和和平的事业进行变革发展。新闻传播者对新闻事业的信念是:新闻媒介是一种团结稳定的力量,是一种有益于社会变革、经济发展、社会公正的工具,是传播者与受众交流思想、沟通信息的双向传播工具。第三世界的人们认为,新闻自由意味着新闻传播的心灵自由,其重要性仅次于国家存亡,因此,需要一项国家性的新闻政策来对自由提供合法保障。这一体系较重视媒介对发展经济和社会变革的作用。

由此看出,阿特休尔将论述重心放在新闻媒介和社会政治结构的关系上,认为新闻媒介是统治者用来维护其统治和制度的手段,通过媒介施行社会控制。他大胆地提出独特的与《报刊的四种理论》相反的意见,对后来的传播制度研究有较高的参考价值。

三、中国的社会主义传播制度

社会主义的传播思想建立在辩证唯物主义和历史唯物主义的基础上,接受并发展了马克思、恩格斯、列宁、毛泽东等无产阶级思想家的相关论述。我国的传播制度的建立参考了苏联的传播管理模式,核心目的是维护中国共产党和国家的政治需要,确保我国宣传思想文化的安全性,经历了从计划经济体制转向市场经济体制的变化,并逐步适应当今构建中国特色社会主义社会的目标的建设。目前,"审批制度、主管主办制度、行业管理制、属地管理制构成了我国传统媒体管理的四大制度"。

我国的社会主义传播制度和基本的规范主要有以下几个方面内容:①作为社会主义国家,中国的新闻传播事业实行社会主义公有制;②中国社会主义新闻传播事业是中国共产党领导下的传播事业,必须在坚持党性原则的同时,坚持党性与人民性的统一,二者不可分割;③社会主义新闻传播事业执行报道新闻、传递信息、引导舆论、提供娱乐等多方面的社会职能;④社会主义新闻传播事业具有重要的经济功能。

媒介的发展方向取决于媒介制度。随着单一媒体向融合媒体转变的加速,融合媒体时代传媒制度也将变迁。在传统媒体时代,媒介和媒体是分开的,如报纸和报社、电视与电视台、收音机与广播台等,而新媒体却将媒介与媒体合一,新媒体可以直接实现传统媒体的所有功能,"完成了从媒介到媒体的变迁,媒体的功能获得提高"。有学者谈到,在产权方面,我国传统媒体的产权是归国家所有的,而新媒体的产权却可以成为私有的。新媒体具有相对自由的生产、制作、传播信息的能力和权利,专业媒体的行业特征逐渐消失了。

然而任何自由都是有限度的、有条件的,新媒体获得了传播自由权利并不代表我国的社会主义传播制度发生了动摇。面对日新月异的传播事业,我国的传播制度必然会有相应的调整,在符合我国国情的条件下,需要无数新闻传播者不断地实践和总结,新的传播制度也需要更好地为维护国家发展和社会稳定服务。

第四节 传播控制与文化帝国主义

一、大众传播的社会控制方式

大众传播对社会的影响是巨大的,深入到了人们生活的方方面面,作为一种社会力量,也必然要受到社会的控制。传播的社会控制是社会上各种因素与力量对大众传播实施的控制,传播的社会控制是广泛存在的。

(一)政治控制

政治控制主要体现在国家和政府通过体制化的手段,对传播方式、路径进行行政管理,这也是传播控制的主要方面。通过规定传播体制,制定相关法律、法规和政策来保障传播活动,为国家制度、意识形态和国家路线、目标的实现服务。

政治控制一般包含如下三方面：

(1)规定传媒组织的所有制形式。这是确立传播体制的前提。政治制度和经济制度决定了传播所有制形式，如西方资本主义国家的媒介所有制分为私有制和公有制，印刷媒介一般采用私有制，受政府控制较少，而对电子媒介的控制相对严格；社会主义国家的电子媒介基本都采用公有制形式。

(2)对传播媒介的活动进行法制和行政管理。在政治控制中，法律的控制是刚性控制，政府一般采取限制、管理、协助和参与四种方式对传播机构的活动进行控制管理，用以规范媒介传播活动，合理分配资源。

(3)限制或禁止某些信息的传播。这一点也是法律刚性控制的其中之一，政府禁止媒体传播危害国家安全的相关信息，禁止捏造事实进行诽谤，禁止泄露国家安全机密，禁止对人们名誉和隐私的侵权行为，禁止散布淫秽内容和非法出版物等。

政府对媒介传播活动进行的政治控制，并不是只有限制的方面，还有积极的扶持方面，其最终目的是为传播活动的进行提供良好的运作环境，更好地保障人民的言论自由，保障传播活动更加健康地发展。

(二)经济控制

不同传播制度下，经济力量对媒体的控制影响也不尽相同。世界最大的新闻广播机构——英国广播公司(简称 BBC)是受英国政府财政资助的公营媒体，财政相对独立。BBC 的经费大部分是收视费，少部分接受广告费来缓解财政压力，因而 BBC 受到的经济力量对其影响和控制较少。而美国福克斯电视网则是典型的商业力量控制下的媒体，在商业利益的驱使下，福克斯电视网的传播通常是以实现广告主利益最大化为原则的，这使文化成为一种消费品，受众注意力也成为一种商品。我国中央广播电视总台属于公有制媒体，但运营资金大部分源于广告收入，经济力量促使央视不断推陈出新，提高节目质量，一方面要履行政治责任，另一方面要实现经济效益，还需做社会的守望者。随着媒体融合的发展，经济力量对央视的影响也日趋明显，未来在这三方面如何取得平衡，是我国媒体面临的巨大挑战。

(三)舆论控制

受众对媒体的影响是大众传播的社会控制的重要方面，"受众是大众传播的使用者，他们要求媒体能实现其承担的社会职能，能够为他们提供足够的信息服务"。尤其随着互联网技术突飞猛进的发展，各种自媒体风生水起，"传播者中心"到"受传者中心"的格局变化赋予了民间舆论场新的话语权，变革了传统媒体与官方媒体一统天下的舆论格局。社会舆论对传播有重要的制约作用，媒体传播和弘扬本民族优秀文化会得到舆论一致的赞赏，传播虚假的、违背道德的信息或价值观也会遭到舆论的批评和反对。舆论控制的监督力是社会良知的表现，是受到政府支持的。

受众的文化心理结构也对大众传播起到制约作用。人们在长期文化积累的基础上形成了特定的文化心理结构。人们对社会的认识和表达会形成一种社会情绪，在特定事件发生后可能会形成舆论合力，影响着大众传播活动的进行。如网民常指某个新闻中措辞存在"地域黑"，给某地区的人带来不良影响，甚至某些词句有民族、地域歧视的色彩，实际上都与受众的集体潜意识相关，传播者在传播此类内容时就需要格外谨慎，需要更多考虑受众的民族文化心理和地域文化心理。网络传播中还存在"泛政治化"现象,似乎任何事件经过一些网民的分析,都能和政治"扯上关系",这与受众话语权突然增强所形成的特殊心理息息相关,大众传播更需要了解受众的心理变化和社会情绪,及时对受众进行舆论引导,消除受众的焦虑心理和不安情绪。

二、媒介内部的自我控制——"把关人"理论

"把关人"的概念是由传播学奠基人之一库尔特·卢因于1947年在《群体动力学的新领域》一文中首次提出的:"信息总是沿着包含有'门区'的某些渠道流动,在那里,或是根据公正无私的规定,或是根据'守门人'的个人意见,对信息或商品是否被允许进入渠道或继续在渠道里流动做出决定。"他通过食物如何经过渠道进入家庭来解释"把关"的概念。卢因认为信息的传播网络中布满了把关人,这些把关人负责把关,过滤信息的进出流通。

威尔伯·施拉姆给我们提供了一个非常典型的把关案例:美国一家通讯社的国内部发出的新闻稿,经过主管全国广播的主任、编制州专线新闻的主任、设计版样的新闻编辑、选择读哪条新闻的读者的层层"把关"之后,大约98%的内容都被扔掉了。

把关是传播过程中必然发生的行为,之所以要对信息进行把关,主要因为以下几点原因:①信息的差异性。客观世界中充斥着无数的信息,它们之间在属性、作用等方面差别很大,必然要对这种杂乱繁多的信息进行筛选和过滤。②传播目的的差异性。传播者的行为都是在一定目的的支配下进行的,传播目的不同,就必然会分别选择能满足其特定目的的信息。③受众的差异性。受众之间差异巨大,其需要、心理相去甚远,选择不同的信息可满足不同受众的不同需要。

新媒体时代的到来,令传统媒体的传播格局发生了翻天覆地的改变,信息的来源更广阔,受众不再被动接受把关人所提供的信息,受众可以根据自我喜好或者需要进行内容的选择,有着参与加工信息、传播信息的权利,从职业传播者手中"夺走"了一部分"话语权"。那么,网络传播中职业传播者是否还具有"把关"功能?网络对大众传播的冲击和影响持续升温,新媒体时代把关人应该如何进行角色转换呢?这已经成为职业传播者的一项艰难而必要的新任务。

网络使人们摆脱了对传统媒体的依赖,给人们提供了翱翔在海量信息中的自由,似乎意味着"把关"的减少;然而对于普通网民来说,庞杂、碎片化的信息使人们很难有精力与时间去甄别信息的真伪与是否有效,从这个意义上说,网络时代职业传播者的把关人角色需要强化,这对职业传播者的专业水平和职业素养也提出了更高的要求。新媒体需要更加细化的分工,专业媒体能够提供比以往更多的信息,这些信息在传递给受众之前,也必须是加以选择的,否则将会导致信息的鱼龙混杂,为虚假信息提供了温床,结果必然会造成专业媒体的权威性和信用度下降,最终走向失败。

在网络传播中,到底谁的"把关"功能被削弱了呢?新媒体在竞争中获得了一部分话语权,与传统媒体的专业审查程序相比,新媒体的信息发布显得"轻而易举",很大程度上摆脱了审查的控制。实际上,新媒体所分散的"把关"权力是政府的"把关"权力而不是专业新闻传播机构的权力,新媒体受到政府直接的控制力相对减弱了。面对这种情况,政府也会采取一些"补救"措施来进行侧面"把关",确保网络新闻传播的安全和自身地位,如在政策和资金上给予一些重

点网站以支持,来贯彻实行政府的传播意图,或加强网络基础设施建设,推动本国在网络中的信息传播,传递本国声音。另外,针对网络传播的"把关"技术也不断进步,从最常见的"删帖""敏感词屏蔽""封杀"到网络舆论引导。但说到底,技术的控制容易挣脱,当网民开始享有更多的话语权,也需要用更高的道德素养来进行自我约束,提高自身媒介素养。除了软性要求,还需要政府及时制定相应的法律法规,制约网络中的各种诽谤、侮辱、人身攻击等违法现象。

三、文化帝国主义

文化帝国主义最早出现在20世纪60年代,以法兰克福学派为代表的激进主义对二战后西方文化侵略进行批判,认为西方文化通过大众媒介进行传播是意识形态控制的新形式。在面对西方大国与发展中国家之间文化关系问题上,"文化帝国主义"的概念出现了。关于文化帝国主义的理论研究主要集中在概念界定、西学语境下文化帝国主义理论研究、文化帝国主义与中国核心价值体系的背离等。

文化帝国主义思潮的思想来源主要有列宁的帝国主义理论、葛兰西的文化霸权理论、法农的后殖民主义批判理论、法兰克福学派文化工业批判理论以及福柯的权利话语理论等。

列宁的帝国主义理论在《帝国主义是资本主义的最高阶段》一书中进行了详细论述,列宁对资本主义发展阶段进行了总结和概括,给帝国主义下了如下定义:"帝国主义是发展到垄断组织和金融资本的统治已经确立、资本输出具有突出意义、国际托拉斯开始瓜分世界、一些最大的资本主义国家已经把世界领土瓜分完毕这一阶段的资本主义。"列宁关于帝国主义的论述体现出帝国主义是资本主义的垄断阶段;帝国主义是寄生的、腐朽的资本主义;帝国主义是垂死的资本主义。帝国主义作为资本主义发展的最高阶段和最后阶段,终究只能是一个过渡性发展阶段,实质上是走向灭亡。列宁在书中做出著名结论,即"帝国主义是无产阶级社会革命的前夜"。

葛兰西文化霸权理论是葛兰西在分析资本主义社会时所得出的概念。他认为文化霸权是资本主义社会中统治阶层通过对文化和思想领域进行控制来实现使被统治者认同,这种非强制性的手段与强制性的国家机器不同,统治阶层将其意识形态和主导价值标准通过舆论宣传或潜移默化灌输给被统治者,以强化其领导权力,建立一种文化霸权。葛兰西的文化霸权理论对萨义德的文化帝国主义思想的形成有重要的借鉴意义。

法农作为一位作家,在其著作《黑皮肤,白面具》《全世界受苦的人》中对近现代殖民主义侵略给受压迫种族造成的心灵创伤进行了抨击,得出了对殖民主义文化的一个判断:"一切被殖民的民族——即一切由于地方文化的独特性进入坟墓而内部产生自卑感的民族——都面对开化民族的语言,即面对宗主国的文化。"殖民主义霸权式的控制,以及文化殖民、文化入侵等手段让被殖民者"自愿"接受与认同其殖民思想,从意志和精神上麻痹被殖民者,彻底掩盖了被压迫民族的自由意志与合法存在。他认为,只有通过暴力革命才能够真正摆脱殖民压迫,夺取民族解放。

文化帝国主义是西方后殖民语境下的文化批判理论。在关于后殖民主义的论述中,福柯的权力话语理论为揭露文化帝国主义的实质提供了新的思考之路。他将权力与话语结合起来,权力存在于知识之中,是知识的本质,知识是权力用来扩张控制的工具,知识披着真理的外衣,掩藏着包裹在知识下的统治者的真实意识形态。

萨义德在著作《东方学》中对后殖民主义进行批判，主要根据葛兰西文化霸权理论和福柯的权力话语理论，分析了西方帝国主义对东方殖民侵略的方式，揭露出作为权力的文化如何进入殖民统治中，讨论了文化权力的作用和影响，批判东方主义文化霸权。在另一本著作《文化与帝国主义》中，萨义德将视角直接放置在文化与帝国主义实践的关系上来探讨文化帝国主义的实质，阐释文化控制与知识权力的关系，认为文化是"帝国主义物质基础中与经济、政治同等重要的决定性的活跃因素"，文化与帝国主义二者相互依赖。他的观点动摇了经济决定论的地位，带给学者们关于后殖民主义文化的思考。

美国传播学者赫伯特·席勒是文化帝国主义理论的主要倡导人之一，他深受法兰克福学派的影响，对美国媒介文化产品在海外的扩张持强烈批评态度。他在其著作《大众传媒与美利坚帝国》中，通过批判权力在大众传媒与信息技术领域中的运用，对美国媒介文化产品肆虐海外进行了详尽的分析。虽然在此书中席勒并未使用"文化帝国主义"这一概念，但实际已经涉及文化与帝国主义之间敏感的关联问题。席勒在《传播与文化统治》一书中，首次使用了"文化帝国主义"这一术语并对其进行界定，描述了发达国家对发展中国家的文化控制，"文化帝国主义"概念最好描述为这样一系列过程的总和：一个社会被卷入现代世界体系中，其统治阶层如何被吸引、推动、强迫，有时甚至被贿赂，从而塑造出在这个现代世界体系中符合统治中心的价值观和结构，以宣扬价值观和结构。可以说，在20世纪90年代初，席勒已经意识到美国的大众媒介产品随着全球化进展在全球范围内开始播种，并揭示出这种趋势的未来图景——"美国媒介帝国"。

而另有学者也不认同将"文化帝国主义"与"媒介帝国主义"二者混为一谈，更强调"文化帝国主义"是一种文化霸权，"文化帝国主义这个概念是说，全球文化多多少少倾向于成为一种霸权式的文化"。媒介在确立霸权的过程中起到很重要的作用。英国学者汤林森在《文化帝国主义》一书中对先前学者所述的文化帝国主义定义做了两种对比性评述：一种是强调经济权利是虚的，其运作是服务于文化支配的；另一种认为文化权利是虚的，其真实作用是服务于经济支配的。汤林森认为给"文化帝国主义"下定义是很困难的，需要经过话语分析来得出结论。他将文化帝国主义分为四个层次——媒介帝国主义、民族国家话语、批判全球资本主义话语以及对现代性的批判——来加以解析，提倡以全球性的眼光来看待文化帝国主义，他认为这是进行现代性批判的关键所在。

法兰克福学派的传媒批判理论揭示了大众传媒意识形态本质。他们认为媒介是完全受国家权力控制的，是"意识形态国家机器"，是国家的"话筒"。因此，在发达国家进行文化扩张文化侵略时，媒介就是有力的武器。

也有学者认为，作为一种研究方式，政治帝国主义、商业帝国主义和文化帝国主义是从功能上对帝国主义进行划分的一种方式。政治帝国主义通过军队和强权政治达到侵略他国的目的，商业帝国主义通过经济掠夺和产品倾销控制他国经济，文化帝国主义的实质是西方国家通过输出其文化产品、渗透其文化思想来达到控制发展中国家人民思想意识的目的，进而将发展中国家变成它的殖民地。

我国学者李彬在《传播学引论》一书中，认为文化帝国主义通常包含两层含义："一是指与帝国主义全球扩张有机结合的一类文化现象，如宣扬或隐含西方意识形态的大众传播、消费主义的生活态度和生活方式以及由此引发的其他文化传统的瓦解和民族认同危机等，这层含义侧重于事实范畴。另一层含义是指解析这种现象的一整套思考角度、学术探讨、理论观点、价值取向及研究方法等话语体系的总称,其中特别着意于解析大众传播媒介的关键性作用和决定性意义,所以文化帝国主义常常也被等同于媒介帝国主义,这层含义侧重于认识范畴。"

文化帝国主义,实际上是一种全方位、多层次、潜移默化的宣传方式,也是一种强大民族的文化渗透方式。美国作为当今世界的超级传媒大国,能够影响到全球舆论,技术的发展为文化帝国主义的蔓延推波助澜,从早期的可口可乐系列广告,到肯德基、麦当劳等快餐里的薯条、汉堡,再到NBA塑造的超级体育明星等,媒介所提供给人们的文化产品的类型也越来越多,如美式英语、摇滚乐、好莱坞电影、美剧、圣诞节或万圣节礼物,这些文化产品影响着我们的生活消费和审美观念,仿佛被美国文化"施了咒语",强制解构了本国的文化,甚至人们已经形成了新的文化认同感,从文化侵略的角度来说,这是资本主义殖民统治的新表现。当代文化帝国主义是指帝国主义国家为保护本国安全,以强权政治和经济实力为后盾,利用广播、电视、新闻出版、影视音像等大众媒介产品以及文化、信息产业等形式对发展中国家的国人进行精神主宰、支配、统驭和控制,以达到军事殖民主义和经济殖民主义难以达到的目的。

在当今网络信息高速发展的时代,出现了更多新的依托于网络的社会文化形态,如网络文化、手机文化,伴随着Facebook、Twitter、微博、微信等社交媒体,微视频以及客户端的发展,以更快捷、更广泛、更低廉的优势在全球范围传播。文化帝国主义逐渐在网络中渗透开来,掌控新媒体话语权,使西方资本主义思想的侵蚀性扩大化。美国学者弗兰克·卢斯夏诺在《数字帝国主义与文化帝国主义》一文中引用一段文字:"我认为网络在某一方面确实暗含着文明的巨大冲突,但是我认为这并不是一个有关帝国主义的论题……我认为美国统治着这个变动着的世界的文化影像、信息和宗教信仰的事实是不可争议的。近来,你随处可以看到辛迪·克劳馥或者《风中奇缘》的头像盯着你,随处可以听到麦当娜和迈克尔·杰克逊有关世界失序的音乐,就如同在苏联你可以随处看到列宁的头像一样。那可能是一种文化帝国主义……"他探讨了核心国家的媒体信息是否包含意识形态内容,认为意识形态在网络中被做了新的安排,可能会通过沟通结构或者交流文法来发挥威力。

面对西方资本主义国家强大的文化控制,我们必须要认清文化帝国主义的实质,抵制文化殖民,批判地吸收、融合外来文化,建设中国特色社会主义文化,弘扬民族文化精髓,树立民族文化自信,警惕文化渗透。我国媒体和传播者须坚持用马克思主义理论来武装自我,教育人民,传播正能量,为人民树立中国特色社会主义的共同理想。

思考题

1. 传播者的特点有哪些?
2. 传播者享有什么样的权利?
3. 《报刊的四种理论》中提到的四种理论分别是哪些?
4. 大众传播的社会控制有哪些方式?
5. 何为文化帝国主义?文化帝国主义的实质是什么?

第六章

传播的信息、符号及相关理论

"信息"是在中国新闻传播研究和实践中占有核心地位的概念。早在20世纪80年代,我国著名的新闻史学家宁树藩教授就明确提出,新闻是经传播的新近事实的信息,信息因此可以视为新闻的属概念。根据复旦大学新闻学院童兵教授出版的《20世纪中国新闻学与传播学:理论新闻学卷》可知,20世纪大多数新闻学者都比较认同"新闻是新近发生的事实的信息传递"。信息概念的引入更被复旦大学李良荣教授称为20世纪70年代以来中国新闻改革的"第二次跨越"。"信息"已经成为新闻传播研究,尤其是新闻学研究的关键词之一。传播活动要想顺利地进行,就必须借助符号,符号则是信息的主要载体。

本章将重点讨论信息的概念及发展、信息相近概念的比较、信息的基本特征、信息的基本类型、信息的基本功能、符号概念及理论等内容。

第一节 信息的概念及发展

信息科学(包括信息论)的创立与发展促使信息步入科学的舞台,并与物质和能量鼎足而立。信息科学的兴起与流行直接导致以信息、能量和物质为中心的现代科学观取代传统的以物质和能量为中心的自然科学观,力量型的科学也由此演变为智慧与力量相结合的科学,而以解放人类体力劳动为目标的传统科学也因此逐渐转变为以解放体力和智力劳动为目标的现代科学。自20世纪40年代末美国贝尔电话研究所的数学家香农创立信息论以来,信息及相关术语得到相关领域的广泛关注和应用,并对人类生活观念产生了深刻的影响。20世纪七八十年代以来,信息理论的影响已经超越其发源地——通信领域,被其他学科广泛应用,大有成为一种普遍起作用的科学方法的趋势。在这种背景下,来自不同领域的科学家都试图运用信息论的相关知识和理论来探讨本领域的具体问题,以期推动本领域相关研究,并取得相应突破。信息论的跨学科应用也直接导致信息定义呈现出百花齐放、百家争鸣的局面。为更加全面地理解信息的概念及发展,接下来将重点介绍信息论和控制论在信息方面的核心观点与贡献,在列举和分析部分具有代表性的定义后,对已有的信息界定进行整合梳理。

一、信息论和控制论

从现有的传播学教材来看,信息论和控制论被视为技术信息论,并与随后的语义信息论和效用信息论一起成为信息研究的重要组成部分。其中,香农-韦弗所提出的信息传输模式更是成为讲授传播学基本要素的范本。

(一)香农的信息论

克劳德·艾尔伍德·香农(Claude Elwood Shannon,1916—2001)1916年4月30日出生于美国密歇根州,1940年在麻省理工学院获得数学博士学位和电子工程硕士学位,并于1941年加入贝尔实验室数学部。香农和韦弗1948年10月发表于《贝尔系统技术学报》上的论文 *A Mathematical Theory of Communication*(《通信的数学理论》)被视为现代信息论研究的开端,香农也被称为"信息论之父"。

在信息论的奠基性作品 *A Mathematical Theory of Communication* 中,香农指出通信的关键问题在于如何使得报文在一点和另外选择的一点上精确地或者近似地重现,即报文的再生。通信的数学理论的核心在于通过公式化的形式解释通信理论,将关注点聚焦于如何实现信息的最有效传输,是香农在数学与工程研究上的顶峰。香农在这篇论文中首次引入"比特"(Bit)这个术语。这篇论文最大的贡献不仅在于提出了通信系统的线性示意模型,还标志着信息论这门学科的诞生。

信息论作为一门科学,主要是综合运用概率论、代数和数理统计的方法考察广义的信息传输,提取和处理系统中的一般性规律。该理论是香农在20世纪40年代末期,将客观概率信息作为主要研究对象,以通信的信息传输问题为具体切入点,总结和提炼而形成。香农信息论也被学界称为狭义信息论或经典信息论,其核心内容包括如何测度信息、信道的容量研究,如何最优化信源编码系统和信道编码系统等。总体而言,香农信息论的研究范畴涉及信源到信宿的全部过程,注重信息发送端和接收端的联合最优化,并将重点放在编码环节。在此基础上,香农主张,即使在干扰存在的情况下,如果对需要传输的消息进行恰当的编码和解码,也能够准确或近似地再现传输的信息。

总体而言,香农信息论的核心内容可以浓缩为一个核心概念和三个基本定理,即信息熵的提出和三个编码定理。具体来看涉及:①主张信息是用来消除不确定性的东西,并提出以熵、互信息(mutual information)等作为其度量公式;②确立了一些重要的性能边界参数,包括信源最优的信息输出量、在满足特定失真要求的基础上所需传递的最小信息量、信道可能通过的最大信息量等;③提出和创建了一批至关重要的编码定理,在理论层面指出了到达上述性能边界应该遵循的信息处理的基本方法和核心原则。图6-1展示了香农信息论的体系结构。

在香农的信息论体系结构中,他和韦弗共同创立的信息传输的线性模式受到传播学者的广泛关注。图6-2所示即为香农-韦弗的通信数学模式。信息传输系统通常由信源、信道和信宿三个核心部分构成。信源是生产消息的系统,消息既包括文字和语言,也包括图像等。信宿是消息的最终归宿,涉及消息的接受。信道通常是指消息传输的通道,其核心功能在于把负

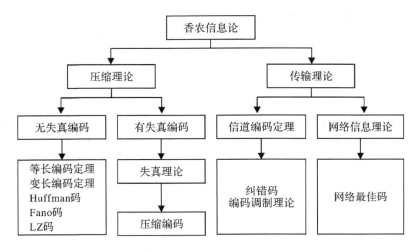

图 6-1 香农信息论体系结构

载消息的信号从发射端传输到接收端的媒质或通道。通常来说,信道包括电缆、波导、光纤和无线电波传播空间等。图 6-2 中编码器和译码器的功能在于将消息转换成易于传输的形态。具体来说,编码器的作用在于把由信源发出的消息转换成适合信道传输的信号。编码器通常涉及信源编码器、纠错编码器和调制器等设备。译码器(又称解码器)是编码的逆变换,其功能在于从受到各种因素干扰的信号中最大程度地提取出有关信源传出消息的信息。干扰源主要是指在信息传输过程中各个系统其他部分所产生的噪声,主要集中在信道环节产生影响。

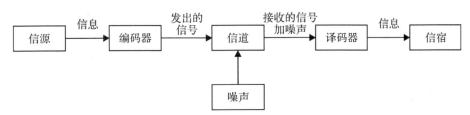

图 6-2 香农-韦弗通信数学模式

需要指出的是,香农考察通信的数学模式时,关于信息的定量研究只考虑到语法层面的信息,而并未考察语义层面的信息。事实上,香农本人也认为通信的语义层面的问题并不是工程方面应该考虑的,其与工程问题的关系并不大。相反,更为重要的是如何将我们所需要的消息从各种可能的消息集合中选择出来。从这个意义上来看,香农的经典信息论或狭义信息论可以称之为技术或机械传播的理论。对于他们来说,信息概念应该视为典型的工程学概念。因此,香农更多的是从工程学方面谈论信息,聚焦的是消息的传输和接收,而不是从符号学的维度研究信息,对消息的意义也并不关心。进一步来说,工程传播作为信息概念的诞生地,更多的是关注如何确保传输的有效性与准确性。香农在其著作中对三种层次的传播问题进行了区分:①技术层面的传播问题,即如何准确地发射相应的传播符号;②语义学层面的传播问题,即如何确保被发射的符号能够准确地传递意图中的意义;③效果或行为层面的传播问题,即如何确保被接收的意义和符号有效地以意图中的方式影响行为。在上述基础上,香农本人在研究中指出,其数学的传播理论只与技术层次的问题打交道。

香农所提出的单向传播行为模式在很大程度上确定了传播学的学术领域和学术范畴。与其他理论所做的概念化工作相比,它相对来说更适合于作为传播学的范式,因为它为传播行为中的关键构成要素(信源、信息、信道、接收器)提供了相对单一和易于理解的明确的说明。根据该模式,传播学研究者可确定传播行为中的具体研究领域,如信源变量(诸如可信度)、信息变量、信道变量(诸如大众媒体与人际信道)和接受者变量(如受众个体的可说服性)等。基于此,香农在信息层面所做的工作被传播学(以及其他学科)学者广泛采用。事实上,从历史的角度来考量,香农的狭义信息论是推动传播研究发展的重要刺激性因素。它通过数学的方式将从前相对模糊的信息概念变得具象化,把信息概念从涉及认识和传播术语的各种学科的有冲突的要求中解放出来,赋予传播和信息过程的研究以合法性。

(二)维纳的控制论

控制论是涉及自我控制系统的理论,该理论以"反馈"概念为基础,核心观点在于人们可以通过对特定系统前期运行的具体情况的掌握,来判断和控制该系统的未来行为。诺伯特·维纳(Norbert Wiener,1894—1964)被尊崇为"控制论之父"。1948年维纳出版著作《控制论:关于在动物和机器中控制和通信的科学》,标志着控制论作为一门新兴科学的诞生。维纳通过跨学科的视角将机器系统(信息、反馈)和生物系统(自组织、自适应)的相关概念有机结合起来,从而创建了一套适用于作为联结各学科纽带的共同语言、概念、模型和方法。在此基础上,控制论作为一门跨生物和机器等不同领域的横断学科便独立形成,并迅速发展和取得举世瞩目的成果。维纳所创立的控制论在传播学的发展史上同样具有重要的影响,其在若干重要的方面推动了传播学的发展,如广泛影响着由互动论的传播学者所组成的帕洛阿尔托学派。相对于香农的信息论来说,维纳的控制论更加关注接收端,重点研究信号在传输过程中受到某些因素(如噪声、非线性失真等)干扰时,如何在接收端将其恢复和再现,进而从干扰中准确地提取出来。在此基础上,维纳创建了最佳线性过滤理论(维纳滤波器)、统计检测与估计理论和噪声理论等。

控制论的核心概念包括反馈概念和信息概念。维纳主张,信息联系是客观世界存在的一种普遍的联系,掌握获取、使用、保留和传递信息的方法是任何组织能够保持其自身稳定性的重要前提。而这整个信息运行过程可以浓缩为"信息—输入—存储—处理—输出—信息"的过程,更为重要的是,反馈信息也在过程中产生、发展并发挥着作用。所谓反馈,通常强调特定系统所输出的信息对该系统的输入信息所起的反作用,这种反作用会进一步影响信息的再输出,并扮演着控制和调节的角色。维纳因此系统地揭示了系统(尤其是由信息和反馈构成的系统)的自动控制规律,指出了控制和通信的共性,发现了机器系统内部的减熵趋势,系统剖析和解释了机器模拟动物行为或功能的机制和科学基础。图6-3为信息的控制系统。

图6-3 信息的控制系统

对于特定的传播系统来说,反馈是作为信宿的接受者对作为信源的传播者所发出的信息的回应,表明它的效果。反馈的存在使得信源能够根据信息的效果逐渐地进行自我修正,从而使得它们能够在最大限度上成为完成其意图所必需的东西。因此,反馈的存在使得特定系统能够进行自我修正。而反馈从本质上来说,是内在地涉及传播的,考虑到反馈的运行需要将信息从作为信息接受者的信宿那里回传到作为信源的传播者那里,所以它仍然是一个传播过程,具有传播的特点。简单而言,维纳的控制论可以视为一个传播理论,因为它涉及信息如何在两个或以上的单位之间进行流通。

二、有关信息的定义

迄今为止,学者们对信息下了各种各样的定义,多达上百种。当然,这与信息论和控制论的跨学科渗透息息相关。为便于理解,下面列出部分代表性的定义。不过,这些定义需要辩证地看待,因为它们往往是基于特定背景和视角提出的,可能同时兼具合理性和局限性。以下是学界对信息的一些定义:

- 信息是负熵。
- 信息是反映出来的事物的属性。
- 信息就是信息,既不是物质也不是能量。
- 信息是系统的组织程度或有序程度的标记。
- 信息是物质和精神相并列的世界第三本原。
- 信息是标志着主观虚拟存在的哲学范畴。
- 信息是标志客观物质世界普遍联系的范畴。
- 信息就是事物之间的差异而不是事物本身。
- 信息是在不同事物间建立因果性同构的因素。
- 信息是物质和能量在时间和空间中分布的不均匀性。
- 信息是事物运动的状态和状态变化方式的自我表述/自我显示。
- 信息是物质存在方式和运动状态所蕴含的间接存在物的标志。
- 信息是物质实体或者是以"场"的形态存在的物质——"信息场"。
- 信息是人们对事物认识的表达,这种表达以围绕主体的交流和利用为目的。
- 信息是接受者通过传播中介而获得的须知又未知的外界事物的多样性及其表述。
- 信息是物质间相互作用造成的、表征物质客观存在方式的图象集合或符号序列。
- 信息是事物联系的中介,它的内容就是相互作用的事物之间传递着的事物的运动状态和方式。
- 信息是主体所感知或表述的关于该事物的运动状态及其变化方式,包括状态及其变化方式的形式、含义和效用。
- 信息是在我们适应外部世界,并且使这种适应被外部世界感觉到的过程中,同外部世界进行交换的内容的名称。
- 信息是物质存在的标志、意识内容的构成,它普遍存在于物质和意识之中,借助于一定的物质载体传输和贮存,是沟通物质和意识的中介形式。
- 信息是物质的普遍属性,它表述它所属的物质系统在同任何其他物质系统全面相互作用（或联系）的过程中，以质-能波动的形式所呈现的结构、状态和历史。
- 信息是种种客观事物通过某种传递形式作用于人的感觉器官所产生的映象或留存在某种载体上的印记，是客观事物存在的基本属性；有客观事物的存在，就有反映客观事物存在的信息。

上述学界对信息的种种定义表明，在信息的内涵和外延层面，已有研究对信息的界定呈现出众说纷纭的局面。不同领域的学者根据自己的研究领域、研究背景和研究需要，对信息的定义发表着不同的见解、认识、观点和论断，部分定义之间甚至存在着相互交叉和相互矛盾的情形，不过这正好从某个角度说明信息的多面性和复杂性。尽管研究者提出了多种多样的信息定义，研究指出这些信息定义基本上可以归纳为三类。一是从信息论的角度界定信息。这其中最有代表性的论点包括"信息是负熵""信息是信宿对信源不确定性的消除"等。二是基于传统认识论界定信息，主要是以物质和意识的关系为切入点展开。这类定义总体而言可以归纳为四种：①信息是物质层面的。比如，"信息是一种场""信息是事物运动状态的表现""信息是一切物质的一种属性，是物质之间联系的一种形式"等。②信息是意识层面的。比如，"信息不是物，而是思维范畴""信息是观察或研究过程中获得的数据"等。③信息同时是物质和意识。比如，"信息是事物的运动状态以及关于事物运动状态的陈述""运动状态本身是直接的信息，关于事物运动状态的陈述是间接的信息"等。④信息是超越物质和意识的第三种东西。比如，"信息是由物质和意识融合而成的新质态""信息是独立于物质和意识之外的新东西"等。三是从广义认识论的角度来界定信息，涉及两种：①信息是广义主体对广义客体的反映；②信息是广义主体对广义客体的表征。

已有研究表明，中国学者独立提出的信息概念大致可以概括为四大类。一是属性说，将信息简单地视为事物的属性或某种属性。代表性的观点包括："信息就是事物的存在方式或运动的状态以及这种方式/状态的直接或间接的表述""物质和能量在空间和时间中分配的不均匀程度，是任何一个系统的组织性、复杂性的量度，是有序化程度的标志""信息是物质的普遍属性，它表述它所属的物质系统在同任何其他物质系统全面相互作用（或联系）的过程中以质-能波动的形式所呈现的结构和历史""信息是以物质的属性或运动状态为内容的物质的一种存在形式"等。二是反映说，将信息界定为事物某种具体属性的反映或表征。代表性的观点包括："信息既不是物质和能量，也不是事物的属性，而是与物质、能量密切相关的事物的属性、联系和含义的表征""信息是广义主体对广义客体的表征，或者更一般地说，信息是一事物对他事物的表征"等。三是关系说，以信息与物质、能量的关系为切入点来界定信息。代表性的观点包括"信息是关系，这是在哲学基本问题的范围内，对本来意义的信息本质的确切理解""信息是物质世界中物质之间相互联系、相互作用中的内容，信息过程就是物质之间在相互联系、相互作用中进行的内容交换（传递）过程"等。四是中介说，将信息视为物质和意识的"中介"而存在。代表性的观点包括："信息是主观与客观的媒介""信息是物质存在的标志、意识内容的构成，它普遍存在于物质和意识之中，借助于一定的物质载体传输和贮存，是沟通物质和意识的中介形式"等。

考虑到信息涉及语用、语义和语法等诸多层面，我们认为我国著名的信息学专家钟义信教授的界定可以重点参考。钟教授认为，在对信息的内涵进行界定时，应该综合考虑本体论层次和认识论层次。两者的关系在于：本体论层次的信息定义是最为广义的，没有任何约束性条件。如果将特定约束性条件（必须有主体，如人、生物或机器系统等）引入到本体论层次的信息界定中来,而且必须以主体的视角为切入点对信息进行定义,那么,本体论层次信息定义就因此转化为认识论层次信息定义。由此可以看出,从适用范围进行考察的话,认识论层次的信息定义的适用范围比本体论层次的信息定义的适用范围要窄得多,因为它是在引入上述约束条件后提出的。本体论层次的信息定义特指"该事物运动的状态和状态变化方式的自我表述/自我显示";认识论层次的信息定义特指"主体所感知或表述的关于该事物的运动状态及其变化方式,包括状态及其变化方式的形式、含义和效用"。

第二节 信息相近概念比较

除了前文所述信息与讯息、符号的关系,本节还将比较信息、数据、知识、情报、信号等的关系。

一、信息与数据

数据从其原本意义上来讲,强调的是通过数字的形式所表达的信息,它的出现与"数字式"计算机的兴起与发展有着密切的关系。数据从本质上来看属于记录或者表示信息的诸多形式中的一种,而不是信息本身。信息的其他表示形式还包括文本信息、语声信息、图形信息、图像信息和模拟信息等。换句话说,世界上存在着大量的数据类型之外的信息。从传播学的视角来看,信息与数据也具有差异。具体来说,数据相当于人们从自然现象和社会实际中所搜集到的原始材料;当人们根据其使用需求将这些数据按照特定的形式加以处理,并找出这其中的联系时,便形成了信息。在描述方式上,数据的表现形式通常围绕"怎样、多少、哪个、是或不是"来进行,而信息则通常围绕"何事、何时、何地、谁"来进行。

二、信息与知识

知识通常被视为以信息为原材料所提炼出来的抽象产物。从这个意义上来讲,信息相对于知识而言,大多属于现象范畴,而知识属于超越信息现象的本质范畴。知识所体现的是某类事物的运动状态以及它们共同变化的规律,而不是简单地与某个具体事物相联系,不再以单纯反映个别事物运动状态及其具体的变化方式为目标。因此,信息在没有提炼成知识的情况下,往往只能是低层次的初级资源,具有个别性、具体性、表面性和暂时性等特点;在信息经过提炼成为知识后,便成为高层次的知识资源,具有普遍性、抽象性、深刻性和恒久性等。知识是特殊的信息,是在人们理解和把握数据与信息的本质后,通过高度活用的形式对其进行编排和提炼而成的系统性的信息;是在人类认识和掌握自然和社会运行形态与规律的基础上所形成的高级信息。基于此,人们在给予信息足够重视的同时,不应该仅仅满足于拥有信息,因为与知识相比,信息只不过是低层次的初级资源。进一步来说,应该积极地将信息转化为知识,从而充分发挥信息的功能。

三、信息与情报

情报(intelligence)是面向特定传递对象的特定知识或者说有价值的信息。作为信息的一种，它具有秘密性、专门性和新颖性，是由人们在特定活动中产生的、经加工整理形成的，它反过来又服务于特定对象；情报还具有动态性、消息性、知识性、决策性等属性。罗治平系统总结了信息与情报的区别和联系。情报和信息的相同之处在于：两者都反映和表述了客观事物；都是接受者预先未知的事理；都具有可传递的特性；都对新、真、准有较高的要求；都是可贮存的；对于接受者来说都是有语义的。情报和信息的不同之处包括：情报的产生不仅依赖于客观存在的物质及物质运动所表现出的信息，还依赖于人的认识能力，因此，同时兼具主观性和客观性；情报具有专指性，情报只与特定对象的情报需求相适应，服务对象相对单一；情报往往具有被动定向传递性；情报的时效性要求比信息要高；情报具有相当高的保密性。

四、信息与信号

信号与信息的关系与上面的情况有所不同。通常来讲，信号在信息科学或其他自然科学技术领域是主体范畴的概念，是人们用来表示、记录、显示或者荷载信息的工具，因此是第二性的东西。如果信号是由自然界传递给人们的，则可以称之为信息。与信号属于主体范畴的概念不同，信息则既可能涉及与主体无关的本体论范畴，也可能涉及与主体相关的认识论范畴。此外，信号通常被视为信息的重要载体，与此相对，信息便是信号需要携带的具体内容。不过，同一种信息可以通过不同的信号来进行携带。

五、信息与物质

信息和物质是相互区别又相互联系的概念。物质通常来说具有实体或质量，而信息则是抽象的。信息凭借能量而发生或传递，也因此具有无限复制和易于长期保存的特性。不过，信息的贮存和传播都必须依赖物质才得以实现和进行，信息因此对物质具有依存性，不能够脱离物质而独立存在。信息所要表征的是被反映物的属性，而不是它的物质载体的属性。物质作为载体虽然荷载和传送信息，但并不从根本上决定和影响信息所要表现的内容。信息作为一种客观存在的反映的本质部分，其与物质载体的形态和性质并无直接的关系，包括在内容、意义和效用等诸多方面。

第三节 信息的基本特征

一、一般信息的特征

从已有研究来看，信息的基本特征包括但不限于以下方面。

(一)表征性或表意性

信息作为物质运动的特殊属性,虽然不是事物的本身,但却是能够向信息的接受者呈现事物状态和运动特征的一种普遍形式。自然信息具有表征自然界事物的属性以及事物之间内在联系的作用;至于人工信息,也是人们根据物质运动的规律,通过特定的物质手段来表征特定意义从而达到特定目的的信息。信息所具有的表意性特征,促使信息能够相对独立于特定物质载体,实现从一种信息到另一种信息的转换。信息的表征性充分表明:一方面,信息不仅能够揭示事物之间的内在联系;另一方面,与事物的其他属性大都各自表现自身不同,信息侧重的是表征他物,其核心作用在于再现他物的别的属性。信息也正是在表征他物属性和他物之间内在联系的过程中显示其自身的存在感。

(二)普遍性

信息不仅是事物运动的状态和方式,也是其含义和效用。因此,从这个意义上来讲,只要有事物存在和事物运动,信息也就存在。考虑到不管是在自然界、人类社会还是人的思维中,绝对不运动的事物是不存在的,信息的存在因此具有普遍性。信息的普遍性主要表现在以下方面:一是包括自然界和人类社会在内的一切事物都可以成为信源或信宿,它们既能够产生并发出信息,也可以获取和转换信息。总之,万事万物都处于信息联系的过程中。二是物质、能量、信息可以说是现代人类文明的三大关键要素。与物质运动的演化所具有的悠久历史一样,信息同样具有悠久的演变历史。历史地看,物质运动的过程是一个长期过程,经历了从无机物到有机物、从生物到人类的长期发展过程;与此类似,信息的演变同样经历了从低级到高级的发展过程,具体来说,就是由自然信息演变为生物信息、社会信息,直到出现最高级的信息形式,也即以人脑为物质载体、以语言为物质外壳的意识活动。总之,信息的存在是普遍的,对于人的认识来说,只存在已经被人们所认识和尚未被人们所认识的信息、有意义的信息和无意义的信息,而不存在在我之外没有信息的事实。

(三)相对独立性

信息在与物质和能量不可分离的同时,又通过存储与转换等方式获得相对的独立性。从信息的传输过程来看,信息对于物质和能量的相对独立性主要表现在同一种信息可以通过不同的物质载体和能量来传输,而同样的物质载体和能量则可以传输不同种类的信息。信息和信源的关系也具有相对的独立性,信息既能够和信源同在,也能够和信源相分离。信息的相对独立性也使得人们能够在现实中传输、复制和转换信息。此外,信息的三个层次(语法信息、语义信息和语用信息)彼此之间也表现出相对的独立性。一定的语法信息可能反映多样的语义,一定的语义也可能产生多种语用效应;语法、语义和语用信息的结合与相通,不仅受到信息接受者状态的影响,也受到信源和信息传输过程中外部环境的影响。不同的观察者可能从相同的观察对象那里得到差异性的语法信息、语义信息,乃至语用信息。比如,两个同时看到交通信号灯的人,可能得到不同的信息。对于掌握灯光信号意义的人来说,他能够同时得到语法信息、语义信息和语用信息;而不懂交通信号实际意义的个体,则往往只能获得语法层面的信息,而不能得到语义信息和语用信息。

(四)非守恒性

非守恒性是信息的基本特征之一。与物质的其他属性(如能量和质量等)遵守守恒定律(比如能量守恒)不同,信息遵循的是增值定律而不遵守守恒定律。信息的非守恒性可以从三个方面进行考察:①信源所掌握的信息并不因为信宿从该信源获取信息而减少。以教学为例,作为信源的教师将其掌握的知识信息教授给作为信宿的学生时,教师所拥有的知识信息并不会因此而减少。②信源所发出的信息并不必然会增加信宿的信息存量,尤其是在信宿已经拥有了该信息的情况下。比如,当学生已经通过其他方式掌握老师某节课所教授的具体内容时,教师作为信源所提供的知识信息就不会增加学生的知识信息。③事物过去的信息量与现在的信息量也并不是保持恒定不变的,通常来说,事物现在的信息量要远远超过其过去的信息量。这是因为当事物由低级向高级、由简单向复杂发展演变时,其自身也会不断地携带和创造出大量新的信息。

(五)效用性

效用性也是信息的基本特性之一。在人类社会中,考虑到信源通常发出包括多种含义在内的信息群,而不是单一信息,而且不同的信宿在状态上也可能存在较大的差异(如知识水平、社会经历和理解能力等),同一组信息对于不同的信宿可能具有不同的意义,既可能是有效的,也可能是无效的,甚至可能是有害的。从广义信息论的视角来说,对于信宿而言,没有信道传输或者信道传输完全受到干扰(这种情况下信宿能够接收到的信息量相当于零)的信息是没有意义的;信宿接收到的而其功能却不能得到有效发挥的信息同样是无效的或者无益的;只有在信宿所掌握的可观察信息量(表示信宿对客体变化的感觉和观察的信息量)转化为可控制信息量的情况下,即信宿能够正确利用并发挥其特定功能的信息才是有效的或者有益的。

(六)客观性

信息的本质在于显示事物和事物的运动状态与存在方式。在这种情况下,虽然信息并不是其所显示的对象本身,但如果对象的存在是客观的,作为它的显示的信息也应该是客观的。本体论层次的信息和它显示的对象类似,同样不以观察者的存在与否为转移。信息的客观性特质并不是信息本身所固有的,这种客观性是信源和载体的客观性共同决定和赋予的。基于此,信息作为客观存在的显示,也就拥有了不因为人的意志而转移的客观性。换句话说,信息始终客观存在着,而不管人类承不承认它的存在,不管人类有没有感知或者认识到它的存在。此外,信息自身也具备和客观存在的物质一样的客观存在性。只不过信息与认知主体有着密切的关系,必须通过主体的主观认知才能被反映和揭示。

(七)不可分离性

信息的不可分离性至少体现在两个方面:①信息同物质、能量等具有不可分离性。尽管信息既不是物质,也不是能量,但是信息的产生、传输、转换、贮存和利用等都不能离开特定的物质和能量。②信息和信源、信宿等具有不可分离性。地球上有人类以来,任何信息过程大多和特定的通信系统相联系着,并且往往存在于广义的通信过程中。因此,当某种信息从信源发出时,就相应地有特定的接受者。也就是说,信息的整个运行过程总是和信源与信宿紧密地联系在一起。信息同信源与信宿的不可分离性,一方面表现在只要有信源和信宿存在,就必然伴随着信息过程,而有信息过程的存在,也就意味着信源和信宿的存在。此外,还主要表现在信息对信源和信宿所具有的直接依赖性。信息自身的内容是来自信源而不是其载体,换句话说,信息的基本内容来自信源的物质属性或运动状态,没有信源的多种多样的物质属性或运动状态,就没有信息的客观内容,人们也就只能抽象地谈论信息。

在上述特性的基础上,信息又具备可理解性、可共享性、可存储性、可转换性、可传递性、无限性、可扩充性、可压缩性、可加工性等。信息的可理解性包含两层意思:一是指信息可以被接受者识别和接收,人们不仅可以凭借其感官系统直接感知信息,而且能够通过某些工具和手段间接地获取信息;二是接受者可能在参考其特定立场的基础上,综合自己的特定经验来解读所接收的信息。在这种情况下,不同人对形式乃至内容完全相同的信息也可能出现大相径庭的理解。信息的可共享性强调的是信息能够同时被众多使用者所共享。信息的可共享性通常涉及两个主要层面:一是包括信息传播者和接受者在内的信息交换双方都能够同时享有被交换的同一信息;二是在特定信息的交换和交流过程中,该信息能够同时被诸多接受者所接收和利用。事实上,信息的价值往往随着传播范围的扩大和共享程度的加深而不断增加和提升。信息的可存储性是指信息可以在物质载体的帮助下实现长期的累积存放,进而方便随时提取。人和动物可以凭借短期记忆和长期记忆将信息存储在大脑皮层,而电脑(计算机)对于信息的存储往往依靠内外存储器。信息的可转换性通常包括信息自身和信息载体的转化性两个层面。前者是指人们可以基于某种特定的信息提取、获得或开发出其他类型的信息;后者是指荷载信息的载体是能够转换的,即信息作为客观事物的反映,可以借助不同的载体来进行承载,更为重要的是,甚至能够从特定载体转移到其他类型的载体上。总而言之,信息能够在不同形式、不同形态和不同类型的物质载体间相互转换。信息的可传递性是指信息从时间和空间上的某点向其他点移动的过程,通常是指信息从信源借助信道传递给信宿的运动过程。信息的可传递性,既是指信息能够借助特定的形式进行传递,也是指获得信息通常必须经过传递。在没有传递的情况下就没有信息,信息的效用也就无从谈起。信息的无限性是指宇宙空间中的事物是无限丰富的,因此它所产生的信息也必定是无限的。不论是在有限的空间还是在无限的时间长河中,事物本身和事物的发展变化也都是无限的,信息资源也因此不存在枯竭的问题。信息的可扩充性、可压缩性是指信息能够伴随着时间的推移而不断地增殖和扩展,信息具有能够被浓缩、概括和集中的特性。比如,我们可以将某些信息概括为具体的公式,将某些经验性信息浓缩为具体的程序,将大量分散的信息集聚为信息群。信息的可加工性可以从两个层面理解:一方面,特定事物的特定存在方式和运动状态可以根据需要演绎出各种表现形态的信息。而对于同一种信息,可通过各种类型的符号及符号组合来表现,进而产生差异性的传播效果。另一方面,人们在既定信息的传播和发展过程中,可以根据个体偏好不断加入新的内容,也可以围绕信息的形式展开创新。此外,人们可以根据其特定目的对所获得的大量纷杂的信息进行筛选、分析、分类、整理、概括、综合,从而实现去粗取精、去伪存真。事实上,对信息的处理不仅有利于传递和存储,也有利于开发和利用。

另外,邬焜教授对于信息特性的描述也值得参考:一是载体的可替换性,也即人们可以用不同性质和类型的载体来荷载同样内容的信息。不过,不同性质和类型的载体在荷载同样的信息时,会存在表现力等方面的差异。比如,在表现信息内容时存在的清晰和模糊的差异,以及准确和近似的差异等。二是内容的可复合性和可重组性。人们可以通过匹配同质的信息内容进而产生复合性信息。人们可以通过特定方式重新分解和组合同一对象的整体信息模式,也可以通过特定的方式重新分离和拼接不同对象的信息要素。这些都充分说明信息具有可重组的特质。三是内容复合和重组中的畸变性和创新性。在信息的复合和重组过程中,原本的信息所产生的扭曲、变态和失真等现象,便可以称之为信息的畸变;与此同时,这类信息的畸变往往夹杂着新的信息模式的生成,也即信息的创新。畸变性和创新性从这个角度来讲,称得上是信息复合和重组中同时可能实现的双重效应。四是对内容理解的歧义性。考虑到信息的不同接受者和观察者在观察能力、理解方式和关注角度等方面具有潜在的差异,其对于相同对象的同一信息也可能产生差异化的理解。五是内容的可耗散性。载体的特定结构模式的改变、损害或丧失将意味着与之对应的特定信息内容的改变、模糊或丧失。

二、大众媒介信息的特征

大众传播信息作为信息的独特类型,通常来说与传播者对社会信息所做的有目的的选择性抽样息息相关,它同时也是受众对抽样传播所做的目的性、选择性的抽样。大众传播信息除了具备一般信息的特点外,还具有其独特性。

(一)新闻性

新闻性可以称得上是大众媒介信息的首要特征。大众媒介的核心使命之一便在于传播和扩散已经发生的和正在发生的事情,以及尚未被人们知道的知识和内容,因此,这些信息相对大部分人来说是较为新鲜的。也正因为如此,大众媒介传播的信息首先具有新闻性。事实上,大众传播媒介所传播的信息中所具有的未知性、意外性、新颖性越多,它的新闻性也就越强。

(二)娱乐性

大众传播媒介中的娱乐性信息所占有的比重越来越大,比如,以往相对严肃的体育新闻乃至政治新闻都逐渐表现出日趋明显的娱乐化趋势。当然,这与特定的环境密切相关,比如,世界范围内工作时间的总体缩短所带来的闲暇时间的增加,刺激了人们对其他信息,尤其是娱乐信息的需求。事实上,消遣娱乐性内容的历史可以追溯到神话、传说、史诗、寓言等人类最原始的传播形式。从实际情况来看,大众媒介已经成为人们娱乐消遣的重要工具之一。在这种情况下,娱乐性成为大众媒介信息的重要特征也不足为奇。新闻媒介已经由单纯提供最新动态的中介转向为融合新闻与娱乐于一体的媒介。

(三)时效性

时效性通常是指信息由大众媒介发出到一般受众接收和利用的时间间隔及其效率。信息作为事物发展变化的反映,具有动态性的特质和特定的寿命周期,也因此具有相当强的时效性,尤其是大众媒介的信息。通常来说,信息生成得越早,传播得越快,其对于接受者来说价值也就越大。反之,信息的价值会随着时间的推延而不断衰减以至消失。事实上,大众传播科技的快速发展与进化在进一步满足人们对信息时效性的各种需求的同时,也导致信息的传播与接收变得越来越快。大众媒介中的昨日消息、上午新闻不断地被刚刚发生的、正在发生的,乃至即将发生的信息所取代。而人们对于时效性的追求也是没有止境的。

(四)价值性

大众媒介信息往往具有一般信息所没有的独特意义和价值,这也是人们对其进行加工、传播、存储和再创的主要原因之一。需要说明的是,这种价值性通常受到多种因素的影响,这些因素大多来自受众,而不是传播者和传播媒介。具体来说,信息对受众的有用性以及信息是否满足受众的特定目的共同决定着信息的价值性,即信息价值的大小与对受众有用和投合的程度成正比。总体而言,大众媒介信息的价值包括但不限于以下六个方面:理论价值、经济价值、美学价值、社会价值、政治价值、宗教价值。这些方面大体上体现了大众媒介信息价值的实际情况。

(五)真实性

大众媒介信息的真实性指的是准确、客观地描述和反映事物运动的方式及其状态,而不应该依赖个体的主观臆想和推断片面地夸大、缩小或虚假地传播信息。因此,大众媒介应该从不同的角度、层面和方式对事物的状态及其运动的全过程进行准确和客观的动态描述,从而使大众能够更加全面地掌握和认识事物运动变化的本质,尤其是在事物的运动处于比较错综复杂的状态时。

(六)知识性

大众媒介的主要任务包括传播知识、交流经验、继承文化遗产、介绍最新科技等,尽管不同的媒介在呈现信息的知识特点时各具特色。当前,我们正处在信息社会,而信息社会在某种程度上也是知识社会,信息爆炸也意味着知识的增长。因此,大众媒介信息也越来越具有知识性的特征,而且大众媒介信息的知识性,也只会增加不会削弱。

第四节 信息的基本类型

信息的类型通常是指根据不同的标准对信息进行分类。因此,所采用的标准不同,信息的类型也会有所不同。下面我们将列举部分具有代表性的分类体系。

我国著名信息学家钟义信教授提出的信息概念体系，具体如图6-4所示。从宏观层面来看，信息可以分为本体论信息和认识论信息。本体论信息是指事物运动的状态和状态变化方式的自我表述/自我显示。引入观察者因素后，认识论信息在本体论信息的基础上产生。认识论信息是指主体所感知或表述的关于该事物的运动状态及其变化方式，包括状态及其变化方式的形式、含义和效用。引入观察者因素后，还应该关注的信息分类是语法信息、语义信息和语用信息。语法信息，即主体所感知或表述的事物运动状态和方式的形式化关系，这是最低层次的认识论信息；语义信息，即主体所感知或表述的事物运动状态和方式的逻辑含义，这是较高层次的认识论信息；语用信息，即主体所感知或表述的事物运动状态与方式相对于某种目的的效用，这是最高层次的认识论信息。从认识论过程来看，信息可以分为实在信息、先验信息和实得信息。实在信息，是指事物本身实际存在的信息；先验信息，是指在观察（试验）之前观察者已经具有的关于该事物的信息；实得信息，是指在观察过程中观察者实际所得到的关于该事物的信息。

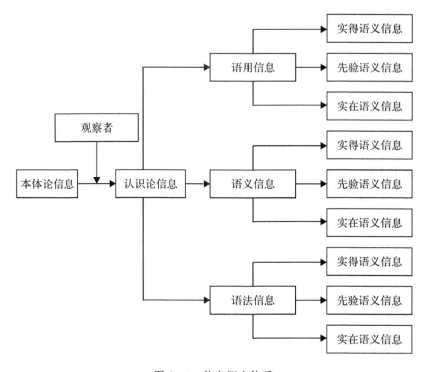

图6-4 信息概念体系

张旭东关于信息分类的思考也值得借鉴，具体见图6-5。张旭东根据生产力系统过程对信息进行了分类。总体上来看，张旭东将信息划分为社会信息和物质信息两大类。物质信息是生产力系统中具有主导地位的信息类型，涉及区域动态信息、系统信息、管理信息、综合再生信息、知识信息、文献信息等。社会信息通常和上层建筑、生产关系等具有直接关联，而且往往是体现抽象性概念的信息，比如反映政治、法律和风俗习惯方面抽象概念的内容等；物质信息则通常是和经济基础、生产力等具有直接关联的，且具有物质实体概念的信息。区域动态信息所指的主要是各类信息集合体中体现特定地区动态的、仅仅反映一般综

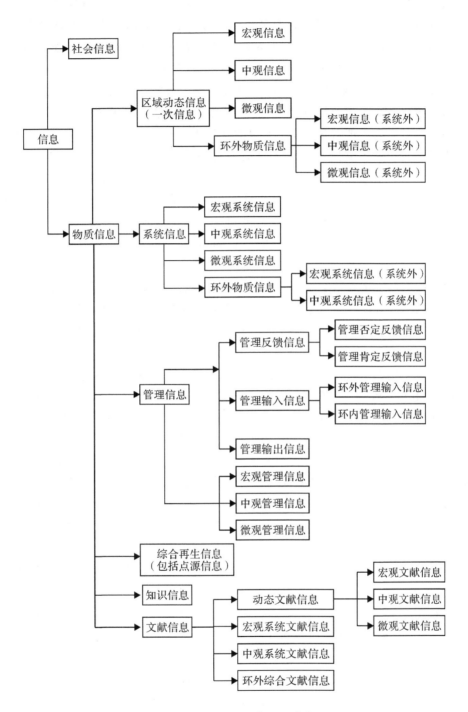

图 6-5 张旭东对信息的分类

合类科技或者说相对广泛的专业综合类科技的、彼此间相关性不密切的信息,或者首次被科研人员所采用的信息。宏观系统信息所指的主要是那些宏观层面的专业知识范围的信息,或者说是专业科技人员将区域动态信息进行加工处理,甚至消除部分信息后,排列成有序性强度增加的信息。中观系统信息所指的主要是那些中观层面的而且具备较为细致的实施方案和内容的信息。微观系统信息所指的主要是微观层面的专业管理者将中观层面的信息进行目标明确的加工处理,并在此基础上排列成确定性和有序性极强的信息。管理信息在生产力系统中所指的主要是将现代科学技术视作核心目标的宏观生产力系统内各个要素的管理信息(也即宏观管理信息),将现代科学技术理论模式的实施方案作为目标的中观生产力系统内各个要素的管理信息(也即中观管理信息),将现实生产力视作目标的微观生产力系统内各个要素的管理信息(也即微观管理信息)。生产力系统中所指称的管理信息通常由管理者搜集各类信息的输入信息系统,发出指令和控制的输出信息系统,以及生产力各要素的反馈信息系统所构成。综合再生产信息所指的主要是在特定生产力系统过程完结后所派生出的诸多信息。知识信息所指的主要是承载上一辈人智慧和经验的信息或者在科技类报刊中频繁出现的专业术语和反映科技内涵的信息。文献信息所指的主要是体现各种文献题录和摘要等方便检索内容的信息。环外物质信息在这里所指的是特定生产系统之外的物质信息。

浙江大学传媒与国际文化学院邵培仁教授在其著作《传播学》中重点介绍了九种信息:①过去信息、现在信息和未来信息。过去信息的核心在于记录、描述和反映已经发生了的自然和社会现象,一般具有回顾性、昔时性和历史性。现在信息的核心是报道和传播正在发生或刚刚发生的事实和信息,一般来说是具有报道性和现时性的社会信息。未来信息侧重的是预报和预测未来可能发生的事实和信息,通常具有方向性、展望性和预测性等特征。②意见性信息、事实性信息和情绪性信息。意见性信息关注的是"为什么""怎么办"的问题,侧重对客观事物进行价值判断、因果分析以及理性抉择。事实性信息主要关注的是"是什么""怎么样"的问题,强调客观、公正、准确地报道和反映客观事物。情绪性信息主要与实际生活中社会大众的情感体验和具体精神状态密切相关,是其真实、直观的陈述和表述。③指导性信息、确认性信息和娱乐性信息。指导性信息通常包括各类法律条文、命令、禁令、警告、通知、报告、讲话、教科书等。与指导性信息不同,确认性信息侧重于希望社会大众能够相信其所体现的事实,而是否采取特定行动往往依赖于受众自己的选择和决定。娱乐性信息的核心在于让受众轻松和愉悦,而不要求受众遵守和确认什么。

中国传媒大学胡正荣教授在其著作《传播学总论》中所提出的信息分类方式,具体见图6-6。在胡正荣教授看来,信息的分类可以从内容、形式、载体三个方面进行。内容方面包括社会信息和自然信息,前者涉及社会政治信息、军事信息和科技信息等,后者涉及天体信息、生物信息和人体信息等。而在形式方面,具体可从载体、加工方式、传递方向、存储方式等入手。其中以载体划分,涉及文献信息和非文献信息,前者包括印刷型信息、缩微型信息、声像型信息等,后者包括实物信息、口头信息和体态感知信息等。以加工方式分,信息包括一次信息、二次信息和三次信息等。以传递方向分,信息包括反馈信息和主授信息等。

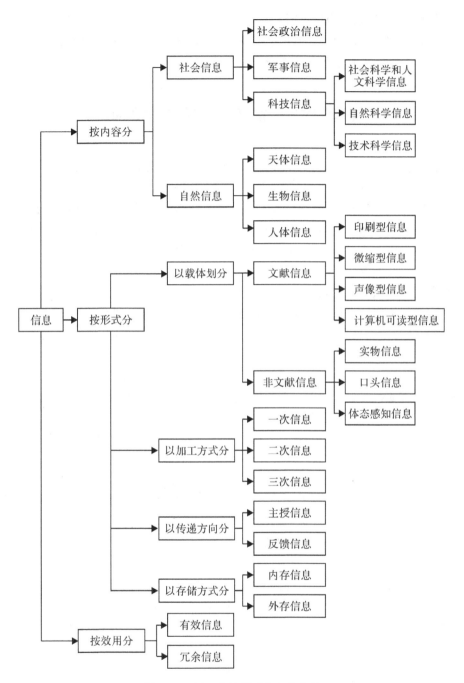

图 6-6 胡正荣教授对信息的分类

除了以上分类,信息的其他分类法也被不同程度地提及。比如:根据其活动状态,将信息分为静态信息和动态信息;根据其具体的载体,将信息分为文字信息、声音信息、图像信息;根据新闻媒介发挥舆论监督作用的情况,将信息分为批评性信息与非批评性信息;根据其具体内容,将信息分为政治信息、经济信息、军事信息、体育信息、教育信息、文化信息等;根据具体的感知方式,将信息分为直接信息和间接信息;根据内含的价值观,将信息分为有害信息和无害信息；以符号种类为标准，将信息分为语言信息和非语言信息；考虑到人们对信息认知的差异化程度，可将信息分为冗余信息与未知信息，前者指的是信息中已经为人们所知道和确定的部分；根据存在方式不同，可将信息分为外化信息与内储信息。

第五节 信息的基本功能

在信息的功能方面，学者们进行了多维度的探讨。西安交通大学人文社会科学学院邬焜教授较为全面地指出信息的十四种功能。

(1) 显示功能。信息是直接存在（物质）的方式和状态的自身显示，显示功能也因此成为信息最大的或最基本的功能。从本质上来讲，信息所显示的内容主要是直接存在的方式和状态。考虑到现实世界物体的普遍信息化，信息的显示功能也大多呈现出多级性现象。因此，信息不仅能够显示直接存在的方式和状态，而且能够对其自身的活动进行再显示。

(2) 启示功能。信息显示的多级性直接导致信息第二性级的质的产生。在这种情况下，对信息内容的理解就不应该仅仅停留在信息内容直接呈现着的第一性级的质的方面，而应该深挖内容的背后，把其后面更为深刻的第二性级的质的方面挖掘并破译出来。在这个过程中，信息直接呈现着的第一性级的质的内容承担着启示性作用。

(3) 代示功能。信息直接呈现着的第一性级的质的内容作为抽象的符号被人们人为约定的主观关联赋予其他特定内容时，该信息的直接呈现着的第一性级的质的内容便发挥着代示性功能，如人类创造的语言文字体系。

(4) 联系功能。从某种程度来看，系统间的联系主要涉及质量、信息和能量在系统之间所进行的交换和传递；而系统内的联系所关注的是质量、信息和能量在系统内各个部分、各个要素和各个子系统之间进行的传递和交换。考虑到信息所具有的普遍存在性，以及和质量、能量的不可分离性，任何质量和能量的传递与交换往往都会伴有信息的传递和交换。

(5) 解惑功能。解惑功能也可称为消除不确定性功能。该功能主要涉及的是作为信宿的信息接受者的状态的变化。信息论的创始人香农在对信息进行界定时便指出信息是不确定性的消除。在个体未得到特定事件的确切消息前，他往往会对该事件的真实情况进行各种各样的估计和推断，而这便是接受者所面临的不确定性。然而，在个体接收到与该事件相关的消息后，他之前对于事件的种种猜测即会得到确认，个体原本的估计状态会发生改变，甚至直接确定之前预测的各种情况中的一种作为最终结果，这也就意味着不确定性的消除。

(6) 组织功能。信息是沟通和维持某个系统特定关系（联系）模式的重要工具。信息结构往往直接决定着特定系统的确定和存在。信息结构具有将不同的要素和组分等整合成统一系统的能力。而信息的整合作用可以称为组织功能。既定的信息结构可以看作相对静态的组织整合过程，而这种结构的改变从某种程度上来看也是某种动态组织整合的过程。

(7) 传播功能。传播活动是实现信息的联系功能、解惑功能和组织功能的关键。信息内容的可传输性是信息传播功能的基础。传播不仅包括无意识的自然传播，而且包括有意识的人为设计的活动。

(8) 宣传与教化功能。信息传播的效果往往可以从宣传和教化两个方面入手。宣传关注的是让人们知晓其传播的信息内容，而教化关注的是个体在接收到传播的信息后所产生的认同或顺应上的变化。

(9) 探测与监控功能。人们可以通过对那些不能够自发显示其存在性质的信息的事物主动发出相应的作用信息，从而激发对象显示出信息，进而达到通过这些显示的信息来掌握和探知该事物某些方面的性质或功能的目的。也即有目的地探测与开发对象信息。其实现原理便是信息的反馈系统。在信息反馈作用的基础上，个体还能够对特定对象的行为实施有目的的监控。人们可以根据各种各样的反馈信息对工具运行的情况、实践活动的进程和对象改变的程度等进行监控。

(10) 评价功能。对探测和监控到的内容进行评价往往与信息探测和监控的发生发展紧密相连。更为重要的是，评价互动广泛存在于其他类型的信息接受者的活动中。评价活动不仅仅涉及信息真伪性问题，而且涉及信息的质量问题，以及信息对接受者的效用问题等。

(11) 保持功能。由于信息具有可存储的特性，人们可以采用特定的方式对信息进行贮存，从而将特定事件的特定内容作短时或长时的保持，此即信息的保持功能。通过特定信息结构模式的稳定化的贮存，可以将特定事物的内容以间接存在的信息形态的方式长期保持。

(12) 模拟功能。人们可以对那些曾经直接存在但已经消失或损坏的事件或事物残留的信息进行具体性的实践，从而再现这些事件的过程或重新塑造这些物体。当这些再现或者说修复是以追求还原事物的原有过程或物体的原本面貌为目的时，即是我们所说的某种模拟性再现或再造的过程，或者说是信息的模拟功能。

(13) 建构功能。建构功能集中体现着信息的创造力。该项功能往往通过信息的组织功能来实现。当事物和事物之间，或者说事物内部各要素通过相互作用同化和异化信息时，这些相互作用的事物的物质或信息结构就可能产生变化，而结构的变化通常代表着新结构的建构。对新的信息结构的建构能力也是人的思维创造力的集中体现。这种建构可以超越于现存之物、现存之世界之外、之上，通过综合分析并加工改造所掌握的信息，创造出新的概念或符号的再生信息。

(14) 预见功能。人的思维能够超越于现存之物、现存之世界之外、之上对信息结构进行建构，当该建构通过详尽考察现存之物和现存之世，从而对它们未来的发展趋势展开合理性的推论时，即信息的预见功能。比如说，个体所表现出的不同层次的预测、假定与决策等，都可归为信息活动的领域。

其他学者对信息功能的描述也值得参考。吴凡在《传播学概论》中指出，信息的功能大致涉及：①认知功能。信息是知识形成的原材料。知识的产生源于人类在长期实践中通过获取、分析以及处理信息所得到的各种启迪。对客观物质存在及运动信息的搜集、加工、传播和交流是人类认识客观物质世界的重要步骤。信息能够提升人类掌握和理解知识，乃至认识世界和改造世界的能力。②娱乐功能。强调信息给人们带来的精神层面的享受。③舆论功能。信息经过广泛传播后能够促进舆论的生成并引导舆论的发展，而这些舆论能够影响个体对待事物和事件的态度、行为和思想等。④决策和管理功能。信息往往是决策的重要依据，运筹帷幄的实现通常是将信息作为参考而得出的理性判断。信息是现代社会的重要资源，也必然是管理和控制的基础与灵魂。⑤方法论功能。信息和信息科学能够给其他学科领域提供方法论的参考。事实上，信息科学已经渗透到各个学科领域。信息科学改变着传统学科的思维模式，带来新的视角，促成创新和突破。

也有学者主张，尽管信息有多种不同的具体功能，但这些具体功能都可以概括为信息的实用(使用)功能和信息的享用(受用)功能。前者强调的是信息对个体所能产生的直接的实际效用,并可能直接导致个体相应行为的信息,其价值就是信息的实际功能,即经典信息论中"消除不确定性"学说所指的信息价值。后者指的是信息所具有的能够满足个体精神需求并能够被个体的精神机能直接享用,但却对具体决策和行为没有直接效应的功能。

为进一步理解信息的功能,有必要比较其与相近概念"信息的价值"的区别与联系。与功能相近的概念包括价值、意义、作用、功效和效用等,这些概念在实际的应用过程中往往容易引起非实质性的混乱与争论。张辑哲指出"价值"应该视为总概念名称使用,而"意义"和"功能"是"价值"的具体表现。前者强调宏观的、抽象度高的价值,后者则偏重中观或微观的、抽象度低的、较具体的价值;而"作用""功效""效用"等则可视为"功能"的同义词。张辑哲进一步指出信息的意义在于将生命体和其依存的物质世界连为一体,将生命种群中的个体连为一体;信息的功能包括使用功能和享用功能等。总体而言,信息的价值表现为内在价值和外在价值:信息的内在价值即指信息凭借人的抽象劳动而拥有的自身客观上能够满足人类物质需求和精神需要的属性,也即自然属性的价值;信息的外在价值则指需要依靠信息本身之外的其他价值来标度和体现的价值,也即社会属性的价值。内在价值往往伴着信息的形成而形成,因此也具有相对稳定性,是基础性的;外在价值则是内在价值的表现和度量,容易受到包括环境在内的各种因素的影响,进而表现出较大的波动性。信息的内在价值由劳动价值和使用价值构成,前者强调的是信息产品凝结着人类的抽象劳动,是脑力劳动的产物;后者则强调信息满足人们消除系统不确定性的需要。信息的外在价值是在信息作为商品与其他商品进行交换的过程中,信息的劳动价值和使用价值的标度。

第六节 传播中的符号

符号在传播的过程中扮演着非常重要的角色,没有了信息的物质载体——符号,任何传播都无法顺利进行。要想改进传播的效果,就必须对符号进行研究。那么,什么是符号?它有哪些特征?它有哪些类型?它有哪些相关理论?本节将着重阐述这些问题。

一、符号的定义

古罗马时期的基督教思想家奥古斯丁(Augustinus)对符号的定义是:"符号是这样一种东西,它使得我们想到这个东西就感觉到印象之外的某种东西。"

这个概念实际上将符号与征兆或信号相混淆了。

所谓符号,并非简单地就是能使人想起这个东西就感觉到印象之外的东西,如乌云密布、闷雷滚滚,这是下雨的征兆,而不是符号,它只是一个事物在过程中同质的合理延伸。信号也是如此,它表示某物、某事、某条件存在与否的一种信息,本身受时间、地点或其他条件的限制。

除了奥古斯丁以外,古代的学者如柏拉图、亚里士多德等均论述过符号。随后,英国哲学家约翰·洛克(Jhon Loeke)在其1690年发表的《人类理解论》中指出,符号就是"达到和传递知识的途径","我们如果想互相传达思想,并且把它们记载下来为自己利用,则还必须为观念造一些符号","因为人心所考察的各种事物既然都不在理解中(除了他自己),因此他必须有别的一些东西,来作为他考察的那些事物的符号和表象才行"。符号学就是"考察人心作为理解事物、传达知识于他人时所用的符号的本性"。洛克的观点对后世学者影响深远,他指出了语言、文字作为符号在思维过程中的替代作用并且将这种替代作用看作传递知识的基本途径。正如 A. 沙夫所说:"人类传播过程,虽然在它的进程和作用方面是复杂的,但一个确实且显而易见的事实是:人们是在行动中,即在合作中(因为所有的行动都是社会的行动),经过符号的中介传播明确的意义而进行传播的。"

莫里斯曾说:"人以外的动物诚然能对作为别的事物的符号的某些事物做出反应,但是,这样的符号却没有达到人类的语言、写作、艺术、检验方法、医学诊断和信号工具所具有的那种复杂性与精致性……人类文明是依赖于符号和符号系统的,并且人类的心灵是和符号的作用不能分离的……即使我们不可以把心灵和这样的作用等同起来。"

莫里斯对符号的定义就是:一个符号代表它以外的某个事物。

我们以鲜花为例,自然界中的鲜花本身只是植物的生殖器官,在特定的季节开放。但是在人们的精神世界中,借助鲜花,却可以表达和体会到许许多多的意义,如无上的荣誉、爱慕的真情、真诚的慰问、沉痛的悼念……

荣誉、爱情、慰问和悼念等,这些在鲜花本身上是找不到的,它们只存在于人们的主观世界中。我们却可以借助鲜花来表达内心的感受。或者说我们通过鲜花的交往,在别人的内心激起相应的感情。在这里,鲜花的价值并不在于它自然的质料,而在于它的形式性,即它可以用来显示某种意义的形式。

这种经过人工加工而制成的信息,就叫作符号。

人类传播的本质就是创造并运用符号表达意义,就是意向的流动。因此,人的传播与生物的信息传递就有了根本的不同。

物理世界的信息仅仅标志着物理对象的存在与否。打雷、闪电是一种存在,同时它们也标志着将要下雨了。冒烟与着火也是一种信息,它们意味着必须躲避的异常的热量。在此意义上,这些信息与对象是统一的存在,它们只是物理世界的一部分(艾柯符号学理论)。

与物理世界的信息不同,符号代表了事物,表达了人类世界的一般意义。符号是人类意义世界的一部分[①],它的实质是其象征性或代表性。符号总是显示着某种意义,总是与意义形影不离,是意义的物质载体。换言之,没有无意义的符号,也没有不寓于符号的意义。正因为如此,传播学研究通常都把符号当成传播的基础要素。正如施拉姆所言:"无论人们怎样称谓符号,符号总归是传播的元素(elements in communication)——能够释读出'意义'的元素。"

我们生活在符号的海洋里,我们的声音、言语、表情、衣着、举止、图案、房屋等都是符号,都体现了人的目的意向和追求,都可以表示一定的意义。符号也可以用符号来表示。比如我们可以用文字来表示口头语言,因而有人将文字称为"符号的符号"。没有符号,就没有我们的内心世界,我们也无法与外部世界进行联系与沟通。可以说,所谓的人的世界和传播的世界,也就是符号的世界和意义的世界。

---

① 艾柯在其《符号学理论》(1976年)一书中提出了动物符号学,认为这一领域的对象尽管是非人生物,却可以从中获得人类传播关系中的生物学成分。而且在动物物种的水平上也存在某些意义的认知和非常初级的社会性和文化性现象。

二、符号的属性

符号是人类社会所独有的,其基本属性有以下三个。

(一)指代性

符号只是指称和代表某个事物,而不是事物本身。换言之,符号与它所指代的事物之间没有必然的联系。符号及其所指称的对象完全是人们在长期的经验生活中约定俗成地结合在一起的,是"来自公众对于什么符号代表某一意思的一致意见"(施拉姆)。符号的意义是人赋予的,人们通过将符号指代某种事物而赋予符号一定的意义。

(二)社会共有性

符号中包含了符号形式和符号意义两个概念。从人类的感官感知到字体、图像、语言等,都可以称为符号形式;而符号包含的内容及含义等则可以称之为符号意义。

符号具有社会性,它是在特定的社会环境中通过长久的积累而创造产生、发展丰富的。共有的符号系统对于社会的意义非常重大。作为信息交流的工具和载体,所有的社会成员都可以利用符号来组织生活,互动协调各自的行为,建立生产生活中的关系。更为重要的是,通过共享、共有一套符号系统,社会成员内部可以实现共同价值观的塑造并保持相对的稳定状态。这对现代国家、民族的形成都起着至关重要的作用。但社会中的符号系统却并非在所有方面都具有共有性质,符号的全部意义和内容并不只是社会成员所共有的。

尽管对于社会成员感知的符号形式来说,它们都是一致的,指代的目标对象也是人们经过长期积累达成了共识而被社会成员所接受的,但是在这些符号的意义方面,成员个人的认知却存在着或多或少的差异。

符号意义可以分为两部分,即标示性意义和内涵性意义。标示性意义(或者称之为辞典意义)是指符号所指代对象最初联系中所表达的意义,其适用范围是所有接受并使用该符号的社会成员。内涵性意义(或称之为引申意义)是指在符号与所指代对象二次联系中所表达的意义,其适用范围可以是一个人也可以是许多人。内涵性意义是个人经验的产物,并不能成为所有人的共识,只能为一定范围内的部分人群所共有。

从一个角度来说,某种符号对于个人的意义和理解是不同的,具有个人性,是个人经验的产物,不可能与其他人的认识完全相同;从另一角度来说,人类社会需要一定的共同的标示性意义作为交流沟通的基础,需要一定程度上的共同内涵性意义来维系社会正常、和谐的生产与生活。

(三)发展性

人类传播所使用的符号是发展性的。所谓的发展包含了两层含义:一层是指人们创造新的符号进入流通领域;另一层是指旧有的符号发生了新的变化,有的保持了原有的符号形式,但被赋予了新的意义,有的保持了原有的意义,但却更换了新的符号形式。

符号的发展主要包括以下几种情形:①强弱的改变。如对某方面隐含意义的强化,从次到主、由隐到显。②将某种意义的个人体验社会化为人类的共同认知。③旧瓶装新酒,利用既有的形式作新文章。④老酒装新瓶,将既有的内涵以一种新的方式、新的形象表现出来,从而取得更大或更加别致的意义共鸣。

人们创造了众多的新符号,但主要是在语言符号层面。人们依靠不断创新的语言,对层出不穷的新事物进行描绘,目的主要还是为了相互区别(即命名行为),同时也不断发展新的社会现象,从而发展人类的认识与文化。

三、符号的特性

一般而言,符号(sign)包括信号(signal)和象征符(symbol)两大类。信号具有物理性质,是对象事物的代替物;而象征符则具有人类语义性质,是对象某物表象的载体。

(一)信号

信号具有如下两个主要特点:

(1)信号与其表示的对象事物之间具有自然的因果关系,从这个意义上来说,一切自然符号都是信号。比如冒烟是着火的信号,发烧是得了某种疾病的信号等。这种对应关系是客观存在的,具有因果性的联系。

(2)信号与其表示的事物之间通常具有一对一的固定对应关系。在自然符号中,这种对应关系是明显的,例如萤火虫发光是一种求偶行为;在人工符号中也有许多一一对应的符号,如旗语、电报信号等。计算机语言在被翻译成一般人能够理解的语言、文字或图像之前,也是根据一定语法规则构建的电子信号体系。

(二)象征符

象征符是人类特有的符号,唯有人类才能创造和使用象征符。根据符号在信息传播中的功能和作用机制的不同,象征符可以分为示现型象征符、论述型象征符、认知型象征符和价值型象征符等。

象征符与信号有着显著的区别:①象征符必须是人工符号,是人类社会的创造物;②象征符不仅能够表示具体的事物,而且能够表达观念、思想等抽象的事物;③象征符不是遗传得来的,而是通过传统、学习来继承的;④象征符是可以自由创造的,就是说象征符与其指代的对象事物之间无必然的联系,它们的关系具有随意性。象征符的作用已经超过了知觉的层次,具有表象和概念的功能。这点可以从兰格尔认为象征符是"对象事物之表象的载体",莫里斯认为象征符是"符号的符号"中看出。

象征符具有自由性和随意性,还在于一种对象事物可以用多种象征符来表示,而一种象征符也可以表达多种事物。例如"和平"这个概念既可以用声音符号,也可以用文字符号,甚至用白鸽来表述和象征。此外,象征符还是一种社会文化现象:同一象征符在不同社会里会有不同的解释;即便在同一个社会里,随着时代的变迁,同一象征符也会发生意义的变化。

四、符号的类型

人类拥有相当完整的符号体系,在人类的符号体系中,既包括信号,也包括象征符。由于语言(包括再现语言的文字)是人类最基本的符号体系,因此传播学一般也将人类使用的符号分为语言符号和非语言符号两大类。

(一)语言符号

人类社会最重要的符号系统便是语言,它是人们进行交流、沟通的最主要的工具。语言系统是人类表达意义的最为基本的符号系统,但却不是最古老的符号系统。语言符号包括语言和文字,即口头语言与书面语言。语言是伴随着人类社会的产生而形成的,是人们在长期的社会交往中约定俗成的,是以语音和字形为物质外壳、以词汇为构筑材料、以语法为结构规律的符号系统。

1. 语言的产生

虽然人类的祖先为了维系生存而开始利用信息,但人类早期的传播能力肯定是极其低下的,没有语言,也不可能有现代意义上的思维。一个人进行传播的方式与其进行思维的方式是一致的。思维不过是对语言的内向操纵。因此,没有外在的语言交流,也就意味着不能进行我们今天意义上的思维活动。但随着人类社会活动在漫长岁月中的逐渐复杂化,人们想要表达的各种关系越来越复杂,意义越来越丰富,这就必然需要语言的产生。

最先产生的是一些较为稳定的示意方法,比如原始的音乐和舞蹈等。大约在两万五千年前,人类开始使用有音乐的语言,自此人类语言产生了。语言的产生标志着人类可以进行较为精致的思维,大大增强了人类在自然界中的竞争优势。由于将意义与语言的关系确定了下来,因此人们可以记忆、传播、接收和理解的信息,在长度、复杂性和精致程度上都发生了质的飞跃。这不仅可以使人类得以快速有效地积累生产经验、增长认知能力,而且也使人类的意识形态获得了确定的表达方式。从传播学的角度来说,语言的产生,是完成由动物传播到人类传播的巨大飞跃的根本标志。直到今天,人们的日常口语在所有符号系统中依然还居于最基本、最主要的地位。著名语言学家爱德华·萨丕尔(Edward Sapir)说:"我们可以毫不犹豫地做出这样的结论,除了正常言语之外,其他一切自主地传达观念的方式,总是从口到耳的典型语言符号的直接或间接的转移,或至少也要用真正的语言符号做媒介。"

2. 文字的产生

人类将有象征性的图画记号和已成系统的口语结合起来,便产生了文字。文字是间接符号,是代表符号的符号。文字的产生在当时正好适应了农耕社会的需要。农业使人口的大规模集中成为可能,而大规模的通知则需要记录和用巫术符号传达。有了文字,人们就可以超越有限的时间和空间的限制,使信息的贮存成为可能。

除此之外,文字还可以构成一个相对独立的世界。与口头语言不同的是,文字的传播功能显著地体现在它的历时性上。借助文字,人们可以得知来自远方的信息和前人留下的信息。

3. 语言符号的特点

世界上的语言虽然千差万别,但依旧有其共同之处,这也是语言的普遍特点。

(1)词语创造具有随意性。如前所述,语言符号如同其他符号一样,都有指代性。对于语言来说,词语与其所包含的意义、所指代的对象之间并没有必然的联系。人们在自己的实践中随意创造出词语,目的是将客观现实概念化,然后在长期的使用中,人们将词语与其所指代对象及意义约定俗成。一旦词语经过约定俗成,得到大家的共同理解,这些词语的意义就相对稳定了。

前面提到，意义不是词语固有的，而是使用这些词语的人赋予它们的。因此，只有当人们将词语与特定的指代对象（实物或抽象概念）联系起来的时候，词语才有意义。

(2)语言的开放性。语言是在人类的社会实践活动中不断丰富发展的。语言的开放性至少包含这样一些内容：每种语言的词汇都是不断丰富和发展的；任何语言的句子都是没有极限的，人们可以根据现有的词语和造句规则，创造出无限数量的新事物、新意义。

(3)语言的概括性。语言是概念和范畴的集合，而词语只能表示概念和范畴。客观事物的运动与存在是一个连续不断的、时空占有的过程，而语言却不能描述其全部，只能概括其过程。

(4)语言的社会性。人类社会语言的共同之处，最重要的便是它的社会性。语言是在社会中形成的，它是人们认识客观世界、进行社会互动的中介。正是依靠语言，社会成员才得以进行信息交流、建立关系、组成社会。因此它是社会成员之间维系关系的基本纽带。

语言在不同的社会或同一社会的不同发展阶段会表现出其因社会变化而变化的特征，这也是语言社会性的一个方面。

从上述对语言特征的分析中可以看出，语言、意义、思想三者之间的关系密不可分。语言是思维的手段，是思想的直接显示，语言将人的思维活动和认识活动的结果用词和语句记录并固定下来。思想与语言是不可分的，传播与语言也是不可分的。对于传播学来说，"理解语言原理是这一学科的核心"。

由于构成人类语言实体的是无纸化的语音和字形，因此语言这一符号系统又可以分为两个子系统：有声语言和无声语言。语言符号传播也由此分为两种类型：①有声语言传播：即人们通过口头语言进行的传播。它又可以分为两种：一是对话，它是有声语言传播的低级形式，具有对称性、情境性的特点；二是独白，它是有声语言传播的高级形式，具有非对称性和非情境性的特点。②无声语言传播：即人们通过书面语言进行传播。它也可以分为两种：一是书面对话，如通信，这是书面无声语言传播的隐蔽形式，具有形式规范、内容较系统等特点；二是书面独白，如文章，这是书面无声语言传播的公开形式，具有大众性的特征。

(二)非语言符号

除了语言符号，我们还大量使用非语言符号来传情达意。据专家估计，人类近75%的信息是通过非语言符号来传播的。非语言符号在传播中几乎无处不在。小孩子在学会讲话之前，已经学会了用非语言符号来表达自己的意思。人们相遇，第一印象往往也是由身体等多种非语言符号来传递的。

1. 非语言符号的定义

人的一举一动都可以被视为非语言符号，如衣着打扮、面部表情、身体姿态等，都是非语言符号，甚至人与人之间的身体接触、饰物、器具、时空、狼烟、战鼓、汽笛、音乐等，都可以被划归到非语言符号的范畴里去。

正是由于非语言符号的涵盖范围如此广阔，才造成了对其下定义的困难。一个得到较广泛认可的否定性定义是："(非语言符号是)非语言传播情境中除却言语刺激之外的一切由人类和环境所产生的刺激，这些刺激对于信息发出者和信息接受者具有潜在的信息价值。"但是，这个定义并没有对非语言符号给出任何正面的说明。

由上面的定义可知，凡是激起人们意义联想的，除了语言符号，都可以称为非语言符号。它既包括一个人在传播中所给出的表达，也包括他未给出的表达。一个人可以守口如瓶，也可以在表达时斟字酌句。但他的眼神、身体姿势、表情同样也在表达,同样在不自觉地传递着更为真实的信息。语言学家萨丕尔曾说过,非语言符号并不见诸文字,无人知晓,但大家又能够理解。虽然非语言符号也有作伪的可能性,但与语言符号的特定赋义相比,人类的非语言符号有着更大的自然性。

除此之外,非语言符号还有更大的相通性,无须多说便可以达意。尽管世界上有诸多不同民族、不同文化,然而许多非语言符号却无须翻译就能被更广泛的大众所理解、接受。

强调非语言符号的可意会性和不自主性,并不是认定非语言符号关于意义的约定完全不同于语言符号。恰恰相反,非语言符号也是依托文化的,是一定文化环境下的产物,并非代代相传,只不过有时它可能更加适合表达某种一般的意义。不同的文化会赋予非语言符号许多不同的形式和意义,这是不争的事实。

2. 非语言符号的类型

非语言符号大致可以分为以下三种类型:

(1)视觉性非语言符号。它包括两个部分:动态的视觉性非语言符号和静态的视觉性非语言符号。

动态的视觉非语言符号包括体语、运动画面、人际距离等。由于肢体符号(gesture),如动作、手势、表情、视线等,也能像语言那样传递信息,因此也有人称之为"体语"。肢体符号既可以独立使用也可以与语言并用,它们在形成语境或传播情境方面起着重要的作用。

静态的视觉非语言符号包括精致体态、象征符号、实意符号乃至衣着、摆设、环境、雕塑、绘画等。日本传播学者林进说过:"在人的中枢神经系统中,处于比感觉-运动更高的层次并代表高度表象活动(即象征性活动)的,无疑是语言。但是语言并不是唯一的继承性的观念体系。各种非语言的象征符号体系,如意识和习惯、徽章和旗帜、服装和饮食、音乐和舞蹈、美术和建筑、手艺和技能、住宅和庭院、城市和消费方式等,都包含在其中。这些象征符号体系在人类生活的各个领域都可以找到。"

(2)听觉性非语言符号。它包含两个部分:类语言和其他声音符号。

类语言是指人类发出的没有固定意义的声音,它是一种类似语言的符号,包括辅助语言和功能性发声。类语言是口语的附加或补充部分。即使如此,并不代表类语言不重要,我们还是应该重视对它的研究与应用。

(3)泛非语言符号。所谓泛非语言符号,是指除视觉性非语言符号及听觉性非语言符号以外的一切非语言符号。

五、符号理论与媒介内容研究

通过符号研究,进而对媒介内容的分析与研究,是传播学的重要研究内容之一。其中一种对媒介内容研究颇具影响力的方法,来自对语言的一般性研究。结构主义是指文本中含义的构成方式、特定"语言结构"所运用的措辞(包括符号、叙事和虚构)。语言一直被认为因"内藏的"结构才得以工作。"结构"一词则暗示了元素之间的一种不变的、有序的关系——只不过这样的关系并不能够从表面上觉察,需要通过解码才能获知。大体而言,结构存在于且受制于特定的文化体系——包含着含义、指称和意义更为广阔的系统。符号学是比一般的结构主义更为明确而具体的理论类别。若干经典的结构学或符号学方法为媒介内容研究提供了大量有帮助的意见。

结构主义从索绪尔语言学发展而来,而人文社会科学的语言学转向也为传播学的结构主义语言学转向提供了重要契机。此重要学术转向与结构人类学的某些原则产生了融合。结构主义和语言学的区别主要有两个方面:首先,结构主义不仅研究常规性有声语言,也研究任何具有语言特性的符号系统;其次,受"主体"概念的影响,结构主义并不太关注符号系统本身,而更关注所选的文本及文本的含义。因此,结构主义更关注符号系统在文化层面的解释,而不仅仅依赖符号的语言学含义。在语言学看来,符号系统仅仅是一套实用工具,这使得语言学在意义阐释上有所不足,结构主义关注文化意义便弥补了这一不足。

(一)向符号学迈进

北美与英国的学者曾先后致力于建立一种"一般符号之学"(符号学 semiology or semiotics)。这个研究领域是围绕结构主义及其他相近学科建立的,用来处理有关表意活动(通过语言媒介所赋予的意义),只不过这样的学科在结构上相对比较松散、多元、零碎。在语言学、结构主义或是符号学上经常被引用的"符号系统"和"表意"等概念主要是来自索绪尔。北美与英国的三维理论家尽管在基本概念的使用方式上有所不同,但他们仍围绕同样的核心:符号是语言意义最基本的物质载体,这里的语言不仅包括我们所看到的形象,也包括我们听到的任何"声音形象",它通常"指示"现实中我们希望与之沟通的事物,也就是所谓的"所指对象"(referent)。在人际交流中,我们使用符号来向他人传达经验世界事物的意义。基于同一种语言或者是对特定符号系统(如非语言交流中的动作等)的共识,我们使用的符号可以被他人理解。在索绪尔看来,含义的顺利表达需要借助符号的两个基本要素。他把物质要素(词、意象、声音)叫作"能指",把在特定的语言编码中由物质符号所引发的在我们大脑中形成的概念叫作"所指"。

通常情况下,在西方的语言系统中,物质的能指(如一个词)和一个特定的所指间的关系具有随意性,而能指和所指(传递的含义或概念)是由文化规则约束的,并且必须被特定的"诠释社群"所习得和接受。原则上任何可以引发感觉印象的事物都是符号,但这种感觉印象和"所指"的形象没有必然的对应关系(例如"树"这个词和它所指代的真正事物,在形象上可能一点都不像)。真正关键的是符号系统是约束和联系整个指示过程的"所指对象系统"。

总之,单独的符号是从系统性的差异、对比以及在具体选取下获得含义的,这个过程深受文化传统及符号系统的各种规则与价值(不论是正面的或负面的价值)的影响。符号学一直试图探索符号系统的本质:一方面超越了语法和句法规则;另一方面约束着复杂的、隐藏的、文化上彼此依赖的文本的意义。

(二)意义的内涵与外延

意义的内涵和外延是在符号的使用或组合过程中被唤起和表达的关联物或图像。外延被描述为"第一层次的意义",因为它描述了一个符号系统内的能指(物质要素)和所指(心理概念)的关系。一个符号最明显、最直白的含义就是它的外延。

内涵是第二层次上的意义,是指"所指"的对象可能生发出的关联含义。内涵通过其他表意事物引发,是人想象出的与表意事物相关的意义。我们假设以一则常见的香水广告(以优雅经典女性形象作为中心符号来展示商品特性)为例来分析其威力,某一特定语言团队(或文化团体)的成员,会将"女主角"与"法式优雅"联系起来。而广告商认为,被选择的模特的内涵则通过"她使用或推荐的香水"被传递出来。女主角具有"优雅"的形象,所以香水的内涵就是"优雅"。

内涵/外延这一文本分析法的成型,有可能首先得益于罗兰·巴特对意大利面点的杂志广告的分析。这个广告首先呈现出这样一个意象:一个购物袋中装满了食品杂货(物质层面,能指),但这种意象所希望的,是唤起一种新鲜的、家庭生活的正面印象(内涵层面,所指)。此外,图片中红红绿绿的色彩对应的能指则是"意大利"风情,并且还可以使人联想起烹饪的传统与美妙等。因此可以清楚地看到,意义大致上通过两个层次得以完成:如实的表面层次,表示关联意义或内涵的第二层次。要激活第二层次,需要读者对图像、符号背后的特定文化有更深的了解和熟悉。

巴特通过引进"神话"(myth)这一概念拓宽了符号学的基本思想。通常情况下,一个符号所指的事物能在一个广阔的、非连续的含义系统中被找到。而对特定文化中的其他成员来说,"所指"的事物也是可以被理解的。"神话"是早已存在的且能承载价值的一套观念,它发端于文化,并通过传播来传递。举例来说,关于民族性格或民族伟人就可能有许多相关的传说,又如这个时代的人们对科学或者自然的崇信,它们都可以因各种传播目的被唤起(就像广告中常出现的那样)。

外延意义通常具有某种普遍性(对所有人都有一个固定的含义)和客观性(真实的、不带有任何价值评估),然而内涵意义却会因为不同的文化接受者或不同的判定标准(正面或者负面)而变化。对于大众传播研究而言,这种区别应当是显而易见的。媒介内容包含大量的"文本"(就其物理特征而言),而且常常是标准化的、重复性的那类,它们通常建立在形式化的规则或编码之上。正是这样,使得媒介内容经常以明显的(或潜在的)神话与意象出现在文本制造者与接受者所共享的文化/意识形态中。

(三)视觉语言

要分析视觉语言,并不能照搬索绪尔分析符号的那套固有方法。因为对于视觉语言,不存在一套与自然语言完全等同的规则体系,自然语言的规则能使我们还算准确地解释字词,但视觉语言就没那么容易解释清楚了。正如埃文斯解释的那样,一张静态的图像,比如某个女人的照片。我们可以用照片表示这个女人,也可以用一堆不连贯的描述表示这个女人,比如描述为:"一个老女人,远处看穿着一件绿色外套,正在观察交通情况,当她过马路的时候……"不过,比起那一堆不连贯的描述,照片更加不能与实际的女人等同起来。在埃文斯看来,照片没有"时态",无法清楚地标明时间。巴特曾经说过,照片是"无编码的图片"。用埃文斯的话说照片呈现给我们一个既成事实(fit accompli)。

视觉语言不可避免地带有含糊性和多义性特征,但它们在某些方面比起字词具有一定的优势。第一,当运用得当时,视觉语言的指示力要强得多。第二,视觉语言更加适合做标识——它可以直接、清晰、明了地表示出概念,并使其被世人广泛接受。视觉语言所形成的特殊"景观"不同于真正的常规语言,但根据某种美术形式(如摄影或肖像画)约定俗成的含义和传统,或者根据人为划分的类别,视觉语言——无论处于静止还是移动——还是能够获得一连串的意义的。

(四)符号学的运用

符号学分析法的应用,使得我们能够更多地理解隐藏在文本之下的意义,特别是当我们把文本视为一个整体来解读的时候,就超越了传统的那种仅遵循语法规则或查找各个字词的字面意义的方法。符号学分析法有一个特殊的优点,即它适用于分析那些没有语法规则或无法用字典解释的含有多个符号系统的文本(如视觉形象和听觉形象)。如果没有符号学,就不会有威廉斯对广告的创新性研究。

不过,符号学分析方法预设了对语言所在文化或某一特殊的"文类"具有的全部知识。在柏吉林看来,"大众媒介本身并不能形成整个文化……他们只是自身所属的文化体系的一个必要部分"。再者,还有理论认为,区别于传播者所要表达的显性意义或受众自己解读的意义,一个文本其内部存在着一种普遍的、本质的也是客观的意义。正如柏吉林所说:"没有任何人、任何事物能离开文本,只有文本才能提供解读含义的要素。"

即使符号学分析法还不能算是真正方法,但至少可以说它建立了一个研究媒介内容"文化含义"的途径。它确实提供了一种描述媒介内容的途径,启发人们进一步去理解信息制造和传递的过程;使人们更加有效地剖析意义的各个层面,挖掘隐藏在文本表面之下的含义,而不仅仅停留在表意的"第一层面"。同时,对某些评估性研究,尤其是在揭露媒介内容中潜藏的意识形态与"偏见"时,符号学分析法尤为有用。

思考题

1. 何为信息?
2. 信息的基本功能有哪些?
3. 信息的基本特性有哪些?
4. 信息的分类包括哪些?
5. 信息、知识、情报的联系与区别是什么?
6. 怎样运用符号学分析传播问题?

第七章

传播受众与分析

　　传播学大师施拉姆把传播学定义为"研究人的学问,研究人与人对于他的团体、组织和社会的关系,研究人怎样受影响、怎样互相影响,研究人怎样报道消息、怎样接受新闻及知识、怎样受教育及教育人、怎样消遣及娱乐人"。在这样一种认识中,人及其所具有的一种关系无疑是传播学研究的基础,而在这样一种以人为本的关系模式中,接受者无疑又是传播能否进行的一个前提。

　　传播理论的发展过程,某种意义上就是对受众在大众传播中地位的深入理解的过程。在传播学兴起之初,学者们往往将注意力集中在大众传播媒介的力量上,多少忽视了受众作为一个接受者同样具有强烈的主观能动性,不过受众的作用很快就引起了他们的注意。在今天这样一个市场经济发达的社会中,大众传媒常常是市场经济的一种产物,或者是有浓厚的市场经济的色彩,"二级传播"理论的提出也使得各种传播形式有机地结合在一起。同时,新媒体快速发展,使得受众的角色地位发生了根本性的转变:自媒体的出现,受众的主体性增强。在这种情形下,对受众研究的重视和深入无疑就更显出它的必要性。

第一节 受众的内涵

　　在传播学中,人们一般用"受传者"一词来指传播过程中的信息接受者。受传者这一概念包括了不同类型的传播活动(内向传播、人际传播、组织与团体传播及大众传播)中的信息接受者,这是一个很宽泛的概念。对于大众传播中的信息接受体,如报纸杂志的读者、广播的听众、电视的观众等,传播学中专用"受众"这一集合名词来指称。

　　受众是信息传播的对象或者说是"目的地",是传播过程得以存在的前提,同时他又是大众传媒积极主动的接近者、参与者和信源反馈者,因而在传播活动中,受众占有极为重要的地位。

　　但是就像人际传播中的受传者不是消极的信息接受者一样,受众也经常觉得有话要说,特别是在新媒体快速发展的形式下,受众的参与意识和受众所拥有的条件,为传受双方提供了交流的便利。受众绝不单纯是信息的被动接受者,他也是这一过程的另一主角,时刻准备登场。一轮一轮的传播活动像水流一样源源不断地进行下去,靠的就是受众的积极参与。上一轮传播的受众往往就是下一轮传播的传播者,一定条件下,传受双方的角色和位置可以互换。只有调动起受众参与的积极性,传播才能取得应有的效果,也才能继续进行下去。所以说受众常常就是潜在的传播者,二者之间的界限并不分明,特别是新媒体环境下更是如此。

就受众概念的衍变来看,美国学者戈夫曼(Erving Goffman)较早使用"受众"的概念来分析"拟剧论"中的日常互动行为。包括戈夫曼在内的"拟剧论"研究学者将人们日常互动行为中的接触活动分解为男演员、女演员和受众。此后,"受众"的概念得到了进一步扩展,开始被用于描述发达工业社会中的所有成员,这些成员使用媒介产品并与媒介产品形成互动。

20世纪40年代,赫尔塔·赫佐格(Herta Herzog)、拉扎斯菲尔德(Paul Lazarsfeld)和弗兰克·斯坦顿(Frank Stanton)等早期传播学学者已经涉及受众研究,并揭示出受众有积极性,能够自主寻求满足。同时,美国传播学者布鲁默(Herbert Blumer)则将受众称为"mess",指的是"乌合之众",指出受众具有多、杂、散、匿等特点,揭示了受众的负面特征。

20世纪60年代左右,受众研究逐渐得到更多认可,成为传播学特别是大众传播学研究的一个重要组成部分。

第二节 受众的分类及特点

大众传播的受众由成千上万、形形色色的人构成,他们在大众传播的过程中几乎无法与传播者进行直接的面对面的交流。因此,大众传播的受众构成是极其复杂的,根据不同的标准可以把他们划分为不同的类型。在不同类型的传播活动中,受传者的特征各具特色。这也正是大众传播的从业人员及研究者需要深入认识这一问题的基本出发点。

一、受众的分类

根据不同标准,大众传播的受众可分为不同的类型。如根据大众传播媒介信息设计是否针对重点的特定对象,可将大众传播的受众分为一般受众和特定受众。这也就是业内人士所说的"定位"问题。各行各业,不同文化层次的社会成员均对某一媒体感兴趣,这些人就是这个媒体的一般受众。但也有许多大众传播媒介是面对特定受众的,现在的报纸杂志的一个基本分类也体现了这种思想,比如报纸杂志中的青年类报纸杂志、妇女类报纸杂志、少儿类报纸杂志、科技文化类报纸杂志等分类表现出的无疑就是追求一种特定读者群,也就是特定受众的意识。这类定位准确的传媒一般都会有相当不错的市场份额,这充分说明了特定受众的形成对一种传媒发展的举足轻重的作用。传统的传媒如此,新的传媒形式也是一样。发展历史并不长久的电视,现在也分若干频道和开办若干栏目,其第一原则就是要找到自己的特定受众——特定观众群。中央电视台的《焦点访谈》《实话实说》等的成功也都有同样的原因。相形之下,早期网络的发展暴露出来传统传播媒介已犯过并且已经或正在改正的错误,很多网站没有意识到自己的网站是办给什么人看的,自己的特定受众有什么特点,全凭想当然,这当然是自取灭亡。而团购网站,微信、微博等社交媒体的发展,则是目标受众分众化定位的结果。所以,无论传媒形式如何发展,寻找自己的特定受众都是首位的问题,因为人们已经早就认识到传播是一个双向的过程,绝不仅仅是让传播者去表达他自己。

另外,按照决定社会群体类别的人口统计学上的可变因素(如性别、年龄、文化程度、工资收入等),可将大众传播的受众划分为不同的受众群体。例如,一家电视台的受众按年龄划分,可分为老年观众、中年观众、青年观众和少年儿童观众等几个受众群体;若按户口类别分,则可分为农村观众和城市观众;按文化程度分,则又可分为大学以上文化程度的观众、中学文化程度的观众和小学以下文化程度的观众等几个受众群体。当然据以划分受众的可变因素远远不止这些。在传播活动进行过程当中,传播者完全可据自己的具体情况进一步细分自己的受众群体,这对进一步提高自己传播的针对性、有效性都有莫大的帮助。不用说,大众传播的受众是由许多不同的受众群体构成的,同时也是由成千上万的受众成员构成的,这正是大众传播的复杂与难以把握之处。不过复杂归复杂,我们总归能找出它的基本特点,以此作为一个切入点来深入对受众的认识。

二、受众的特点

在不同类型的传播活动中,受传者的特征当然也各不相同。人际传播中的受传者千姿百态、特点各异。团体与组织传播中的受传者的特征往往与组织或团体的特点、影响交织在一起,难以抽象地加以研讨。我们这里所关注的主要是当代社会中日益突出的传播现象——大众传播中的受众的主要特征。

(一)多样性

作为一种面向全社会公众的传播活动,大众传播不仅仅是为某些人服务的,这一特性就决定了它的受众必定是极其多的。我们称这一特点为多样性。大众传播的受众分布在各个地区而不是局限于某一狭小的范围。这一点随着新媒体发展已表现得越来越明显,特别是移动互联网的兴起更是扩大了大众传媒受众的分布。互联网的发展以及社交媒体的迅速崛起进一步告诉我们,只要愿意,一种新传播形式的受众可以遍布世界各地。当然新的传播媒介的兴起也给年轻的传播学理论带来了很大的冲击,很多人都在观望传播系统会最终走向何方。但可以肯定的是,我们正在进入一个受众更为积极主动的多媒体的新的媒介环境,受众的范围将会越来越广泛。传统的印刷媒介受众面相对要逊色一些,尤其是在受到新媒体的冲击之后。当然不可否认的是,一张成功的报纸,仍然可以吸引国内和国际的大量读者。

读者由分布在各个社会阶层的人们组成,具有混杂多样的特点。当然这是一个相对的概念,一般报纸的受众肯定比不上电视的受众范围广泛,一般的电视台又比不上国家级电视台的受众广泛,而电视台又比不上网络的受众广泛。所以说多样性的一个含义是大众传播受众面极其广泛,另一个含义可以说是媒介的多样性也决定了受众的多样性。当然也可以说是受众的多样性决定了媒介的多样性,二者之间是一种互动的关系。电视媒体快速发展的时代,报纸杂志为了扬长避短,为了生存与发展,在内容方面逐渐走向专业化方向,出现了不少针对特定受众群的专业性报刊。无独有偶,广播出于与电视等媒介竞争的需要,也在节目安排上向专栏化方向发展,各个城市的专业分台现象无疑就体现了这一点,目的都是为了争取特定受众群。电视同样也逃离不开这样一种趋势,中央电视台将各个部门改为不同的频道,针对不同的受众群,争取更大量的观众,这在国外其实已是很普遍的现象。现在的大众传媒更多的是依靠广告收入来维持经营,而广告收入的好坏又直接与受众的数目息息相关,大众传媒的传播者与控制者自然要考虑到这一点。现在,很多电视台真人秀节目火爆,说到底都是为了要争取更大量的受众。所以说,虽然媒介受众的特点发生了一些变化,出现了更多"类"的特征,但是就总体而言,网络、电视、广播、报纸、杂志的传播对象仍然是全社会的广大公众。此外,即使就某一杂志或某一广播电台或某一广播栏目或某一电视台或某一电视栏目而言,它的主要对象可能是某一受传者或某一受众群体。然而这一受众群体内部也是特点各异的,因此仍具有混杂多样的特征,这是由大众传播的形式所决定的。况且,这些特定的大众传媒形式除了拥有它的主要传播对象以外,不可避免地还拥有一些偶尔收看或收听的次要受众,这也是大众传播的受众多样性的一个表现。

(二)分散性

分散性是大众传播受众的又一特点。由于大众传播是通过各种技术媒介进行的,也就是说在大众传播的传播者和受众之间横亘着冷冰冰的多种技术设备,使得他们在时间和空间上分隔开,不能展开当面的交流。大众传播的各受众成员之间也互不相识,他们分布在各行各业,分布在全国乃至全世界各个角落,几乎互不联系,处于一种分散的、相互分隔的状态。这一特点在通信尚不发达的时候尤其明显,它给信息传递增添了极大的困难,客观上要求大众传播机构重视对受众的研究,以便卓有成效地开展传播工作。今天,随着具有交互性特点的多媒体技术的发展,传统的传媒形式也引进了这一新的工具,很多报纸、杂志、电视栏目上了网,经常举办一些网上见面活动,多少弥补了这种由于分散性带来的直接快速交流的缺乏。特别是社交媒体的快速发展,实现了即时交流、快速传递的互动性传播,但是,毋庸讳言,这种通过插入各种传播设备而进行的交流活动毕竟不同于面对面的交流。因此,即使在今日,分散性作为大众传播的特点之一仍然值得重视。

(三)隐蔽性

因为分布广泛、分散,大众传媒的受众相对于传播者而言是隐蔽的。也可以说,受众具有隐匿性,传播者一般并不认识各受众成员,不能确定他们的具体情况。传播者可能了解受众总体的一些主要特点和要求愿望,但却无从知道受众成员个人的种种具体情况。当前,电脑技术的运用,一方面为不同的受众成员个人向媒介从业人员表达自己的愿望、要求等提供了极为便利的条件,比如中央电视台《焦点访谈》《同一首歌》等节目所做的网上见面活动,无疑为传播者进一步直接了解受众的想法提供了很好的机会,但毫无疑问,大量的受众仍然只能是隐藏于幕后;另一方面,电脑技术的普及运用虽然方便了传播者了解受众,却也给受众提供了更为广泛的消息来源,增强了受众成员对社会信息的选择权,使之根本不必向特定的媒介或特定的媒介从业人员表达自己的要求即可从网络上的大量媒介信息中进行挑选和组合,从而获得自己所需和所喜欢的信息。已经有很多网民宣称他们已不再把电视、报纸等当作获取新闻的唯一方式了。有研究表明:33%的中国人每天在个人电脑、平板电脑或手机上观看在线视频,抛弃电视转向在线娱乐的受众比例高于全球平均水平(25%)(凯度报告)。但是,即便在新媒体时代,网民群体仍然具有隐蔽性的特点。

(四)能动性

在一个具体的大众传播过程中,受众虽然处于终点端,却占有极为重要的地位,在大众传媒愈来愈商品化的今天,情况尤其如此。受众是媒介信息到达的目的地,是大众传播的信宿。没有受众,大众传播信息流通会因没有对象而无法确定流程,无法开展。没有受众的参与,大众传播媒介的信息传递行为,也将在很大程度上失去存在的意义。大众传播者一定要重视受众、了解受众,从而加强传播的目的性与有效性。可以说受众不仅是社会信息传播的对象,同时又是媒介信息积极主动的寻觅者。在人类传播中,受传者是一个有意识的主体,他的信息接受行为绝不是盲目被动的,相反它是积极地、主动地、有选择地接受信息。也就是说,受众具有能动性即选择性的特点。一般说来,传播者无权也无法强迫受传者接受自己所传播的信息。受传者接受信息主要是基于自己的兴趣和需要,他们握有信息接受的主动权。这一点在大众传播中尤为明显。人们出自不同的兴趣和需要,积极主动地寻求各种信息,从而成为大众传播的受众成员。在大众传播媒介日趋多样化的今天,受众的能动性也日趋明显,他们有更多的可供选择的对象。在这种情形下,大众传播媒介所能做的就是充分了解受众的所想所愿,充分激发他们的主观能动性,充分发挥传播者与受众之间的互动性,从而将传播过程不断地进行下去。要把受众视为传播过程中的反馈信源,传播并非一个单向的过程,它是一个双向互动、循环往复的过程,它并不以受传者接受信息为终止。相反,一个成功的传播,要不断地以受传者对信息做出的反应为一个新的起点,将传播连续地进行下去。在人际传播中,受传者在接受信息的同时便对信息做出反应,并用言语或动作,也就是身体语言表示出来,传播者捕捉到这些信息便可以及时调整自己的偏差,更好地表达自己的想法。在大众传播中是同样的道理,尽管中间插入了技术媒介而使反馈环节较为薄弱,同时受众的诸多特点也增加了反馈的困难,但受众成员也还是通过写信、打电话给媒介机构、参加座谈会、在受众调查中积极配合、填写调查表等方式来向大众传媒的从业者表达他们的意见、愿望和要求,源源不断地向这些机构传递反馈信息。目前,电脑技术的逐步普及更为受众提供了表达反馈意见的新方式——向媒介机构发送电子邮件,这无疑加快了信息反馈的速度。同时,各种传播媒介也通过抽奖、赠送礼品等方式来刺激受众参与信息反馈的积极性。在商品经济快速发展的今天,受众是大众传媒的对象,也是大众传媒的消费者,从某种意义上说,他们的所想所需就应是大众传媒的所作所为,受众的能动性的特点越来越明晰。

(五)流动性

受众还具有流动性的特点。广大的受众不可能永远呆在一个地方。社会发展的外迫力和人自身的内驱力驱动着人为了满足自己的物质和精神需要而奔波劳碌,这种流动不只是为了生计和工作,也可能是为旅游、探亲访友等。总之,凡是人就都有流动的欲求和行为,而流动又是不利于有效的信息传播的,这就要求各种大众传播媒介尽可能扩大传播面,尽可能地采用各种新的传播方式,化不利条件为有利条件。比如卫星电视的普及、互联网的高速发展、社交媒体的出现、移动互联网的突飞猛进,就有可能使流动的广大受众成为免费的宣传员。当然前提是传播的信息和传播信息的方式要能引起受众的兴趣。受众是一个个独立的个体,享有个体所应有的一切权利。

第三节 受众的权利及目的

一、受众的权利

现代传媒越来越重视受众在传播中的地位,如此看来,了解受众在传播活动中的地位也是必不可少的,只有这样才能知己知彼,保证传播目的的真正实现。受众在大众传播领域亦是以一个独立的人的形式而存在的,他在这一领域中的权利就像他在其他社会领域中一样,人的尊严是不容侵犯的。我们都知道只有尊重他人,才能得到他人的尊重。在传播活动中也是这样,传播者如果因为自己相对有些特殊的地位而不尊重受众的基本权利,不仅他的劳动会成为徒劳,而且受众反过来也不会尊重他。联合国国际交流研究委员会编写的《多种声音,一个世界》一书中,对个人在传播领域中的权利有非常精辟的论述。大致说来,该书认为受众的权利主要有以下几种。

(一)知的权利

他有权按照个人所能选择的方式,得到或探求个人由于自身原因或作为社会的一个成员所希望得到的消息情报,特别是当消息情报影响到他的生活和工作并且要求他不得不做出决定的时候。凡是有意扣留消息情报,或传播虚假的歪曲事实的消息情报,就是侵犯了这项权利。

(二)传的权利

他有权把所看到的关于个人生活条件的愿望、需求和痛苦的真实情况告诉别人。凡使用恐吓或惩罚等办法使其保持缄默,或剥夺他利用交流渠道的机会,就是侵犯了这一权利。

(三)讨论的权利

传播活动其实就是一个交流的过程,交流不仅存在于传播者和受众之间,也存在于广大受众之间。交流应该成为一个自由开放的答复、做出反应和进行争论的过程。这一权利可以保证集体行动的真正一致,并且使得个人能够影响权威人士做出的决定,从而使其进一步发现自己作为一个独立的个体的价值,随之进一步增强对传播活动的兴趣。一个有经验的传播者知道他所能做和应该做的就是激发受众对传播内容的兴趣,继而通过他们的讨论活动将传播活动进一步推向前进。

(四)说"不"的权利

《多种声音,一个世界》这本书认为:"除这些基本权利以外,还应加上保持私人生活自由的权利。""个人常常需要得到保障,以使其私人生活免受干扰,而这种干扰行为如果依靠的是现代技术的威力,则个人可能是无法防御的。"例如数据库,我们常见的档案中有数量巨大的事实可以核对,数据库的发展无疑为人们提供了诸多方便,是社会所需要的。但如果出现下列情况的话,也会引起人们的忧虑:比如把纯系私人性质的个人情报作为档案,档案中的情报不让有关人员本人知道,不合理地保留一些无关紧要的情报,像一次轻微的违法行为等,再比如把情报从某一数据库不经相关人员同意转入另一数据库等,这些行为无疑都侵犯了受众的权利。现代传媒机构为了更好地了解受众的情况,经常会举行一些或大或小的调查活动,调查结果也就是一些或大或小的数据库,在这一过程中,传播者一定要注意保护受众的相关权利,随着个人权利意识的进一步增强,这一点尤需注意。当然,受众作为一个独立的个体,在接受传播内容的过程中,他完全有权决定接受还是不接受,接受多少亦由他自己来决定。可以说他有不想知、不想传、不想讨论的权利。

当然,现代科技的发展也为受众权利的实现提供了越来越便利的条件。这一报告中就指出:"另外有一种趋势在发展着,它与个人所起的作用有十分密切的关系,那就是为个人提供机会来影响政府当局、交流机构和从事交流的专业人员,以使他们能考虑个人和集体的利益,或者甚至让人们直接使用交流工具并赋予管理和利用的直接责任。"互联网的快速发展,各种政府网站、媒体网站的建立无疑为这一目的的实现开辟了一条坦途。

《多种声音,一个世界》中的这些权利的规定很大一部分来源于联合国《世界人权宣言》的相关规定,这些在各国的法律中都有不同程度的反映,至于能否真正做到,要视社会发展的具体情况而定。就我国目前而言,对受众的权利和权利的实现都提供了相当的条件。但正如我们常说的权利和义务都是相对的一样,广大受众在实现自己权利的同时也要履行自己作为一个公民的基本义务,只有这样才能真正实现自己应有的权利。

二、受众的目的

就受众流动、分散、混杂的特点而言,了解受众的目的无疑是困难的。可以说受众的目的既是可知的又是不可全知的。说可知是因为人的动机不可能永远埋藏在内心深处而不表现出来,终究要通过语言、表情、动作等表现出来,这就给研究人员以感知的可能。说不可全知,是因为人的动机是看不见、摸不着的,它存在于人的内心深处。尽管人们想了种种方法来探求人的内心、了解人的动机,但由于人有时候自己也不明白这样做的原因是什么,有时候人会为了避免外在的或是内心的冲突而以借口来掩盖自己真正的动机,有时候则干脆采取完全不合作的态度,径直否认自己的动机,这些都加剧了了解受众目的的复杂性,使人无法洞悉受众的全部动机。

但无论如何,我们还是有可能了解形形色色的受众一些带有共性的目的。在调查、研究、总结的基础上,大致可以了解到受众选择接受传播内容主要有如下一些目的:①满足知识上的需要:增加新知见闻;满足好奇心;了解别人对各种事物的看法;知道国家与世界大事。②满足精神上与感情上的需要:寻求快乐;打发时间;和家人或朋友共享阅读或欣赏的乐趣;了解地方上的事情;寻求一种认同感。③满足生活上的需要:寻求解决困难的办法;寻求购物的参考资料;增加与人谈话的资料;间接与社会接触。

从我国的实际情况来看,受众主要将精力放在第一种和第二种需求上,大多数的普通人接触媒介首先是为了精神上的满足和消遣,大众传播媒介对受众的态度一般来说是友好的、和善的,为他们提供大量有用的或是好看好玩的信息。广大受众接触传媒,一方面可以消遣,填充空闲无聊的时间,消除心理上的孤独、寂寞、忧虑、恐惧等;另一方面也可以在轻松愉快的欣赏过程中,消除在学习、工作等活动中带来的紧张、疲劳等不良感觉,从而得到希望所拥有的愉快、欢乐、满足等情感，获得一种感官上的享受。正是在这个意义上，威廉·斯蒂文森（William Stevenson）认为，大众媒介的最大作用和最重要的服务就是消遣。事实上正是如此，电视节目的黄金时间播放的几乎都是情节曲折动人的电视剧，报纸中关于各种不寻常事件的报道也最吸引读者，这些都从一个侧面反映出了大部分受众的这一共同目的。当然，也有许多人将其作为获取知识信息的一个主要渠道，而且这样的人有增无减。在今天，传播媒介是个人的朋友和了解社会的桥梁。很难想象离开了电视、报纸、广播、互联网，人们的生活会是怎样一种模样。早在明朝时，于谦就写过这样的诗句"书卷多情似故人，晨昏忧乐每相亲"，意即把一卷卷书籍看作亲密的朋友，愿与它整天亲密地欢聚在一起。国外亦有不少类似的说法，比如高尔基就把书籍比作面包，说自己对书籍的感情就像饥饿的人对面包的感觉一样。书籍这种传播方式自古以来就是人们亲密的朋友。时至今日，我们又多了更多的朋友，电视、广播、报纸还有互联网，与书籍一道成为现代社会中人们不可或缺的朋友。人们在与这些媒介接触的过程中，了解自己身边的世界，了解自己所不曾知道的事物，加深了自己对自身、对生活、对世界的认识。

当前，随着新媒体的快速发展，诸如百度知识、网约车、共享单车等应用开始实际发挥作用，人们的衣、食、住、行、用慢慢通过媒介得到实现，梦想照进现实，"满足生活上的需要"成为互联网经济最杰出和最突出的贡献，而且"互联网＋"成为中国经济的新增长点，正在不断地改变着人们的生活。

第四节　受众与信息反馈

一、信息反馈的含义及其重要性

社会信息传播活动中存在着两种不同方向的流程：一是信息由传播者传播出去后流向目的地——受传者的流程；一是受传者回传给传播者的信息，由受传者流向反馈的目的地——传播者的流程。信息传播过程能否取得效果，从某种意义上来说取决于这两个信息流通过程中的流通能否顺利完成。而这种流通的顺利完成又取决于受传者的积极参与。反馈在空间上就表现为传、受两者间的往返关系。反馈的概念本来是电子工程学上的名词，指发出的电磁波或者所携带信息的回流。在人类的传播中，指受传者对传播者发出的信息的一种反应。传播者通过反馈可以了解受传者对信息传播的要求、愿望、评价、态度等，也可以根据反馈的信息调节改进此后输出的信息，以加强针对性，进行更为有效的传播。同时，正常的反馈也打破了传播者和受传者之间的界限，进一步融洽了二者在交流中的平等关系。在大众传播中，反馈的重要性当然是不容忽视的。可以说反馈是大众传播者判断其信息传播是否成功的主要依据。在一般的人际传播和群体传播中，受传者可以比较及时而明显地向传播者做出反应，传播者可据此及时调整，而在大众传播中受众通过某一传播媒介接收到某一信息，虽然也可以立即做出种种反应——用点头表示同意，用摇头表示反对，用微笑表示赞同或兴奋，用皱眉表示不满或困惑……但这些反应不能立即为传播者所知晓，因此对大众传播者而言都是无效的。只有当受众依据对信息、情报的兴趣与好恶采取行动——或是写信或是打电话或是发电子邮件来予以表扬或批评，或者是停止订阅，或是积极回答问卷以使传播者得知他们的反应，才能构成有效反馈。反馈其实又可分为积极的与消极的两种：感到一种传媒内容与方式不如人意，采用各种方式向传播者提出自己的意见，这是积极的反馈；面对不满意的情况，径直采取停止阅读、收看、收听等方式就是消极的反馈。在大众传播中受众往往会采取后一种方式，特别是在新媒体环境下更是如此，网络舆论的高涨，网民表达渠道的增多和表达欲望的释放，使得很多传统媒体的信息可以在网络中得到及时的反馈，但往往很多时候是负面情绪的发泄，特别是突发事件后官方信息公开不及时、不透明的情况下更是如此，谣言满天飞，负面情绪蔓延，给社会治理和政府决策造成一定困扰。所以，这就要求传播者积极采取一些有效的方式来激发受众参与的积极性，尽可能地提高有效的积极反馈的比重，以此促进传播活动的顺利发展。

二、信息反馈的一般特点

在面对面的人际传播和组织传播中，听话人几乎同时听到讲话人讲出的话，而后这些信息可能会在他们各自的心理上产生和谐或是不和谐的感觉，从而得出传播内容好或是坏的判断。这种感觉和判断会通过本人的内反馈和他人的表情行为语言等外反馈方式立即表现出来，很快为讲话人所察觉和了解。大众传播中的情况却远非如此，在大众传播中虽然传播也是双向的，但是它的信息反馈远不如面对面的信息交流那样及时、集中和明显，大众传播的信息反馈具有延迟性、间接性、零散性、累计性的特点，同时它也更具有代表性。但同时，新媒体的信息反馈变得快速、直接、集中和碎片化。

(一)延迟性

由于大众传播媒介与受众在时间和空间上都存在着一定的距离，而且大众传播的受众又具有众多、分散、隐匿和流动等特点，因此大众传播媒介很难及时获得受传者较为集中的反馈信息。一位报刊读者以写信的形式将自己的意见传达给编辑，需要一定的时间，即使他主动而及时地将自己的意见写下并邮寄出去，这封信到达编辑的案头也需一定的时间，同时我们也要考虑编辑拆信、看信的时间。当然这是一种比较传统的情况，电子技术的发展，缩短了受众的信息到达传播者所需的时间。比如在有些发达国家，有些电视节目的收视率情况在第二天就会公布，传播者也会据此相应地修正传播中的某些不妥的地方。但是就电视而言，大部分节目的收视率要在播出的两个星期之后才会公布，并且传播信息一经输出，即无法收回，至少现在还是这样；要依据反馈做出调整、修改也还需要一定的时间，所以相对来说这一过程总是延迟的。需要指出的是，随着现代科技的发展，特别是新媒体的快速发展，这一情况已经有所改变：新兴的网络电视就可以使广大的受众充分发挥自己的主观能动性，自由选择节目，甚至可以亲历亲为，去扮演自己喜欢的角色。所以，延迟性是传统大众传播的一个突出特点，但是就新媒体而言，及时、快速的信息反馈已经实现。

(二)间接性

在面对面的传播中，传播者可以获得受传者的直接反馈，在大众传播中则很难如此，且不说很少直接与受众见面的报纸杂志编辑、广播电视节目制作人、主持人等，就是经常深入受众中间去的记者也很少收到直接的反馈。在不少国家大众传播的反馈信息是由专门的机构——视听率调查公司、民意调查公司等完成的。它们负责收集信息，媒介只是间接地获得这些信息并对其进行分析。即使记者、主持人等收到受众的来信或电话或是电子邮件，也很少有机会直接与之沟通或是较大的改变媒介传播的内容，除非这些信息代表了大部分人的意见并立即受到了重视。大众传播的反馈信息主要是经过第三者——如视听率调查公司等过滤处理的，所以它的反馈形式和种类相对较少。在我国，现在也有不少的调查公司，但规模不大，对受众的影响也有限，人们似乎更多还是相信口口相传的方式，比如对中央电视台的收视率调查，许多受众持怀疑态度。但无疑传播者对大众传媒信息反馈的间接形式——调查机构的依赖性日益增强，只有增强调查的科学性与可信性，才能保证信息反馈的有用性与连续性。新媒体的发展，使得大众传播时代信息反馈的间接性有所改变。例如，在线直播中的互动，论坛中的留言，微博、微信中的直接"对话"等，但是，这种即时性所产生的公众反馈意见，有时还需要进一步统计分析才能形成具有参考价值的反馈信息，所以，舆情监测、新的调查技术、大数据统计等的发展，是随着新媒体发展所必须进行的研究工作和崭新课题。

(三) 累计性

在大众传播中，及时的、个别的信息反馈并非经常出现，因此并不重要，重要的是一段时间内受众的累计反应，这样的结果能较全面地反映受众的看法意见，因此更具有代表性。大众传播媒介通过了解这些情况，如视听率的变化、报刊订数的升降、电影的票房收入等，然后存储并分析这些数据，对媒介以后的决定尤其是关于确定公众希望媒体提供什么样的内容等方面大有好处。

(四) 零散性

大众传媒获得的受众的反馈信息多是零散的。前面说过，只有很少一部分受众才会采用有效的反馈形式，在这种情况下，最好的办法就是采用科学的抽样调查和实地调查的方法，选择一些有代表性的反馈意见，然后加以汇总、整理和分析研究，从而更好地探知受众的心理。当然，大数据背景下，网民的个性化画像就是一种网民零散信息集中趋势的体现。

(五) 代表性

大众传播的受众是一个极为庞大的群体，想要知晓这一群体中每一个体的反馈是不可能也是不必要的。因此接收受众信息反馈的人们只能以科学的抽样方法选取可以代表受众群体的样本，对之进行测定，根据科学的原则和统计学的方法，尽量使来自样本的反馈信息反映出受众总体的反应。大数据时代，这种代表性已经可以用全样本统计的方式进行处理，但是，这依赖大数据的采集、存储及统计方法和技术的进一步发展。

(六) 量化性

在大众传播中，收集反馈信息是从人数众多的受众中收集数量极为庞大的资料，工作量庞大，所以大部分反馈信息都是以定量化的形式来收集和测定的。常见的有广播电视的收听收视率、电影的票房收入、唱片书籍的销售量、报纸杂志的发行量、网站的访问量——点击次数、网民的回帖率及点赞率等。不少专业从事受众调查的机构定期提供的正是这些定量化形式的反馈数据。但我们也要注意到,因为这些数据与广告收入直接挂钩,有时候就不免增加了其中的水分,也多少减低了公众对这些量化反馈信息的信任。

以上是对大众传播信息反馈特点的总结,在新媒体环境下,信息反馈呈现出不同的特点,或者已经发生了一定程度的变化。例如,有学者研究社会化媒体的特性,包括参与性、开放性、协作性、对话性、连接性以及特殊类聚性等,其中参与性、对话性等特点也可以看作是社会化媒体信息反馈的特点,这明显体现出新媒体与传统媒体信息反馈的不同之处。

三、信息反馈的类型

反馈有多种多样的类型。就反馈效果而言,有正反馈和负反馈,有全反馈和局部反馈;就反馈形式而言,有内反馈和外反馈,有前反馈和后反馈;就反馈的真实性而言,有真实反馈和假性反馈。

内反馈也叫自我反馈,是传播者在输出信息的过程中产生的一种自身的心理反应。它既指个人"宾我"对"主我"的信息反应,也包括传播组织内部被动成员对主动成员的信息反应。内反馈往往产生于受众的外反馈之前。所以若能运用它来揣摩分析信息到达受众那儿可能引起的反应和效果,力争防患于未然,争取在信息输出之前或在受众尚未接收到信息之前,就对信息加以修正充实,这对实际工作一定会极为有利。当然内反馈只是受众信息反馈的一个辅助工具,它可以用作检验信息传播效果的一个工具,但毕竟不能完全替代受众的信息反馈。外反馈,也就是由外部力量所形成的反应,是信息反馈的主要形式,也是调节目标性行为的主要依据。二者的关系是十分密切的。

前反馈是指传播者在输出信息之前,预先了解其组织内部的反应,或者预先向部分潜在的受众征求意见,了解情况以便先期调节、修正传播内容,改进传播方法,加强传播效果。前反馈与通常意义上的反馈比较起来更具主动性、独创性与民主性,后反馈则是传播过程完成后的反馈。现在大众传媒的传播者们通常会将二者结合起来使用,以期进一步提高传播的针对性。

真实反馈是在一个实现了民主和言论自由的社会中个人发言无所顾忌的产物,能够真实地反映出受众真正的态度、愿望、要求和想法。假性反馈反映的是受众经过伪装粉饰的假象,由于这假象是以"真实"的面貌出现的,所以极易把传播者导入歧途,使调节和决策出现偏差和失误,结果不仅影响传播效果而且会造成人力、物力、财力上的浪费。

现代科技的发展加快了受众信息反馈的速度,受众在大众传播中的地位也日趋增强,人们意识到受众是由一个个相对独立的个体组成的,他是否接收信息、选择接收什么样的信息、选择以什么方式接收信息,从某种意义上来说都是他的个人行为。这些都进一步说明了充分认识受众反馈信息的重要性。既要将受众当作一个独立的个体来看待,也要认识到受众的信息选择行为与社会热点问题之间具有千丝万缕的联系,这些在前反馈中都要注意到。了解受众反馈的一个最主要的方式就是受众调查。

第五节 受众的调查

一、受众调查的重要性

运用科学的方法调查受众,是比较客观、全面地收集受众反馈信息、掌握受众心理的主要途径。通过收集到的受众反馈信息,可以调查出各媒介的受众率和受众的构成,了解各种不同的受众群体接触各媒介的程度,了解各受众群体接触媒介的主要兴趣、动机等,为各媒介信息单位提供有用的参考。

与分散在各地的受众成员自发地、零星地向媒介提供的反馈信息比较,通过系统的科学调查方法以随机抽样的形式调查一定的受众样本所获得的反馈信息能较好地反映出受众总体对媒介所传播的信息的反应、要求等,这也是开展受众调查工作的必要性所在。

自传播研究兴起以来,世界各国都十分重视调查受众,调查的方法和手段也不断改进。在电子传媒十分发达的西方国家,这种调查已有几十年的历史,其中尤以美国的传播事业最为发达,受众调查的历史也最为悠久。可以说,受众调查的重要性之一就在于随着传媒的产业化,这种类似于市场调查的工作,已经成为传媒事业不可或缺的一部分。在西方,这项工作往往是由独立于媒介机构以外的专门机构来调查受众,以达到这一工作的专业化、客观性。像在美国就有尼尔森公司、美国调查局、伯奇报告公司、盖洛普公司、西蒙斯公司、波利兹公司等,分别从事不同受众的专业调查;在中国,央视索福瑞、艾瑞咨询等已经成为专业领域具有代表性的市场调查机构。

二、受众调查的分类

大致说来,调查受众分为调查读者(调查印刷媒介受众)和调查听众、观众、网民,也就是电子媒介受众两部分。不同的受众调查又可具体细分为不同的种类,不同的受众调查各有不同的具体方法。以传统的读者调查为例,在大众传媒极为发达的美国,读者调查主要包括以下几种。

(一)对读者概况的调查

这类调查主要提供构成报刊读者群的主要信息,一般采用人口统计学分类法来分类。这在由调查公司负责发放的调查表中有清晰的表现。比如一份旅游杂志的读者概况调查结果显示:该杂志的多数读者如果按经济收入、年龄、受教育程度来划分的话,多属于年收入4万美元、年龄25至34岁、大学或大学以上文化程度的社会群体,他们多数拥有几张信用卡,每年至少旅游三次……这些调查结果进一步印证了传播者在前反馈时期对受众的认识,可使传播者更好地为传播内容定位。

(二)对报刊信息选择行为的调查

这类调查用于了解哪些读者阅读报纸杂志中的哪部分内容,据此增加或是减少某一部分内容的比重。在这类调查中,往往采用辅助回忆的方法,具体测量各报刊文章的读者率。所谓的辅助回忆就是由调查访问者将报刊等给调查对象看,以帮助其回忆阅读过的报刊文章,也可由访问者事先选择这类报刊文章,以收集有关读者率的信息资料,并询问调查对象是否记得读过这些文章。

由于当面采访所需费用太高,现在一些研究者多是采用电话访问或是邮寄问卷的形式来进行这类调查。尤其是随报刊邮寄问卷的形式,更是大多数印刷媒介普遍采用的方法。在邮寄问卷调查中,又有两种略微不同的调查方法:一种称为整份报刊调查法,调查对象收到邮局寄来的前一天的整份报纸及问卷和填写问卷的说明;另一种称为剪报调查法,调查程序与整份报刊调查法基本相同,唯一不同的地方是调查对象收到的是某些文章的剪报而不是整份报纸。显而易见,两者的调查目的也略有不同。在这类调查中,不管调查分析的单元是某报刊还是某类内容的文章,研究时都是将各篇报刊文章或是各类内容文章的读者率同受众的心理或人口统计学的特点联系起来加以考察。

(三)对读者和非读者的调查

这类调查可通过当面采访、电话采访和邮寄问卷几种方式来进行。进行这种调查的一个前提就是对非读者的界定。在有些研究中,研究者使用"你平时是否读报"这个一般疑问句来界定它的受众范围。凡对这一疑问句持否定回答的均被视为"非读者"。也有一些研究者则使用一个更为具体的问题"你今昨两天是否读过报",根据对这一问题的回答来划分读者和非读者的范围。还有一些研究者则使用选择题的方式,让接受调查者就"你是否经常读报"这一问题从"天天阅读""常常阅读""有时阅读""很少阅读""从不阅读"这几种可供选择的回答中选择一种。凡选择最后两者的就被归入非读者的范畴,然后一般再着手根据人口统计学上常用的可变因素描述这些非读者的特点。有些研究者甚至试图找出这些调查对象不读报的原因。当然使用选择题的方式无疑为研究调查者提供了不少方便,而弊端也是显而易见的,除非选择项真能包括现实存在的所有现象。

(四)对读报用途和读者满足的研究

这类调查旨在探讨受众读报的动机及其得到的个人在心理上的报偿。这类调查的基本方法是直截了当的:调查者会通过各种方式给被调查者一张表,表内列入读报的可能用途及其可能带来的满足,并询问他们读报的动机是否是表中所列的项目,如果不是的话,表中也留下了足够的空间让被调查者来述说自己的看法。

(五)对编辑与读者的比较研究

在这一研究中,研究者就某一问题提问一组编辑和一组读者,然后比较两者之间的回答,找出两组意见之间的一致性,作为今后工作的一个主要参考意见。

美国大约从20世纪30年代起就已开始读者调查,在这一方面积累了很多的经验,包括中国在内的很多国家都借鉴了美国的很多做法。

随着电子媒介的兴起,听众、观众、网民调查开始日益受到重视。一般说来,调查电子媒介的受众多以家庭或人口为调查对象的基本单位,根据科学的原则从受众总体中抽取一定数量的样本户或是样本成员对其进行调查是它的基本方法。印刷媒介能收集硬数据,电子媒介却很难拿出与此类似的硬材料,只有一个估计数。这是因为传媒方式的不同而引起的。即便是估计的数目,许多投资商包括一些广告商也还是要知道,这是他们将资金交给这一媒体的信息保证。

三、受众调查的方法

(一)面对面调查

面对面调查是指调查者去样本户家,逐一询问其家庭成员过去 24 小时内的阅读视听行为。采用这种方法的有利之处在于可以了解调查对象的阅读视听行为及他们对文章、栏目、节目的评价等较为详尽的反馈信息。不利之处则在于调查对象的记忆可能不太准确,有时会将几天前的阅读视听行为误以为是过去 24 小时内的行为,由此造成的收集数据的误差会导致对阅读视听率的错误判断。此外,这种方法对人力、物力也是一个极大的花费。

(二)电话调查法

电话调查法是指调查者随意选定一组电话号码,打电话进行调查。这种方法分为回忆式和即时式两种。回忆式调查主要用于调查听众。回答者常常被引导来回忆前一天自己做过的事情,在回忆衣食住行等个人行为的基础上确定自己在什么时候有可能听到广播(并不一定是自己的收音机),然后通过呼号、频率、节目内容、主持人风格等来辨认他收听到的广播频道,这样调查对象前一天的视听行为就显示出来了。即时式的调查中所调查的是回答者在接电话时的视听行为。

电话调查的优势在于迅速,费用相对也较低,如果调查人员训练有素的话,恰当的电话调查是可以提供较为详尽的关于受众视听行为的信息的。但是没有电话和不愿意或是没有在公众电话号码簿中列入的受众,在这类调查中便无法得到反映,这是它的一个局限性。

(三)日记法

在这种调查方法中,调查对象会收到视听日记,按要求在日记中记录下他们开机、关机的时间,观看或是收听的节目、频道等。调查公司一般要求调查对象在一周内随时填写其视听行为,然后将邮资预付并将印有地址的视听日记寄回调查公司,为此调查公司一般会给抽样调查户小小的报酬。

使用这一方法可获得相对较长的一段时间内受众全部的视听行为及其受众构成的数据,并更具参考性。但是该方法也存在着缺陷,如调查对象忘记填写某天的视听记录或是为了应付临到寄回日记前才一次性填写一周的视听行为,这时数据的可靠性就大打折扣了。此外,由于调查对象意识到自己的视听行为将会被记录在日记中,他可能会有意无意地比平时多关注媒体的视听节目,一旦如此,日记中所提供的信息也就不能客观准确地反映出调查对象日常的视听行为了。

(四)记录仪法

调查公司派人在愿意合作的抽样户家中装上记录仪,记录仪连接这些家庭的每一台收音机和电视机,随时自动记录收音机和电视机开、关的时间和收听收看的频道,将这些数据送回公司,公司也将给予一定的报酬。

用这种方法收集数据、制作图表、分析报告的周期,曾一度比其他的方法要长一些,因为抽样户需要每周取出记录纸,再装上新的记录纸。现在的情况是,记录仪可与电话线连接,调查公司的计算机自动拨号即可收集每台记录仪存储的数据,省时又省力。因此,如今在美国,需要调查结果的用户在第二天早上即可收到前一天"黄金时间"的受众率及其他情况的报告。运用记录仪法,方便快速是一方面,另一方面也可以避免手工操作中出现的遗忘和错误。此外,由于费用关系,在运用记录仪法所做的受众调查中抽样户比较稳定,这也可以减少因主客观原因而造成的偏差,这是这一方法的长处。但是记录仪只能测量出电视机、收音机的使用,却无法反映出抽样户中谁或是多少人在收看、收听,并且也无法提供调查对象在户外的视听行为。也就是说,这一方法虽然客观性强,但提供的数据内容不够详尽,所以常常和日记法结合起来使用。

(五)日记法和记录仪法结合使用

在这种方法中,记录仪记录开机时间,此外,每隔半小时它还会发出信号,提醒调查对象填写视听日记。这样就可减少调查对象事后凭记忆一次性填写日记的行为,调查质量由此得以提高。

(六)无线电的全面受众调查

这种方法是,调查前一周,调查者用随机选定的电话号码拨打电话,确定对方是否是住户,并记下家庭成员。在这次联系中,由调查者作自我介绍,说明调查的性质,其目的在于求得合作并商定调查的合适时间。随之送出礼物给接电话者,以建立和睦的合作关系。在随后的这种调查中,调查人员每天在约定的时间通过电话联系了解调查对象前一天的视听行为,进一步确定第二天的调查时间。每天的要求非常严格,自前一次截止时间始,按每一刻钟的时间间隔记下回答者的视听情况,所有的调查都是在装有监督设备的调查中心进行的,这样任何偏差都可随时发现并得以纠正。因此此法的调查质量颇高,将通过此法收集到的信息分类后,可得到某一节目或广告的比较确切的受众人数。但其不利之处在于报告周期长达三个月,费用很高。

这些对视听率的调查也引起了一些非议,不少人对源自美国的视听率调查提出了不少批评。一些人指出,在视听率主宰着电视台、电台和节目制作人的美国,调查过程中存在着许多偏差,使得调查数据很不准确,不能反映出真正的视听状况,而这一切又受到了过分的重视,致使一些公司撤销了一些高质量的节目,片面追求节目的商业价值,忽视节目的艺术质量。这些指责并非空穴来风,它们至少说明了对于视听率的调查方法要得当,调查过程中要严防偏差,尤其要防止先入为主的偏见,要使视听率数据能真正反映受众的视听状况,同时研究受众情况时,仅做定量分析是不够的,要与质性分析结合起来。

除了提供关于观众或是听众数量的视听率调查以外,美国等国家还开展了一些其他类型的调查,提供关于受众喜欢与不喜欢哪些节目的信息、提供对节目安排的分析、提供关于受众的人口统计学特点的信息以及一些其他相关信息。最常见的两种是节目考察和音乐节目点播调查。像节目考察,一般的方法是调查者先给调查对象看某一节目的总结或广告的描述,询问他们对拍摄这一节目的意见以及是否愿意据此描述观看节目或者购买广告中的产品,得到肯定的回答后就可进行第二步调查——制作节目或广告模型,让调查者对此发表意见。各唱片公司提供给各电台的小样就具有此类模型的性质。根据这一步的调查所提供的信息可以预测节目的感染力和受众的可接受程度。如果这一步的结果也很乐观的话,就可接着进行第三步了——制作节目或广告,先进行试验性播放,广泛征求调查对象的意见,这一步可提出节目或广告的哪一部分有问题或需要修改的信息。在一些发达国家,受众调查是经常性的、定期举行的。随着计算机技术及多媒体技术的广泛应用,调查的方法和技术也不断得到改进,采集到的数据连年积累,也取得了较强的连续性,这些都为媒体的工作提供了很多有用的参考数据。

四、我国的受众调查

新中国成立以来,我国的大众传播事业在发展的过程中形成了报社、广播电台、电视台与受众的密切联系,通过读者、听众、观众的来信、电话、座谈会及网上交流等形式收集到的受众信息历来都受到重视。20世纪70年代末80年代初,有关部门开始采用发放调查表格的形式来了解电视观众的收看情况。在我国采用科学的方法对受众进行系统的抽样调查开始于80年代初。1981年,首都新闻学会发起的"北京市读者、观众、听众的调查",是严格按照随机抽样的原则进行的,它标志着科学的、系统的受众调查在我国兴起。此后,受众调查在我国发展得很快,各地新闻机构和新闻研究机构相继采用抽样方法进行这方面的研究,收集到大量关于受众的媒介信息接受行为:他们的兴趣、意见、要求等方面的数据,为改进传媒工作提供了科学的依据。例如《新闻年鉴》《中国广播电视年鉴》等大众传播方面的参考书籍,每年都有有关受众调查的报告,几乎所有的媒体也都会定期进行受众情况调查,这些都说明我国受众调查工作取得了长足的进步。1997年召开的全国电视调研工作会议上,与会的代表达成共识,于当年进行了一次全国性的电视观众调研工作。这次全国电视观众抽样调查取得了很大的成绩,无论是在深度、广度,还是在理论的实际运用和调研队伍的培养上都是一次有益的尝试,为今后的工作奠定了扎实的基础。1997年开始,全国最大的受众调查咨询机构——中国广视索福瑞媒介研究(简称CSM)每年推出《中国电视受众研究》,提供全年电视收视率调查的数据和分析,使电视人和广告商对观众的特点一目了然,也为研究人员提供了丰富的基础性数据。同样,在网络受众调查方面,中国互联网信息中心(CNNIC)也从1997年开始,定期发布《中国互联网络发展状况统计报告》,截至2017年1月,该报告已发布39次。可见,我国的受众调查工作日益发展并逐步显示出全面性、系统性、理论性的特点,理论指导日益受到重视,一支由科研人员、专业人员和专业技术人员组成的受众调研队伍正在形成。在有关受众接收行为的各类数据的收集过程中,完整性日益受到重视,数据的分析、汇集工作在新技术的介入之下也在不断发展。

当然,由于历史较短,加上技术、资金等方面的限制,我国的受众调查在方法上多是采用日记法或是邮寄问卷法,调查周期较长,效率较低,信息反馈也不够及时,这些都需要进一步改进,比如学习国外先进的经验,采用多样化的手段,并尽量缩短调查周期,提高数据的可靠性。此外,数据的积累工作也有待加强。我国有着世界上最多的人口,也就有着市场前景极为广阔的大众传播事业,其市场信息极为庞大,亿万人民每天都在接触传媒提供的各种信息,并对其做出反应。系统地开展调研活动,使之发展成为重要的反馈机制,这既是我国大众传播事业的需要,也是重视和进一步发扬我国大众传播事业中重视媒介与受众联系和在宣传工作中重视效果的优良传统,同时对大众传播的产业化也有不可忽视的推动作用。但正如受众调查在美国等发达国家受到的指责一样,我们在大力开展受众调查的同时,要注意在量化分析的基础上,与定性分析适当结合,增强受众调查的准确性和对现实决策的指导作用,避免唯数据论的误区。

第六节 关于受众的理论

受众不是各种信息的垃圾箱,也不是任何信息都打不动的铁水牛。受众是一个个有个性的人,是有思想、有感情、有血有肉的活生生的人。研究他们仅靠观察、推测和猜想显然是不够的,应当通过由各种科学的调查办法所获得第一手数据来进行一系列的科学研究。

关于受众相关领域,各国学者都进行了深入研究。1990年,詹森(Klaus Jensen)和罗森格伦(Karl Rosengren)在《受众研究的五种传统》中,将受众研究分为5个主要方面,即效果研究、使用与满足研究、文学批评、文化研究和接收分析。

在传播学兴起的初期,关于受众占统治地位的观点是将受众当作"靶子",认为受众是被动的,相对而言是无自卫能力的靶子,一旦被大众媒介的思想击中,就会应声倒下。于是,产生了"刺激-反应"理论以及"皮下注射"理论(枪弹论)等。该思想全然无视受众的能动性,事实很快就证明了这种观念的错误。

1964年,哈佛大学社会心理学家雷蒙德·鲍尔(Raymond Bauer)发表了《顽固的受众》一文,提出了受众对信息的反应受其心理构成的制约,对"枪弹论"等提出了质疑。另外一些学者仔细研究受众时也发现,当大众传播的"子弹"击中受众时,后者常常拒不倒下,或者大众传播的"子弹"根本就不能击中受众这一靶子,有时候受众似乎乐意被大众传播的"子弹"击中,然而事后却丝毫也没有因此而使自己的行动发生任何变化。这些现象都促使人们对靶子论加以重新认识。

另外,由于心理学家、社会学家在人类个人属性和群体行为方式方面的深入研究,使得传播学中的受众研究也有了进一步的深入,并在此基础上提出了许多新的理论。1975年,美国传播学家梅尔文·德福勒(M. L. DeFleur)在其《大众传播理论》中将受众理论归纳为四种,即个人差异论、社会范畴论、社会关系论和文化规范论。其中文化规范论似乎与传播效果的研究关系更为密切一些,美国学者巴伦(J. A. Barron)在1967年提出的"社会参与论"更像是名副其实的受众理论。此外,使用与满足理论、游戏理论等也是受众理论中的重要理论。

一、个人差异论

个人差异论最早由霍夫兰于1946年提出,后由德福勒在1970年做出某些修订而成为一种广为人知的理论。这种理论仍以心理学的"刺激-反应"模式为依据,从行为主义的角度来描述受众。他认为,媒介传递的信息包含着特定的刺激性,这些刺激性与受传者的个性特征有着特定的相互作用,受众成员对大众传媒的不同反映在于个人特性的千差万别。也就是说世界上根本就不存在一成不变的大众传播的受众。人的性情、秉性、兴趣、爱好等不是先天就来的,很大一部分来自于后天的生存环境,由于每个人所处的社会环境和经历不尽相同,各自的性格、脾气、心态体系也就不尽相同。这样大众传播媒介对各受众成员的影响也就因人而异。德福勒对此加以总结,指出主要有五种差异:

(1)人们各自的心理结构是千差万别的。

(2)个人的先天条件和后天习性不同,形成了个人之间的差异。

(3)人们所处的环境不同,从环境中认知所形成的价值观、信仰和态度也不同,这进一步造成了人们心理构造的不同。

(4)由不同的社会环境所造成的人们个性上的不同,决定了人们在理解客观事物方面的差异。

(5)个人的价值观、信仰和态度方面的差异影响他们从环境中挑选信息刺激物并赋予意义。

根据个人差异论,特点各异的受众以不同的方式挑选和解释大众传播的内容,从大量可获得的内容中有选择地注意信息,他们特别注意选择他们感兴趣、与他们的观点一致、同他们的信仰相和谐、支持他们价值观的信息。同时这一理论也认为这些主要是受他们心理结构的制约,认为有效劝服的关键就在于改善个人的内部心理结构,当然这一理论描述还是失之于简单,它最重要的发现大概就是"选择性注意与选择性理解",这一发现使人们开始注意到受众这个群体中的个性因素,开始从这个新的角度来认识受众与信息传播。

二、社会范畴论

社会范畴论也叫社会分类论,是对个人差异论的修正与扩展。个人差异论以普通心理学为依据,强调个体心态与性格的不同;社会范畴论则以社会学为基础,重点强调人的社会群体特性的差异。对此做出重要贡献的有美国学者约翰·怀特·赖利与马蒂尔达·怀特·赖利。赖利夫妇在1959年发表的《大众传播与社会系统》一文中揭示了基本群体在传播中扮演的角色,从而首先进入这一研究领域。

这一理论认为,虽然受传者的个性各不相同,但他们在性别、年龄、文化程度、社会地位甚至兴趣方面总会有大致相同的特点。这些相同的方面汇总起来就形成了社会群体范畴。由于属于某个社会群体的成员具有大致相同的经历,抱有类似的社会观和价值观,或者说,作为传播过程中的受传者,其个体均要受到群体力量的影响,因此对于媒介的信息也会做出大致相同的反应。这样就可以据此将受众划分为许多"社会群"来加以研究,一些大众传媒也就可以据此针对不同的社会群去选择和制作不同的信息,把节目安排得更有特色、更具吸引力。

社会范畴论的主要观点可总结为以下几点:

(1)媒介向社会提供各种信息,但社会成员是有选择性地接收和选择这些信息的。

(2)人们选择接收和揭示媒介提供的各种信息的基础是社会成员在阶层分明的社会结构中所处的地位。

(3)这种社会结构是由许多社会群体类别组成的,而社会群体类别又是以年龄、性别、工资收入、文化程度和职业等因素作为分类界限的。

(4)确定社会群体类别界限的因素左右着人们注意媒介提供的信息和反应的形式,从而使每一社会群体类别成员对此做出一定程度上大致相同的反应。

三、社会关系论

这一理论主要得益于拉扎斯菲尔德、贝雷尔森和卡茨等学者的研究成果。与个人差异论和社会范畴论不同,社会关系论比较注重受传者参加的组织或团体的压力、合力对其本人接受信息的影响。这种理论认为,受传者都有自己特定的生活圈。这种生活圈可能是有纲领、有领导、有组织的团体;也可能是无纲领、无组织的临时性团体,还可能只是邻里、家庭等群体关系。然而无论你属于哪一种生活圈,你都将受到它们的约束和影响。大众媒介传播的任何信息,在这种生活圈中都要受到抵制或过滤,很难畅通无阻。可以说,社会关系在制约受众成员对媒介提供的信息的反应方式面前,起着重要作用。

一般来说,如果个人对团体持有肯定的态度,那么个人就会形成一种按照团体的意见和倾向而行动的趋向,并极力维护团体的利益。这时如果媒介的信息与团体的意见相反,或有损于团体的利益,团体中的坚定分子就会起来反抗,或攻击媒介或加强原有观念,其余的人则可能采取回避态度,或采取歪曲传播的方式,以削弱媒体的力量和作用。如果有少数人对团体持否定态度,它虽然也会表现出一种与团体方向背道而驰的行动趋向,但因为是少数力量,一般是不敢公然与他的团体中的大多数作对的。如二战末期,盟军用无线电向德军喊话,劝导他们投诚,起初效果甚微,原因是谁也不敢首先做出对团体不利的事。后来当士兵与自己的团体即将断绝联系,团体的压力或合力即将或已经失去时,德军士兵开始纷纷接受盟军招降的宣传。可见团体的压力和合力对人接受信息的态度、行为的影响是很大的。

社会关系论的主要观点可归纳如下:

(1)媒介向社会成员提供各种信息,但社会成员是有选择地接受和解释这些信息的。

(2)社会成员对媒介信息有选择地接受和解释,其重要原因在于他们的社会关系具有独特形式的社会影响。

(3)当个人对大众传播信息做出反应的决策受到家庭、朋友、熟人或是其他人的影响时,就表明上述社会关系在产生作用。

(4)个人对媒介内容注意和反应的形式极好地反映了他的社会关系。

(5)媒介的效果既非一致的、强大的,也非直接的。个人间的相互影响极大地限制和左右着媒介的传播效果。

四、社会参与论

社会参与论是源于美国宪法中有关公民权利的一种传播理论。最早明确提出这一理论的是美国学者J.A.巴伦(J.A. Barron)。他在《对报纸的参与权》一文中指出,为了维护传播过程中受传者的表现自由,保障他们参与和使用信息传播媒介的权利,宪法第一修正案必须承认公民对传播媒介的参与权。此后巴伦又接连发表文章重申这一观点。20世纪70年代,日本传播界对社会参与论也进行了广泛的讨论,得出了比较一致的结论,就是普通群众和群众团体既是信息传播中的受传者也是信息交流中的传播者,法律应该承认他享有利用大众传播媒介积极反映自己处境,发表自己的见解、看法及意见的权力。大众传媒应当成为公众的讲坛,而不应只是某些人手中的工具,尤其不应只是统治阶级的传声筒。

对此,联合国交流问题研究委员会在报告中特别指出:"不要把读者、听众和观众都当作消息情报的被动接受者,大众媒介的负责人应该鼓励他们的受众在信息传播中发挥更为积极的作用,办法是拨出更多的报纸篇幅和更多的广播时间,供公众或有组织的社会集团的个别成员发表意见和看法。"可见社会参与论已在世界范围内引起了人们的普遍关注。尤其是近些年,广播节目向直播方向发展,为听众提供了极大的参与空间,极大地调动了他们的积极性。电视、网络都是往加强受众参与性的方向发展,大众传播与人际传播的携手同样折射出受众强烈的参与性。

综上所述,我们可以了解到,大众传播的受众不是一成不变的,即使就某种具体的传播形式而言,他的受众也是变化多端的。人人都是大众传播的受传者,每个人又是独特的独立个体,每个人都有自己独特的对信息的反应。但是如果这些人有过共同的经历、受同样的社会关系的影响,也许他们对大众传播的内容会做出大致相同的反应。一定的社会关系中的受传者会彼此影响,这已是不争的事实。然而随着社会的发展,传播者的角色也在悄然变化,越来越多的人已经不满足于仅仅充当信息传播的被动接受者的角色了,他们试图将大众媒介作为自己的讲坛,发表意见,提出主张,同专职传播者一争高下。现在微博、微信、网络直播等的兴起,都体现了新媒体环境下,"人人都是传声筒"、人人都是传播者的特点,一个全民传播的时代已经到来。

 思考题

1. 什么是传播学中的受众?
2. 受众调查分为哪几种?
3. 阐述一下受众的相关理论。

第八章

传播的心理分析

传播首先是一种社会行为,传播过程伴随着个人社会性互动的整个流程。所以,社会心理学的研究对传播现象来说,具有很强的必要性。另一方面,在传播媒介两边,作为传播者和受传者的人,是有思维、要思考的人,无论传播还是接受传播、传播者的动机还是接受者的效果,都和人的心理状态有关,因而传播学的研究是和心理学密切相关的。总之,在传播学研究中,关注人的心理分析,不仅是顺理成章的,而且是不可或缺的。

第一节 传播心理学渊源

一、传播研究的心理学传统

传播心理学是传播学和心理学交叉结合的一门综合学科,它既是传播学的分支学科,也是心理学中属于应用心理学的一个次级分支学科。由于信息传播总是由人来进行的,传播效果和参与传播的主体、对象及其心理活动有着密切的关系。因此,不揭示参与传播过程的人的心理活动规律,就不能从根本上了解传播的实质,以及如何从传播的内容形式和策略等方面影响和增强传播的效果。由此可见,传播心理学是传播科学结构中必不可少的组成部分,从心理学侧面研究传播行为,探索制约传播效果的诸多心理规律,有助于人们从微观层次深入了解传播行为的特点,以便更有效地发挥大众传播在政治、经济和文化等方面的功能,同时也推动传播学研究不断向纵深发展。可以说,离开了心理学或传播心理学,传播学就难以进一步发展,传播学作为一个学科就出现了严重缺失。传播学大师威尔伯·施拉姆甚至认为:"研究传播学其实就是研究人。研究人与人,人与他的团体、组织和社会的关系;研究人怎样受影响、怎样互相影响;研究人怎样报道消息、怎样接受新闻与知识;研究人怎样受教与教人;研究人怎样消遣与娱人。要懂得传播学应先了解人与人怎样建立关系。"

传播研究的心理学传统,最早可以追溯到古希腊时期。古希腊人已经认识到,只有通过大脑这个器官才能产生喜、怒、哀、乐,才能进行思维活动,才能认识事物、辨别美丑、判断善恶,才能产生愉快和痛苦的情绪体验。古代希腊哲学认为灵魂是更为本质的存在,对"灵魂"进行了多方探讨。柏拉图把精神分为"神的精神"和"人的精神",并在脑与脊髓中探求精神的基础。然而,他虽然区分了感觉、记忆和理性,但对于精神的这些环节既没有严密的规定,也没有说明它们之间的联系和相互关系。亚里士多德则相对少一些形而上学的色彩,他倾向于对个别的、特殊的事物做实质而明确的哲学思考,他逐一检查和研究了灵魂、运动、感觉、记忆以及思想各项。从传播的角度来说,这些正是传播过程的环节。亚里士多德奠定了以后的心理学研究的基础。在当时的社会环境中,媒介还没有发展起来,面对面的信息传递是唯一的社会传播形式。正因为如此,古希腊人这些关于人性的思考和研究,可算是最古典的传播研究了。

真正意义上的心理学的形成,是19世纪的事情。而到了20世纪,社会心理学从心理学里独立出来,开始用很不相同的方式探索传播问题,从而成为传播学的基础理论。社会心理学的基本观点认为人们总是将自己当成群体中的一员来思考和开展自己的社会行为。社会心理学对传播学的形成和发展做出了重大贡献,许多社会心理学家本身就是最早的传播学者。社会心理学的很多理论极大地影响和丰富了传播学理论。

(一)行为主义理论

从某种意义上说,传播学是一种行为科学。正是由于这一点,社会心理学构成了传播学的基础学科。20世纪20年代初,行为主义理论在心理学界盛行,直接来源于动物心理学的行为主义,深刻地影响了后来的社会心理学研究和传播学研究。传播中的传递与反馈研究,受到了行为主义"刺激-反应"模式的强烈影响,这可以从早期传播学中的"皮下注射理论"和"枪弹论"中看出来。行为主义的历史功绩在于,它从外部(刺激)与内部(反应)的结合上解释心理现象,在一定程度上克服了以往社会心理学单纯的外因论或内因论。然而行为主义学派否定意识的作用,用行为反应取代人的心理活动,有严重的机械论和人兽不分的缺点和错误。20世纪20年代中期,出现了以奥尔波特为代表的实验社会心理学研究。奥尔波特虽然基本上沿用了行为主义的刺激-反应原理,但他承认意识的作用,也肯定了个人行为之间的相互作用,在这两点上,他超出和完善了行为主义理论。

(二)社会相互作用论

20世纪30年代,美国社会心理学同社会学、文化人类学一起,对小群体中的人际行为做了多方面的研究,社会相互作用论是这一时期产生的主要理论。这一理论的代表学者米德,吸收并发展了詹姆士的自我论、"意识流"说和库利的"镜中我"思想以及托马斯的"情境规定"论,是芝加哥学派相互作用论的集大成者。米德认为,一般地说,人能形成某种有意义的符号,其他人会对符号产生相应的态度,人又能意识到他人对符号产生的这种态度,并据此态度来改变自己的行为,继续行动。正因为如此,在米德那里,个人行为带有相互性和社会性,正是这种社会相互作用成为人格形成的外部条件。米德把社会相互作用视为联结个人与社会的"媒介过程",在这一过程中他强调意识的作用。社会相互作用论实际上已从理论上解决了传播过程研究中的许多理论问题,如态度的形成与改变、意识在信息处理中的中介作用等。

传播心理学和传播学是20世纪40年代前后在美国首先兴起和发展起来的。公认的传播学的五位奠基者中就有两位是心理学家,其中卢因是社会心理学家,霍夫兰是实验社会心理学家。从研究的内容和研究学者的构成,我们可以看出西方传播学的心理学传统,心理学对于促进传播学这一学科的壮大有着举足轻重的作用。卢因用拓扑学和矢量分析的一些概念来研究行为的"动力场"性质,建立了心理动力学和群体动力学。他的关于群体影响个人的观念、动机、愿望、行为和倾向的理论,群体中领导作风的研究,对于传播心理学的建立起了很大的作用。在研究群体心理和人际互动的过程中,卢因还贡献了传播学研究中最重要的概念之一,即前面已讨论过的"把关人"。霍夫兰在二战期间率领耶鲁大学心理学家小组实地研究说服和说服方法对士兵的影响效果,1949年整理出版了实验研究成果《美国军人》,该书是当时传播学中效果研究的最高峰,是传播心理学也是大众传播学的重要文献。霍夫兰及其助手的许多实验结论在西方影响很大,被广泛引证。他是传播心理学最重要的奠基人。

总而言之,传播心理学与心理学和传播学的联系十分紧密。心理学研究人的一般心理特点与规律,这就为研究传播活动条件下人的心理特点提供了理论基础。同时,心理学的研究方法(实地观察法、自然实验法、实验室实验法等)也适用于传播心理学研究。可见,心理学及其有关分支,比如社会心理学、人际关系心理学等是传播心理学的基础学科。而传播心理学的研究成果又会促进心理学及有关分支学科的发展,例如,几乎所有社会心理学教科书在谈到态度改变时,都不能不提到霍夫兰的研究成果。

传播心理学研究信息传播活动中人的心理活动的特点和规律,以及如何运用这些心理规律使传播效果达到最优化。在整个传播过程中,传播主体(传播者)和传播对象(受传者)之间不仅在政治上、经济上、组织上存在着联系,而且还存在着心理上的联系,他们在心理上都是互相影响的。传受双方各自的心理活动及其相互影响制约着信息传播效果。

二、传播心理学的研究重点

(一)传播主体心理

信息传播者心理通过作用于信息接受者心理而影响传播效果。传播者的智力与能力因素、传播动机、吸引力、亲和力、期待心理乃至个性品质等都是传播心理学研究的内容。

(二)传播对象心理

受传者心理对于传播效果有着更为直接的影响。受传者是由个体组成的,传播心理学研究个体在传播活动中的需要、动机、兴趣、个性、认知特点和自我防卫等心理因素。另外,受传者又是社会群体,群体心理对于传播效果的影响,也是传播心理学的研究课题。

(三)传播中的心理互动

心理互动指人与人之间的心理上的交互作用。信息传播活动中的心理互动包括三个方面:传播者对受传者施加的心理影响;受传者对传播者自下而上的借助于反馈机制的直接或间接施予的影响;受传者与受传者之间通过传播媒介或人际交往表现出来的心理上的相互影响。

就学科研究而言,传播心理学具有重要的理论价值。此外,对各行各业的人来说,传播心理学具有普遍的实用价值,因为它所揭示的规律有利于引导人们培养健康的心理品质、建立良好的人际关系、进行有效的信息交流。对于从事宣传、新闻、出版、教育、文化等行业的人群,传播心理学具有更为重要的指导意义。因为从事上述工作的人,都致力于信息传播,正如威尔伯·施拉姆所总结的,"传播是各种各样技能中最富有人性的",如果这些从业人员不具备信息传播者应有的心理素质,或者不善于把握传播对象的心理特性,选择能够有效影响人们心理的最佳传播渠道和传播策略,那么,他们的工作将收效甚微,甚至以失败告终。世界正在进入信息时代,经济全球化也将带来传媒的全球化。中国加入WTO之后,我们将面对开放的全球信息传播环境,置身于形成激烈的竞争态势的各种媒体之间。施拉姆说,"信息已成为人类的主要资源以及力量和幸福必不可少的条件"。如何在这个信息爆炸的时代高质量地生存下去,协调好人际关系,化解各种社会压力,是我们面临的越来越重要的课题。关于信息沟通的传播心理学的重要价值,将日益被越来越多的人所重视。

第二节 传播主体的心理分析

在信息传播模式中,传播者是信息的来源,也是信息接受者的信息源。传播者对受传者的心理影响是制约传播效果的重要因素。那么,什么是一个信息传播者应该具备的心理素质?我们可以从两个方面进行考察,即智力因素和非智力因素。智力因素指人们以思维能力为中心的认识能力,是观察力、记忆力、想象力、语言表达能力诸因素的有机结合的一种心理潜能。智力因素基本上属于先天形成,后天只是开发的问题,其基本功能在于对人的实践活动起着执行操作系统的作用。非智力因素是指人们进行各种活动除智力和能力因素以外的全部因素的总和。它是由动机、信念、兴趣、需要、情感、意志、气质、性格等心理要素组成的。非智力因素主要有赖于后天的培养。大量研究资料表明,成才过程中非智力因素起决定性作用,因为非智力因素是人们把已具备的智慧潜能转化为智慧行为这一实践过程的中间环节,非智力因素以其整体的相互渗透性影响着人们的智力活动,对它起到活动、定向、引导、调节、保持、激发或制约等作用。

一、智力与能力因素

信息传播者必须具备相当的智力与能力水平,在工作中表现出较高的修养、学识、才能,才具有使人信服的力量,才对群众较易产生影响。这一点在西方传播心理学中称之为传播者的权威性。在传统社会中,年龄、经验、地位是决定权威大小的重要因素;在现代社会中,某方面的权威主要取决于专业知识与实际才干。信息传播者权威性越大,他的传播效果就越好,这是被许多心理学实验所验证过的。

不同的职业对自身从业人员的才能要素有不同的具体要求。例如,教师强调口头表达和组织课堂教学的能力;播音员和节目主持人强调临场的应变能力和驾驭、控制、引导、组织整台节目的能力;而要成为一名优秀的记者,除了有渊博的语言知识、得心应手的遣词造句并自成一格的能力外,还需要有广交朋友的社交才能、永不满足的创新意识、随机应变的发散式思维、较高的洞察能力、捕捉信息的新闻敏感能力、见微知著的预测能力以及在任何压力条件下如常工作的心理承受能力。在这些外显的能力背后起作用的都是人的智力,传播者在长期的信息传播活动中为了有效地应付环境、顺利地达到既定目标,按照职业要求对自己的智力进行开发和发展,最终形成从事本职工作所应具备的一些稳定的个性心理特征。而他们专业性越强,在受传者中的敬佩度越高,他们比那些专业性不强的传播者更容易改变人的态度。

目前我国广播电视已实行"主持人制",广播电视"主持人化"的现象相当普遍。播音员和节目主持人作为媒介信息同听众、观众见面的"最后把关人"和直接传播者,受传者对他们的角色期望是很高的,要求他们有稿时能锦上添花,无稿时能出口成章,面对未曾预料的困境时能应付自如、化险为夷。这些都离不开应变能力和创造性思维。优秀的节目主持人不是突然出现的,而是靠平时的刻苦磨炼来不断提高文化素质、强化语言表达能力、积累各学科知识经验。著名主持人虽然各有特点,但他们的思维和语言能力都达到了流畅、灵活、独创和变通,不光口若悬河,能根据现场变化起承转合、应对自如,还能对现场提供的信息举一反三、触类旁通,他们敢于拿出独家见解,走雄辩的"智者"路线,自成一格地树立起自己节目的风格特点。由此,他们才获得了广大公众的认同、喜爱。

现代科学技术迅猛发展,学科极大分化,个人已不可能独立地通晓一切知识领域。由于当代人求知需求十分强烈,因而自然形成对各领域专家、权威的崇敬心理,群众心目中的权威是那些学有专长、有所成就、有能力有实绩的人物,仰慕的心理使人们对权威人士的要求比较高,因而权威对人们的影响也比较大。实际上,人们在广告宣传、思想教育等工作中,经常有意无意地发挥着权威、专家的影响作用。例如制作广告时,厂商往往引用专家或权威人士对产品的赞誉和评语。如我们耳熟能详的一些广告就是大打专家牌,以参与产品研制的强大专家阵容来吸引观众。机关、团体、学校也经常请某方面的专家、学者来作报告,这比一般人讲同样的内容效果要强得多。

由此可见,在信息传播过程中,要重视传播主体的智力和能力因素,要尽可能利用专家权威的影响。在做电视访谈节目或在报上就社会热点问题展开讨论时,如有可能,请一些卓有声誉的专家、学者来"现身说法",他们对引导观众的态度有积极的影响力。与此同时,传媒业的从业人员也要加强学习和研究,注意提高自身的专业性和权威性。

二、动机

动机是推动行为使其达到某种目的的内部心理动力,或称内驱力。人的一生无时无刻不伴随着各种生理的、物质的、精神的需要,当人的某种需要和某个具体目标相结合时动机便产生了,它可以引发人们的特定行为,使人跃跃欲试并产生朝向目标的动力。由于人的需要层次及追求目标有高低之分,二者相结合形成的动机也会有强弱正负的差异,所以在信息传播活动中,传播者的动机是影响其行为及传播效果的又一个因素。

1966年,沃尔斯特·阿伦森和阿拉伯罕通过实验对宣传者的动机问题进行了研究。他们让一部分被试听取"加强法庭和警察的权力,对罪犯要严厉"的主张,让另一部分被试听取相反的主张"警察和法庭权力过大,对罪犯要宽容一些"。同时又把每一部分被试分成两组,分别告诉这两组被试,这些主张是检察官(G.威廉·斯蒂芬斯)提出的和重罪犯(一个被判刑的海洛因药商贩乔·纳波里塔诺)提出的。这样,实验设置了四种条件,如表8-1所示。

表8-1 信息来源与态度改变

信息	信息来源	
	检察官	重罪犯
对罪犯要严厉一些	A	B
对罪犯要宽容一些	C	D

实验结果耐人寻味：在检察官主张减少法庭权力(C)和罪犯主张增强法庭权力(B)这两种条件下，被试的态度变化最大。这就是说，当信息来源(传播者)所提出的主张与其自身利益完全相反时，这种主张的影响作用最大。即使是不被社会所承认的人(重罪犯)，只要他抛开乃至违背个人利益而主张某种观点，那么他也会具有与受人尊敬的政府官员同样的影响力。

这个实验结论启发我们，作为信息传播者，要改变人们的态度，最根本的一点是动机纯正、公正、客观、无偏见、不谋私利、为他人着想，当群众了解到这一点，那么传播者的可信性和宣传的有效性就会增加。1936年，埃德加·斯诺毅然突破国民党的封锁，冒着生命危险深入中国西北地区，到中国共产党领导的区域去进行采访。支撑他破釜沉舟踏上这条前途未卜的非凡旅程的，是一种追求真理、伸张正义的信念，以及"向全世界报道红色中国的真相"的神圣动机。他的通讯报道集《西行漫记》一出版，就轰动了整个中国和海外华侨集中的地区，因为他作为一个优秀的新闻工作者不顾自身安危、深入到最艰险的地方去捕捉世界重大事件的行为，本身就证明了他的通讯报道的真实性和客观性。

与此相反，正如威尔伯·施拉姆所言："如果传播者是一个想通过向对方推销一个观点而得到好处的人，他的宣传会产生消极效果。"在传播过程中如果过分吹捧抬高自己，"王婆卖瓜，自卖自夸"，那么往往收不到预期效果，甚至事与愿违，吃力不讨好。比如一些商业广告，为了追求轰动效应，不切实际地夸大自己产品的功能和作用，结果反而失去了消费者的认同和信任，这种短期行为的恶果是，造成了对企业声誉不可挽回的损害。其实，"桃李不言，下自成蹊"，过于自我宣传往往适得其反。所以，传播者要避免这种情况发生，就要坦率、真诚地与受传者进行信息沟通，把握好分寸，在传播中不要过分表露出劝导企图，这样反而更具有说服力。宣传于己有利的观点时，若由他人代言，则可能有利于免去误解或嫌疑，增强传播的可信性和有效性。如有的厂家对消费者进行跟踪调查，搞好信息反馈，以消费者的亲身体验来说明自己产品的质量，这种策略就比较好。

三、情感

情绪情感是人的心理活动的一个重要方面，它是人对客观事物的一种特殊的反映形式。2000多年前，亚里士多德就提出，通过论辩或演说本身(即传播信息本身)说服听众，要感情与理智并用。他说，我们在说服时既要"有剖析事理的能力，且有识人的本领，能察颜辨色，分析真伪，把握受众感情，并能运用种种方法来打动这感情"。的确，在实际传播活动中，我们往往将诉诸情感和诉诸理智这两种方式交织在一起运用。一般来说，在传播开始时诉诸情感，引起情感上的共鸣、激发起兴趣，由于情绪具有感染性，群众通常反应强烈，会在短期内取得显著效果。但是，随着时间推移，情感的作用会减弱，侧重点应转到理性说教上，使群众能冷静、客观、全面而深刻地认识信息，思考问题，形成观点信念，产生稳定持久的影响力。由于广播、电视等大众传播媒介具有"一瞬即逝，不留踪影"的弱点，不像报刊那样能停顿思考，跳跃选择，反复阅读，所以，能在短时间内立即见效的诉诸情感的传播方式是其赢得观众的主要手段。另外，情感的作用也受到人们智力、文化程度的制约。我们从三方面探讨传播者怎样运用诉诸情感的传播方式。

(一)吸引力

许多心理实验证明,传播者越有吸引力,劝诱力越大。因为,有吸引力的传播者的外貌、神态、举止、服饰能够满足人追求美的需要,给人以愉悦之感。而喜爱能使人产生一种趋同的倾向,人们容易在这种情感的影响下去接受传播者的某些观点,并还有可能以自己的反应行动去反作用于传播者,也就是表现出一种取悦于传播者、力求使传播者满意的心理倾向。所以,对于传播者,应当注重仪表美、行为美,尽可能地增加吸引力,在其他素质或条件相同的情况下,这种做法无疑会使群众留下良好的印象,有利于加强传播效果。我们在生活中可以见到,播音员、节目主持人的个人魅力对其主持的节目成败与否至关重要,正因为个人魅力对于节目内容的传递起到了如此显著的作用,所以努力使主持人走红,充分发挥其"明星效应",对于闯出名牌电视(广播)栏目、大幅度提高主持人节目的收视(听)率起着不可估量的作用。网络直播的火热,大量"网红"的出现,也是一种"注意力"经济导向的传播现象。

(二)亲和力

人们普遍有这样一种认同"自己人"的心理,他们强烈倾向于喜欢那些和他们相似的人。所以,传播者自身的亲和力是他是否能赢得大众喜爱,并使人们易于接受他的观点的一个因素。

心理学研究表明:如果传播者在民族、宗教、政治、阶级、教育水平、年龄、爱好、职业、经历等方面与信息接受者大致相似,那么就会有助于提高信息传播效果。在其他条件一样的情况下,人们更容易接受与自己相似的人的影响。柏克把传播者设法让听众相信他是他们的人的方法,称为"认同策略"。传播者要说服别人必须增强自己的亲和力,如果对方属于不同的群体,那么也要尽可能地利用交往双方的某些接近点,有意识地缩小相互之间的心理距离。比如以真挚的情感去寻求彼此生命空间的共鸣,尊重对方的规范和特色,引用对方群体中流行的格言、口号,总之到什么山上唱什么歌。见到工人侃企业,碰到教师论教育,在有了一定的共同语言、做好情感铺垫之后,就可以轻松地切入正题,有效地说服对方了。佛教能在中国传播并最终成为中国文化的一部分,重要之处在于其中国化的努力,在尽孝、尽忠上争取与传统中国文化相一致,入乡随俗,这才取得了国人的理解。

(三)期待心理

西方教育心理学领域有一项研究很有影响,这就是关于教师期待效果的研究。

1986年,美国哈佛大学心理学家罗森塔尔和雅克布森对奥克学校的小学生进行了一项研究。他们先对学生进行了一项"预测未来发展的实验",实际上是一般的智力测验,开学后从各年级随机抽出20%的儿童,告诉各任课教师说这些孩子是"猛进型"的,具有潜在成长的可能性,具有学业冲刺的能力。8个月后,再对全部学生进行智力测验,结果发现这些所谓"猛进型"儿童智力测验的得分比其他学生高。一年后进行第三次测验,"猛进型"学生得分仍继续提高。实验者认为,教师受到心理学家"预测未来"实验的暗示,对"优选"出来的这些"猛进型"孩子抱有期待,施予鼓励,而学生也微妙地感受到教师的信任和期望,以积极的态度做出反应,不仅更信赖教师,而且更加努力,终于达到教师期待的目标。罗森塔尔借用古希腊神话典故把这种作用称为"皮格马利翁效应"。这种效应在少年儿童中表现得比较明显,在成人的信息沟通中也能测查出这种作用。

由此可见,传播者在人际交往以及宣传教育工作中,如果关心、尊重和鼓励受传者,对他们能够出色地做好工作或达到某种目标满怀期望,而且这种期望发自内心,通过体态语、表情、语调等各种非言语渠道表露出来,这样就能更有效地在人们身上产生良好的期待效应。在进行一些特定的传播活动,比如选举、激发士气、慈善募捐或公益宣传时,传播者对受传者声情并茂地发起呼吁,提出要求,并且对受传者能改变态度或达到某种目标怀有期待,不断加以鼓励肯定,往往能推动受传者做出所期待的行动,从而取得较好的效果。

所以,各种媒体在与大众沟通中必须正视受传者对于情感交流的迫切需求,特别是广播、电视等大众传媒,因其具有声音、色彩的直接可感性,播音员和主持人与观众之间实际处于一种仿人际传播的情境中,突出情感因素显得尤为重要。实际上,称职的播音员和主持人应当具备善于移情的能力。移情又叫感情移入,这种能力表现在两个方面:一是能设身处地理解他人的感情和需要;二是善于运用自己的情感(借声音或形象)去感染受传者。播音员与主持人虽然面对的是话筒和镜头,但是靠移情能够在头脑中想象出听(观)众的心态,从而产生强烈的对象感、交流感和播讲的欲望,进入良好的播讲状态。这种充分渗透着情感和体验的播讲传送到受传者心里,有助于满足受传者情感交流的需求,提高了传播的效果,最终导致传播者与受传者"冲破"媒介的阻隔,实现心灵上的沟通。

四、个性品质

传播者特有的个性心理品质,也是我们分析传播者与传播效果关系时应当考虑的一个因素。

个性品质之所以在人的心理特征中具有中心意义,就在于它是以世界观为核心的。个性表现在人们对万事万物所持有的态度及与之相适应的行为方式上,它在一定程度上反映出一个人的本质特征。个性对一个人成长的重要性及影响的广度、深度是其他心理因素所不能比的。那么,信息传播者应当具有哪些个性品质呢?

心理学研究指出,估价他人品质是形成印象的中心环节,而估价时又分为智力的和社会的两个方面。1968年,心理学家诺尔曼·安德森对社会品质进行了专门研究,他开列一种词单,列出555个描写人的个性品质的形容词,之后让大学生们指出他们最喜欢具有什么特点的人。研究结果很明显地表明,大学生评价最高的品质是真诚,而评价最低的品质是说谎、装假以及不老实等。同时,有关研究还指出,热情-冷酷这一对品质是人们估价的中心品质,也就是说除了真诚外,热情也是成功的信息传播者所必备的个性心理品质。热情的人是温和好相处的,喜欢关心、赞美、称颂人或事物,而不是厌恶、轻视或说坏话,也不是总富有批判精神。心理学家弗克斯和西尔斯1977年通过一系列实验得出结论:喜欢别人的人最受别人喜爱。真相就是这样简单,真诚和热情的传播者容易受到人们的喜爱和欢迎,人们更倾向于接受他们所传播的自我。

另外,善于自我开放的传播者最容易被他人理解,能够建立良好的人际关系。因为在人际信息交流过程中,只有人们更加开放自我的时候,人际关系才会得到增强,在此基础上才能产生人际吸引力乃至更好地传播和接收信息。人们之所以把"真诚"摆在他们所喜欢的人所具有的一系列品质的第一位,原因就在于这种人襟怀坦荡,真挚诚实,"透明度"高,勇于开放自我,能坦诚地与他人分享信息和情感,没有过多的心机和城府。而一个经常过于封闭自我、掩饰自己真情实感的人,没有多少人愿意与之交往,因为他不愿暴露自我,身上充满了不为人知的秘密区和盲目区,令人难以接近和信赖。正如社会心理学家鲍威尔所说:"任何建立在缺少坦率和真诚基础上的关系就像在沙上建房,这样一种关系不可能坚持并经受住时间的考验。这种关系中的各方也不会从中得到任何值得重视的好处。"

俄国著名教育家乌申斯基曾经说过:"只有个性才能作用于个性的发展和形成,只有性格才能养成性格。"应当指出,传播者的个性品质,不仅是其自身稳固的异于他人的心理特征的总和,而且还是对受传者有重要影响的教育因素。例如,优秀的节目主持人都是代表媒介出场又具有鲜明的个性,他们既做好对媒介信息进行沟通和引导的本职工作,又敢于展示自我的个性风采。作为富有号召力、影响覆盖面广大的大众传媒的终端形象代表,主持人的个性对青少年人格的塑造和非智力品质的培养都会发生作用。在绝大多数受传者眼里,那些脱俗不凡的主持人很容易被视为真善美的化身,也很容易成为受传者与之神交的良师益友。因此,传播者努力优化自身素质,充分展现真挚、热情、坦率等良好的个性品质,能够通过传播媒介有效地发挥潜移默化的教育功能,从而使传播获得更大效果。

前面讲述了一般意义上的传播者心理素质的两大构成:智力因素与非智力因素,以及传播者心理与传播效果之间的密切联系。其实,传播者的非智力因素中还应该包括意志力。有的心理学家把人的心理过程分为知、情、意三大类。所谓知,是指认知过程;情,即情感,它是认知过程与意志过程的中介;意,即意志过程。富有意志力的传播者自我意识发展成熟,既善于知人,又善于知己,能够自我控制和自我调节,自觉地推动自己的行动达到所追求的目标。传媒行业竞争激烈,人际关系错综复杂,服务性质广泛,运转效率高,其从业人员必须有坚强的意志力去应付各方困难及挑战,敢于冒险和创新,保持积极进取的心理状态。可以说,意志是传媒从业人员推进传播活动的强化剂。新闻业是危险行业之一,我们从媒介获取的许多迅速及时又真实生动的新闻,其背后都凝结着采编过程的艰辛甚至不同寻常的冒险行动。有些揭露性很强的新闻报道一经发表之后,记者会遭到某些被危及其既得利益的人的打击、报复、诬陷甚至人身伤害。为了维护新闻的真实性,新闻工作者要具有超于常人的毅力和意志。

信息高速公路带来全新的传播方式,第四媒体的传播特点和功能完全打破了传统传播理论的构架。其中,受传者消失、传播多元化是网络传播的特点之一。第四媒体是人人均可创办的媒体,任何人上网后都可以找到发布自己消息的空间。目前,新闻单位、网络信息公司和个人是构成第四媒体的三大主要传播者。新闻机构垄断发布新闻的"专利"被打破,特别是随着移动智能设备的日益普及,移动新媒体实现了"人随网走"到"网随人走"的转变,传播的个人化与个性时代已经到来。例如,2017年"8·12天津滨海新区爆炸事故"发生时,很多人在朋友圈第一时间更新信息、图片及视频,及时让公众了解事故发生情况。这已经成为当前突发事件发生后的普遍传播形态。可以说,大众传媒作为突发性新闻事件的唯一发布者的地位已经减弱,但仍是过滤、核实新闻和进行深度报道的权威。在网络、多媒体时代,媒介工作必须具备一种崭新的心态,即要具备同网民平等交流的观念和能力,要真正以平等的态度乃至公仆的态度虔诚地为公众提供真实、全面、客观的信息服务。要善于运用网络,在传播前进行必要的网民抽样调查,及时了解网民欲知、关心之事和其他意见要求,设置网民需要的议程。在传播过程中,要善于运用各类新媒体技术,尽可能同网民进行直接的对话和沟通,在传播告一段落后,要善于运用网络及时了解网民的反馈,为今后更好地传播服务提供参考。另外,我们也必须正视这样一个现实:传播者的多元化在造就大量个性化表达的同时,也导致网上色情泛滥和假新闻流传。在网络发展的过程中,涉及安全、色情、侵犯个人隐私、诽谤、造谣、知识产权保护等方面的案例在各国层出不穷。当前,随着网络实名制的推行与相关法律法规的完善与健全,这些现象有所遏制,但是,网络是开放的,网络传播者队伍鱼龙混杂,群体心态与个人心态目前还没有被完整地认识和了解,这是传播心理学需要继续探讨的新课题。

第三节 传播客体的心理分析

一、受传者的心理特点

受传者是信息传播过程中的重要因素。信息传播是否有效,要看其对人有无影响。那么,如何才能使传播收到预期效果呢?除了传播者必须具备一定的心理素质、合理组织信息内容、讲究传播策略外,还必须了解传播客体——受传者的心理。受传者心理是指大众传播媒介所传播的信息和由此而引发的其他刺激直接或间接地在受传者头脑中的主观能动的反映。接收信息的受传者既包括群体,又包括个体。由传播信息引发的其他刺激主要指围绕着接收信息而出现的受传者之间的人际互动。这种人际互动对受传者心理的影响是直接的、广泛的、深刻的,但往往不易为认识主体察觉。这种人际互动也是产生受传者心理的一个重要因素。

受传者心理本质上是一种社会心理。所谓社会心理,是人们在社会生活中自发产生的并互有影响的主体反应。受传者心理是符合上述要素的,受传者心理作为受传者(即认识信息的主体)对传播信息以及在传播活动中他人影响的反映,是在社会生活中产生的,是人们之间相互影响的产物,而且带有很大的自发性、随意性和可变性,是一种比较难以控制、掌握的社会心理。明确受传者社会心理的性质,自觉地运用社会心理学的理论去研究受传者心理,将会拓宽受传者心理的研究领域,增强这一学科研究对于现实的指导意义。

受传者是分散四处、不断流动的芸芸众生,还是在一定社会范畴内存在着一些共同的心理联结和文化规约的群体?1940年,拉扎斯菲尔德等人做了个设计,研究大众媒介与美国总统大选选民投票意向的关系。他们发现,大众传播媒介对于公众的投票选择的影响非常小,因为大多数人早在投票之前就已经决定投谁的票,很少因为大众传播的信息而改变主意。只有5%的人由于竞选活动而改变主意,但是,他们也主要是听从了亲戚、朋友、团体的劝服。显然,受传者彼此之间依然存在着共同的相互影响的生命空间。他们都有着自己特定的生活圈子,这种圈子可以形成共同的约定力,并影响彼此对外界信息的反应。拉扎斯菲尔德这一意外发现引发了对受传者认知的认真研究,社会学和心理学的方法论被引入到这个领域的研究中。先后产生的几种主要理论有社会分化论、亚文化理论、个人差异论和社会范畴论,它们互为补充,最后指向这样一个结论——受传者群体或个体因各种差异可以划分成不同的社会范畴,属于一定社会范畴的人们总有着大体相同的经历、抱有类似的社会观和价值观,因而能对传播媒介做出大体相同的反应。下面,我们看一下不同的差异造成的各类受传者群体和个体的心理特点。

（一）性别

受传者的性别不同,对媒介信息的取舍也各异。一般来说,男性关注社会发展的新闻较多,女性关注人生方面的新闻较多。社会对于男性的角色期待要求他们富于事业心,担负更多的社会职责,因此,男性更多地关注国际、国内重大变迁的新闻以及市场经济、基础建设、机构改革等社会新闻。而女性多数就业于文学、艺术、教育、心理、医学等行业,因此更关心人生方面的信息。另外,女性多担负家务,对家庭生活、儿童教育、卫生保健等知识性文章以及社会趣闻也有强烈的兴趣。

性别不同,对于广播、电视节目的心理需求也明显不同。女性对于广播、电视的依赖性高于男性,并且对五花八门的各类节目表现得非常宽容,男性则选择性强,显得更挑剔一些。

相比较之前的男多女少的状况,当前中国网民性别结构趋向相同,且与人口性别比例基本一致。但是,男性跟女性在上网信息选择、关注热点方面还是存在一定的性别差别。比如,年轻男性更多喜欢网络游戏等应用,而女性网民则倾向于关注生活类、购物类网站。淘宝、京东等电子商务网站的火爆,就使得很多女性有了"逛淘宝""逛京东"的习惯,改变了原有的消费习惯和消费行为。

（二）年龄

人的心理发展是有阶段性的,而这种阶段性与人的一定年龄相联系,不同的年龄有不同的心理发展特征。受传者的年龄不同,往往心理、兴趣、知识和社会经验、家庭责任感也不同,对信息的选择也不同。

少年儿童在生理和心理上都很不成熟,处于幼稚阶段,可塑性很大。他们的认知活动具有不随意性的特点,具体形象思维居主导地位,抽象逻辑思维刚刚萌芽,其自身的矛盾是:知识浅薄而敢想敢干,耐力不够却又兴趣广泛。儿童模仿性强,好奇心强,厌静喜动,他们对信息的选择,一般喜欢形象的、通俗的、传奇式的。因此,对儿童进行说服教育时,应当少空洞说教,忌抽象理论,应通过示范或发挥榜样的作用,开展生动形象、富有情感色彩的活动,对其进行启发和引导。

青少年在生理和心理上都处于从不成熟到成熟的急剧发展的过渡时期。他们初出茅庐,血气方刚,情绪波动性大,感情易冲动。由于自我意识的发展,他们产生了强烈的自尊心和独立性,希望独立地认识世界和受到成人的承认和尊重,所以喜欢一些锋芒锐利的观点和理论。由于处于世界观形成、逐步学会观察和思考问题的时期,他们的思维具有一定的独立性和批判性,但还不够成熟,有明显的主观色彩和理想色彩。因此,对他们进行信息传播时,应尊重他们的独立意识和自尊心,并投入充分的情感关注,引导他们客观、全面地认识问题。

中壮年在生理上已经发育成熟,心理发展也达到较高水平,思想、性格定型,少浪漫,讲实际,有固定的目标。他们具有较强的分析综合与判断推理能力,能较为冷静、全面、深刻地观察和考虑问题。在情绪上,较为持重,不易冲动。在信息的选择上,他们喜爱与自己工作有关的各种专业知识和经验,也关心与实际生活密切联系的社会新闻。对这个年龄段的人进行宣传工作,必须以说理为主,只有在确凿的事实和周密的理论面前,他们才能被说服。

老年人随着身体功能开始衰退,记忆力减弱,性格变得沉抑,爱平静,一般进取心开始减弱。由于社会活动范围变小,易产生孤独感、怀旧感,有时甚至有偏执、猜疑、易怒等表现。老年人智力上衰退迹象不明显,为了避免落伍仍继续关注时事,并特别关心治安、公共福利、卫生保健等信息。对老年人进行信息传播时,应注意方式方法,既要耐心地摆事实、讲道理,又要在态度上尊重,情感上关心,热情诚恳方能收到预期效果。

一般来说,年龄越大,对于媒介信息的选择性越强,青年人对于手机媒体的依赖性高于中年人和老年人,而在各年龄段中,中壮年人对于媒体提供的各类节目表现出最大的宽容度。了解受传者的年龄特征,是从纵的方面来把握他们的心理特点。从横的方面看,处于同一年龄阶段的受传者,他们的心理在许多方面也是有差异的。

(三) 不同的职业、地位和文化程度

不同的职业、地位,给人们带来取舍信息上的差异。农民关心的问题与工人不一样,群众关心的问题与干部不一样。一般来说,中上层干部公务繁重或专业任务压顶,无心琐屑的日常生活方面的信息,而对国际、国内重大新闻和重要的社论、评论文章以及政策和上层变动,时刻予以充分的关注,因为他们的地位和工作都与此紧密相关。一般群众则关心柴米油盐、就业求学、社会福利、卫生保健等日常容易碰到的实际问题,希望从媒介得到这方面的信息和情报,作为自己行动的参考,他们对和日常生活有关的娱乐性信息也有浓厚兴趣。这里充分体现了马克思主义的一条基本原则:社会存在决定社会意识。的确,人们的社会地位决定着社会需要,对传播信息的取舍也是同样的。

研究表明,不同文化程度的受传者,在选择传播媒介时一般有区别。受教育程度低的人和年轻人,更多地看电视。因为视听传播中信息转瞬即逝,难以进行抽象的理论研究,但充斥着刺激情感的各类信息,能够有效地满足情感的需要,这一类人的被动性往往比较大,心态多为空想型,他们的行为方法往往是基于快乐原则,也要求及时得到报酬,以达到消愁解闷、排除恐惧和不安的目的。而受教育程度高的人、年龄大的人和经济条件好的人,则更多地阅读报纸、杂志。因为阅读是一种个人性的行为,是一种视觉运动,较为抽象,也要求阅读者具有较高的受教育程度。这一类人勇于面对现实,有长远打算,积极认知,试图努力克服恐惧和不安,能动性较强,心态多为现实型。随着教育程度的提高和年龄的增长,人们一般会越来越多地关心社会问题和科技问题,更多地从报刊以及电视的严肃节目中获得信息。

据中国互联网信息中心(CNNIC)提供的调查,截至2018年12月,中国网民规模已达8.29亿,互联网普及率已达59.6%,网民的学历结构以中等学历群体为主,初中、高中/中专/技校学历的网民占比超过一半。正如上文说过的,受传者上网接受信息是需要一定条件的,特别是需要个人素质的支持,如一定的电脑知识、相当的英语水平等。就像十七、十八世纪欧洲政党报纸时期,由于教育落后,文盲较多,从受传者的角度就限制了报纸的大众化普及,真正的报纸媒介的普及还是要等到工业革命后,受传者的素质提高后才能实现。因此,网络传播要大规模地进入人们的生活,对于整个社会,尤其是不发达的地区来说,除了降低上网成本和提升非网民对互联网的需求外,还需要一个电脑扫盲和网络扫盲的过程,才能真正普及。

在人际传播中,受教育程度和智力因素对人接受信息的影响极为明显。一个感知迟钝、注意力不稳定、记忆不牢固、想象欠丰富、思维欠深刻的人是难以较好地接受和理解信息的。有一种说法认为,智力高的人比智力低的人难以被说服。这种见解有片面性,只有当说教者素质不高,观点缺乏逻辑性和真实性、论据不充分时,情况才是如此。心理学相关研究还指出,受教育程度高、智力水平高的人不是不容易被说服,而是不易接受意义浅显、简单的说服,当信息内

容复杂深奥、有理有据、客观公允时,智力高的人更容易被说服,而智力低的人则难以理解。

(四)媒介差异

报纸、广播、电视、网络这些不同的信息传播媒介所传递的不同的媒介符号群作用于读者、听众、观众、网民等不同的感受器上,久而久之会对受传者心理品质的发展产生一定的影响。

受传者心理是媒介刺激在受传者头脑中的反映。而每一种媒介都像语言本身一样,有自己独特的表达方式,为思维表达和感受提供一个新的方向。因此,不同媒介对受传者心理品质有不同的影响。

报刊文字具有滞留性,可以反复阅读思考、超越时空的限制、长期保存、相互比较,具有表达上的准确性和严密的逻辑性。报刊属于印刷文化,印刷文化重视理性、推理和分析,追求客观评价和复杂思考,教会人们有条理、深思熟虑、准确地修正和发展自己,使人们自尊、自我反思和线性思维。经常大量地阅读报刊,有助于培养读者逻辑思维能力。反过来也可以理解为,读者为满足对客观事物的理性分析,追求逻辑的严密性和思维的深邃感,需求助于印刷文化。印刷文化体现了人们的视觉优势,它代表着同质化的个人集合体。偏倚于报刊的读者通常属于社会中文化水平较高的群体。

广播声音稍纵即逝,不能重复,然而经专业人员声情并茂地播讲,较之个人阅读报纸更有感染力,再加上声音本身是非常人性化的,富有弹性,易于联想,能给听众提供真实的感受。另外,广播最大的优点就在于你能边听边干活,由于人们在活动时,使用听觉通道不如视觉通道的比例大(后者约占80%),所以听广播有"一心二用"之效。曾经,在被誉为"装在车轮上的国家"的美国,汽车广播已成为广播业的主流,这是其他任何媒体都无法取代的领域。广播运用声音这一载体传递信息,它只诉诸听众的听觉,所以对于受传者来说,用这种传播媒介接受信息时阻力小,极其便利,而且听众还能直接感受到由传播者的声音魅力所传递的情感情绪因素。广播的即时性、现场感染力和鼓动性是其优势所在。现代生活节奏日益加快,广播收听的便携性和伴随性,使那些性急者、追求生活高效率和便利的人们倾向于选择这一媒体。

强渗性和综合性使电视成为社会最易接纳、最强有力的黏合剂,从而具有最广泛的大众性。电视集声响、文字与画面为一体,具有特别强的现场传真感。从来没有哪一种媒介能够如此鲜明地综合表达非语言。观众在观看电视时其视觉和听觉通道被同时激活。据研究,多种感觉道比单一感觉道对信息的接收更轻松,对信息的认知更全面。但是,电视收视行为的随意性和被动性固然节约了观众的神经能,但同时又容易培养人们的惰性。经受众调查发现:知识层次越高的人看电视的次数越少。一瞬而过的电视图像难以训练他们的思维能力,同时也难以满足他们对较深层次文化的追求,所以他们"抵制"看电视而拿出更多时间去读报。

信息高速公路完全改写距离的意义,在网络世界中,地域局限和政治障碍将不复存在。全球高度联系的结果,既造成了经济一体化、社会一体化,同时也更造成了人与人的分化。网络传播弘扬主体性,受传者地位得以提升,他们不再被动地接受而是主动地掌握和控制大众传媒传递的信息,他们不仅与新闻工作者一样容易获得新闻信息的第一手资料,而且与大众传媒一样拥有随时发布新闻报道和生产新闻产品的能力。所以,上网一族都倾向于发展个性,以自我为本位,从众心理表现较弱,他们对社会中那些不懂网络的人可能会产生"电子歧视"。但过分沉迷于网络会造成与现实隔离,生活于虚拟社区而忘记传统的社会群体的基本法则和社会的共同约定。同时,智能电脑的大量图片化使得人们只看图而不看字,只进行浏览而不做深入思考,这可能会造成新一代的文盲。网络文化给人们带来跳跃式、快速多变的思维方式,随着主体性的高扬,上网者的娱乐需求日益膨胀,但因大量信息纷至沓来,无力处理又产生"信息焦虑",这些都成为上网一族显著的心理特点。

对媒介的不同偏倚形成了不同的社会群体。这是一个急剧变化的时代。老一代人是看书长大的,书本给他们以概念;他们的子女是看电视长大的,电视给人的是印象。两代人的文化观念和行为方式的巨大反差由此而造成。那么电视的下一代呢?他们是滑动鼠标在网络中长大的,网络带给他们的是速度、互动、虚拟感和数字化生存,而更年轻的一代人习惯了手机,他们都形成了全新的文化取向。

上述分析了因各种差异而划分出的不同社会范畴受传者的心理特点。在关于受传者认知的研究过程中,从早期的"枪弹论"、有限效果论,到使用和满足理论、创新扩散论和设置议题理论,受传者在传播研究中地位日渐提高,他们被发现不再是被动的应声虫,而是与传播者之间形成对等关系。世界范围内效果研究的总趋势,体现了从着眼于受传者的被动性到重视其主动性。

二、受传者的心理需求

(一)寻求情报

受传者情况不明时,自然期待引导,为了生存发展或顺利完成某项工作,必须获取有关情报和知识,这就迫使他们接受传播信息。媒介信息对受传者的引导是多方面的,有政治思想、文化教育、日常生活和消费等,受传者总是容易对自己所熟悉的、相近相关的信息产生亲切感,并予以更多的关注。有时,人们为了消除疑惑或证实问题而寻求情报,追求知识。比如了解2017年关于网约车新规的出台等,掌握这些信息动向对人们的生活有实际指导意义。

(二)解决问题

受传者需要就某个问题做出决定时,就促使他借助传播信息以求得帮助,寻求解决问题的指南。比如某人想办理一张信用卡,希望找到较好的解决途径,于是就翻阅报纸杂志的有关栏目或通过网络,查找相关信息,与人交谈、讨论,确认办理的信用卡种类,再详细咨询了解有关的办理手续。人们在解决思想、学习、生活中各类问题的时候,往往是在获取有关信息的基础上再做出决定的。

(三)强化信念

当受传者已有观点不很稳固时,他往往有意无意地接触所传播的信息,弄清楚个人生活中的问题,寻求个人观点得到社会性的证实。通过了解他人和社会,进行对比评估和同化评估,个人能够形成或加强某种观点和价值观。报刊书籍、广播、电视及网络信息,还有通过报告、对话、讨论、交谈等都可以满足人们形成或强化信念的需要。

(四)社交需要

受传者获取有关信息,既可用作与朋友、他人闲谈的话题,也可作为与他人、社会联系的桥梁。网络传播则在更高的程度上恢复了人际传播中的双向性,而微博、微信等社交媒体更是实现和满足了人们对社交的需要。据2017年第40次《中国互联网络发展状况统计报告》显示，即时通信用户规模已达92.1%，网民上网的主要诉求是社交需要。在以微博、微信为主的社交媒体环境中，用户不仅仅是内容消费者，更是内容提供者，用户通过发帖、上传照片、上传视频，参与到社交媒体内容的制作和传播中。其中，沟通就是用户参与的重要一部分。他们不仅制作分享内容，而且参与评论内容，所以，社交媒体实现了社交的网络化。

（五）安慰消遣

人们在生活、工作中遇到挫折时，往往需要与亲人、朋友等关系密切、感情融洽的人沟通信息，寻求帮助、鼓励和支持，或者借助于报纸杂志、广播、电视、电影、网络等媒介以消愁解闷、克服恐惧和不安的情绪，以求得解脱和安慰。在现代社会，人们生活环境中压力沉重，为了减压，人们希望和需要轻松、愉快的娱乐活动。为了根据受传者的需求来进行信息传播的调节，现在大众传播媒介中娱乐性信息的比重急剧增加，特别是网络娱乐类应用用户规模进一步增长。第40次《中国互联网络发展状况统计报告》显示，截至2017年6月，我国网络游戏用户规模达到4.22亿，较2016年底增长460万，占整体网民的56.1%。手机网络游戏用户规模为3.85亿，较2016年底增长3380万，占手机网民的53.3%；网络文学用户规模达到3.53亿，较2016年底增加1936万，占网民总体的46.9%，其中手机网络文学用户规模为3.27亿，较2016年底增加2291万，占手机网民的45.1%；网络视频用户规模达5.65亿，较2016年底增加2026万人，增长率为3.7%；网络视频用户使用率为75.2%，较2016年底提升0.7个百分点。其中，手机视频用户规模为5.25亿，与2016年底相比增长2536万人，增长率为5.1%；手机网络视频使用率为72.6%，相比2016年底增长0.7个百分点；网络直播用户共3.43亿，占网民总体的45.6%。其中，游戏直播用户规模达到1.80亿，较2016年底增加3386万，占网民总体的23.9%；真人秀直播用户规模达到1.73亿，较2016年底增加2851万，占网民总体的23.1%。以秀场直播和游戏直播为核心的网络直播业务保持了蓬勃发展趋势，多家大型直播平台在2017年上半年完成高额融资。可以说，除了电视媒体的各类娱乐综艺节目火热之外，网络娱乐也持续走高，人们通过媒体获得娱乐的心理需求得到极大解放和满足。

第四节 传播中的心理互动

美国传播学家马歇尔·麦克鲁汉有一个著名论断："媒介是人体的延伸。"这个观点既可以从传播者又可以从受传者的角度去理解。首先，人们创造出传播信息的媒介，用来传递人的思想经验，借助媒介，人创造的精神文化传播得更加广泛、更加深远。受传者所接受的信息并不是纯粹客观的，而是经过了传播者头脑的过滤和加工，传播者借助媒介的力量延伸自己的认识，所以说媒介是传播者人体的延伸。其次，媒介也是受传者人体的延伸，受传者由于自身器官的限制，不能了解超出人际关系活动范围之外的人和事，于是便需要大量地、经常地借助于媒介获取信息，去认识大千世界。

媒介把传播者和受传者紧紧地联系在一起，又把受传者与传播者所报道的那个世界的人和事联系在一起。通过受传者的反馈、参与，媒介信息的传递由单向（传播者→受传者）变为双向（传播者↔受传者），无数次的双向联系所形成的环状循环，便沟通了传播者与受传者之间在社会心理上的联系。媒介没有割断传播者与受传者,相反,媒介成为二者人体的延伸。大众沟通中隐匿着的人际沟通得以实现,传播者与受传者的心理互动得以实现。

互动即人与人之间的交互作用。互动是人类社会生活的基础和构成社会行为的前提条件。传播活动中传受双方的互动与一般人际互动的区别在于:这种活动和行为上的相互作用、相互影响主要是通过大众传播媒介传递信息来实现的。传播中的心理互动包括:传播者对受传者心理的影响;受传者对传播者自下而上的借助于反馈机制或直接或间接施予的影响;受传者与受传者之间的心理互动。

一、传播者对受传者心理的影响

传播者对受传者心理的影响是不言而喻的,这也是传播媒介最主要的一种功能,而且大多数是潜移默化的。受传者一般处于无意识状态,或接受,或思考,或反对,或疑惑,或对照,在种种错综复杂的心理活动中实现着对传播信息的获取和因传播而发生的态度上的转变。

绝对天真、视受传者为"奴隶"的"枪弹论"和绝对沉重、悲观怀疑的"有限效果论"是效果研究中的两个峰值,后人的研究总在这两个峰值之间变化。事实上,生活在由媒介构成的现代社会中,我们诸多的行为都可以认为是媒介综合影响的结果。受传者固然可以通过自主的行为对信息进行过滤、选择、深化或抵制,但他们行为背后的心理因素本身就是媒介环境所培养的。大众传媒威力强大,无孔不入,其发出的信息现实地形成一种道德的文化规范力量,使得人们自然而然地依据媒介逐步提供的"参考架构"来解释社会现象和事实,表明自己的观点和主张。在这种潜移默化的、日积月累的渗透中,受传者的思想和行为必然发生相应的变化。

德国的伊丽莎白·诺埃尔-诺依曼(Elisabeth Noelle-Neumann)在她的《重归大众传播的强力观》一书中指出,大众传播效果具有累积性、普遍性与和谐性的特点。累积性意味着大众传播的效果是长期的、潜移默化的。普遍性是指大众传播的效果是广泛的,而不单是局限于劝服效果。和谐性是指不同的报纸、电台、电视台众口一词,而使受传者对某事件或问题形成统一的印象。如果不是从某个孤立的传播行为而是从大众传播中的累积性、普遍性与和谐性出发,大众传播无疑会对社会舆论产生强有力的效果。在最为传统的社会里,人们是通过面对面来学得文化的,社会和群体依靠记忆和仪式来传授人们所需要掌握的一切。但是在今天,我们的传播者却通过大众传播媒介来面对无数的大众,影响人们对世界的感知。大众传播媒介实际上垄断了文化的参与,支配了对大众意识的培养,打破了古老的乡土观念和地方观念。在一个日益分散和多元化的社会里,大众传媒是最强有力的黏合剂,它减少和消除人们对周围世界的认识差异,把各种个体心理吸收进综合的均质的主流文化心理中,构成惯常的统一的规格。

总而言之,大众传播已经成为广大受传者日常经历与生活中重大的一部分,它已经深刻地影响着我们。

二、受传者对传播者心理的影响

以往大众传播研究的大部分历史,是论述效果和媒介对受传者的影响。然而随着传媒事业的发展,人们越来越重视受传者对传播者的影响。20世纪70年代出现的"受众中心模式"就是以"研究人们如何处置媒介"取代"研究媒介如何对付人们"。这实在是传媒研究的一大进步。强调受传者对传播者的影响,是对受传者心理更高层次的探索。受传者不仅仅是被动的媒介信息的接受者,而且也应当是媒介宣传的积极参与者;人们不仅仅是大众传播服务的对象,也应当是传媒的主人和传媒的监督者。应当说,只有当受传者也能以主人翁的态度主动参与媒介传播时,传播媒介的社会效益方能得到最充分的体现。

受传者也在对传播行使控制。受传者主动使用大众传播媒介,他们不仅有知的权利,而且有传的权利,受传者可以通过反馈来影响传播媒介,社会舆论对大众传播产生制约性的影响,也可以通过对报刊的订阅、节目的收看(听)来影响报刊的发行量和电视广播的收视(听)率。大众传播媒介的本质在于它的大众性,它首先是用来沟通大众的生命空间的,因此公众的素质直接影响大众传播媒介的表达方向。而可悲的是,有大量证据表明,没有受过什么教育的人比受过教育的人在接收大众媒介上花的时间要多。随着现代社会日益开放,群众中低俗享乐的人性一面日益表现出来,而大众媒介的高度中介化和放大行为,又会对此做不同程度的侧重甚至是畸变。传播内容的低俗化,在某种意义上是大众需求现实化和内在生命空间的放大。大众传播媒介所谓对传播娱乐功能进行强化,也无非是人们爱玩天性的放大。对此,马克思早就用一句名言总结过:"人民的缺陷同时也是他们的出版物的缺陷。"例如,2016年以来持续火热的网络直播正在成为成千上万网民展现个性、实现自我表达的最新渠道和平台。

如前所述,网络传播作为一种新兴媒体,有着与传统媒体截然不同的新特征,其中之一就是交互性。交互性是指第四媒体能实现传播者和受传者之间的双向互动传播。传统媒介虽然通过问卷调查和读者来信来电等方式与受传者沟通,但本质上新闻机构对受传者还是实行单向传播。第四媒体通过开设电子论坛、进行民意测验、公布记者电子邮件和在每篇报道后设置评论区等手段,给公众提供一个交换批评和评论的场所,有些新闻站点还推出了按点击率排名的新闻榜。这些举措都给访问者提供了更多的参与机会,表达他们对于事件和人物的看法和态度。交互性最重要的特点就是,它使交流成为一个动态系统,交流各方所发出的信息在此系统中都占有重要作用,这不仅做到了媒体与网民之间的沟通,还实现了受传者对受传者的传播。交互性使第四媒体真正成为大众共同发言的媒体。

受传者花费时间和精力采取行动,把反馈信息(如某种意见)传递到传播者那里,主动对传播者心理施加影响,实质上是传播者对受传者心理最充分、最强烈的影响的一种反射,受传者只有被媒介信息深深地触动,才会迸发出反馈的动力。在旧媒体时代,及时的反馈行为不易做好,而交互式手段将过去主要通过民间渠道传播的声音引向了主流渠道,使民意的表达更加畅通。从表现上看,这有可能会使信息环境复杂化,因为,一般来说,它会带来各种意见的纷争。但实际上,它只是把过去被掩盖的方面揭示了出来,这样可以使得专业新闻机构更好地观察自己所要引导的舆论方向与现实的民意之间是否存在差异,也就可以进一步判断自己的舆论导向是否合理,需要做哪些调整。可以说,交互式手段为了解民意提供了一个非常直接的窗口,有了这个窗口,新闻机构就可以更迅速、直接地检验自己的传播效果以便做出判断,并决定进一步的行动。事实上,在网络传播环境中,如果专业新闻机构无视民意,一味只灌输自己的观点,其结果只能是使一些受传者转而利用其他站点来表达自己的声音,也就是为自己树立起真正的对立面。交互的过程是一个平等的过程,但完全的受传者的自由表达是不现实的,也不会带来好的传播效果。网上的一些BBS与聊天室的运作,就给我们提供了例证。因此,新闻站点的编辑仍应在交互式过程中起主导作用。但他不应以势压人,而应更多地依赖于他所要表达的意见本身的说服力以及说服的技巧。

技术的发展已经使得互联网走向 Web2.0 时代,进一步迈向内容与服务并重、移动 App 与信息流型社交网络(微信等)并存的崭新时代。传统互联网网站已经萎缩,网民的互动交流进一步便捷智能,互联网正在向一个现实中的虚拟"共和国"迈进。

三、受传者与受传者之间的心理互动

受传者与受传者之间的心理互动,是指信息经过人际渠道,在受传者中广泛传播的过程中人们心理上的相互影响与相互作用。

1940 年,拉扎斯菲尔德与他的学生卡茨在对美国总统大选的调查基础上,提出极为著名的二级传播理论。该理论认为现实的大众社会的传播并不是人们所以为的从广播直接到每一个人,而是大众媒介先到"舆论领袖"再到公众的这么一个二级传播的过程。"舆论领袖"是群体中的活跃分子,消息灵通,与群体的其他成员联系广泛,他们往往以非正式的交谈方式,在特定问题上有意无意地影响其他人。二级传播模式固然有其缺陷,但其功绩在于突显了大众传播背景下的人际传播。实证表明,"舆论领袖"之所以在信息传播过程中起着一种社会过滤器的作用(强化或弱化信息),是因为他有着极强的制约团体的行为功能和维系功能,他代表着群体的规范和成员的共同价值观。

社会上有各种大小群体——政党、社团、行业组织、俱乐部、家庭、团伙等,这些群体都有一定的规范和准则,而这些规范对其成员的态度、意见具有重要影响。无论是正式群体,还是非正式群体,为了保持自己的凝聚力和控制力,它们对于一些特定问题都要尽可能保持同一的态度、意见和价值观。群体规模越大,威望越高,规范越是完备,群体内成员之间的关系越是均衡稳定,各方面趋向一致,那么,这个群体内从众行为越是明显。从众心理是指在知觉、观点和判断上受他人或众人影响而与人们保持一致的心理倾向。人是合群的动物,容易对群体产生遵从性心理,害怕失去群体的信任而遭到放逐,所以通常会模仿和跟从群体中的大多数人而采取一致性行为。

群体对偏离者的压力和制裁是确实存在的。从宏观上看,每个社会和国家对反社会和危害国家利益者通过法律严惩不贷;从微观上看,小群体往往对"越轨者"施加压力、攻击和排斥。群体对个人施加压力分为四个阶段,即合理辩论、好言相劝、围攻抨击、隔离排挤。所谓千夫所指,无疾而终。群体的压力之大是非常可怕的,从众虽然牺牲了自己的个性,却受到了集体的保护,而且,个人在群体中还可以寻求到自己需要的信息,体验到融合性和安全感。

一般来说,重视社会群体对个人评价者,自我评价低、情绪不稳定者和文化水平、智力低者更容易从众。人人都有不同程度的模仿和从众行为,这是人类获得信息的一种重要途径。所以,为提高信息传播效果,传播者就不能不了解人们从众心理的特点和规律,在传播信息的同时,充分利用他人和自己的"榜样"作用、偶像效应,促使人们产生必要的模仿和从众趋向,同时注意避免消极的趋向。

值得一提的是,从众心理和趋同心理可能会因为网络时代的到来而有所改变。从心理学的角度来说,从众心理的产生主要是由于对孤独的惧怕、对偏离的恐惧,这种心理在人们的生活圈子较小的时候表现得比较强烈。人一旦在意见上陷入孤立,往往意味着他在其他方面也陷入孤立,而且这种局面没有积极的办法可以扭转。但是,当人们的交往能力随网络技术得到扩展时,人们的交往空间也得到了极大的扩展——除了现实物理世界,还有网络世界。因此,消除孤独、改变孤立局面的方式也变得多种多样。如果一个人在网上的某一个社区里得不到承认,他可以转向其他社区,这时,他采取的往往不是消极的从众措施以保护自己,而是积极地在网络中去寻找同盟军。网络时代特别是当前的新媒体时代,被认为是一个尊重个体的时代,它更承认人们个人意见的表达与个性的发展,允许各种不同价值观念的并列,由此带来了真正意义上话语权的转移:报纸、电视等新闻媒体作为传统意义上的内容提供商正在让位于有更强传播影响力的个人和组织,由此带来传播模式由单向到双向互动的转变。所以相对来说,传统的从众心理可能会表现得较弱一些。

从众心理的弱化会造成舆论趋向分散,其实,舆论过于分散,并不利于社会的整合。所以网络时代仍然需要形成一定的主流舆论。这就需要传媒机构重视人们之间通过交谈、议论、争辩等人际渠道而形成一致态度的现象,重视群体心理和群体动力,认识到受传者与受传者之间的心理互动是实现媒体使命的极为重要的环节,是造成强大的社会反响、提高信息传播的社会效益的不可或缺的条件。其实,我们的生活中不乏这样的例子,许多传播活动都是针对社会群体趋同的特征来实施策略的,如"人人都要讲礼貌、争做文明好市民",推选"十大杰出青年"和"明星企业家"等。这些活动都是从社会文化规范入手,确定(或重新确定)社会的群体规范、角色作用、等级关系和群体的制约力,进而形成或改变群体成员的社会行为。

传播中的心理互动使传播者与受传者以及受传者与受传者之间的信息沟通和人际沟通成为一个心理上互相影响、互相作用的动态系统,使我们对传播各方的心理活动有了全面的视界,从这个意义上说,这是我们深入了解传播心理学的一个切入口和关节点。

 思考题

1. 请阐述一下什么是社会相互作用论。
2. 什么是期待心理?
3. 什么是传播过程中的从众心理?

第九章

传播媒介分析

大众传播的实现,有赖于大众传播组织的工作,这个世界上很多著名的媒介组织不仅实现着人际的互通,而且极大地影响着人们的精神世界和价值取向,并且不同的媒介以各自的特点发挥着各自传递的优势。

移动智能的发展,社交媒体的兴起,正在形成一种新的媒体镜像,新媒体拓展了媒介实践,丰富了媒介相关理论,给公众现实生活与未来场景带来无尽的想象。

第一节 大众传播媒介

一、大众传播机构

大众传播机构指一切从事大众传播的社会经济组织,包括拥有媒介的大众传播机构与不拥有媒介的大众传播机构。拥有媒介的大众传播机构有报纸、电台、电视台、杂志社、出版社等,不拥有媒介的大众传播机构有通讯社、资料社、公关公司等。这样的分类只与大众传播机构的初期状况相一致,但目前已发生了很大的变化,有些原来不拥有媒介的机构如今却直接掌握着自己的媒介。

(一)大众传播媒介发展的概况

报纸于17世纪初初步定型,18世纪逐步壮大,19世纪步入黄金时期。报纸的产生,不仅扩大了新闻传播活动的规模,加快了新闻传播的速度,而且改变了人类固有的传播模式,建立了人类社会中第一个专门化的大众传播系统。直到广播出现以前,报纸一直起着沟通社会信息的核心作用。

广播在20世纪初面世,使报纸稳固的核心地位受到了威胁。报纸与广播曾经摆出了决一雌雄的架势。在所有的国家,报业雇主团体都曾经试图禁止,或者至少迟滞广播新闻的发展。直到1938年,报业一直对广播施加压力,继而使报业终因无法制止广播而形成了二者的和平相处。新闻传播媒介体系增添了新的层次,增加了新的血液。

20世纪20年代,又一个强有力的媒介出现了,这就是电视。电视声画并茂,极大地丰富了人们的视觉和听觉,逐渐成为人们认知世界的新宠。

20世纪末,信息高速公路出现了。网络媒介的出现,使得传播业界变得异常活跃。

这是大众传媒发展的历史性过程。四大媒介的先后出现,使原来由报纸一家独占的新闻传播领域,呈现出多层次、多色彩、多样化的传播。但这种由少变多的扩展并没有相互削弱,它们都找到了自己的发展空间,最终都得到了发展。当然,由于媒介的多种形式的出现,也逼着媒介形式要进行改革。

这是大众传媒发展的共时性过程。从纵向和横向两个方面综合来看,新闻媒介总是在不断发展,并在这种发展中有扩大、有变化、有竞争。这种发展变化促进了媒介体系的出现和壮大,增强了媒介体系的活力。各个媒介在这种发展变化和竞争中,各自都不断地得到完善,找到了自己的最佳位置,达到了新的平衡。

所以,竞争和扩展的结果往往是这样的:各种不同的交流工具在其发展初期多少是互不联系、各搞一套的。每种工具都有自己的目标,就是要满足自己的听众、观众、读者对新闻、娱乐和文化的实际的或设想的需要。然而,渐渐地,我们看到各种不同的交流形式之间界限变得模糊起来。它们之间建立了许许多多的联系和关系,同时它们都在争取赢得更多的听众、观众和读者。竞争、平衡,又竞争、又平衡,四类媒介的不断运动发展,给新闻事业本身的完善和丰富注入了活力。

当然,这种平衡是暂时的,随着科技进步还会有新的媒介形式出现,从而打破平衡,再追求新的平衡。

(二)大众传播媒介的作用

1. 负载、展示、传递新闻的工具

在传播过程中,媒介总是承担并展示着某些东西,各种表述无非都说明这一道理。就新闻与媒介的关系来看,媒介就是新闻的荷载者、展示者和传递者。没有不依附于某种媒介的新闻,也没有不负载新闻的媒介。新闻借媒介得以呈现并发扬光大,媒介靠新闻的附载而获得自己的存在意义。

2. 联系、认识现实的窗口

新闻传播之不同于其他传播,在于其内容。新闻是现实社会中的最新变动和变化。在新闻传播的过程中,传受双方需要通过媒介得以交流和沟通。从这个意义上说,媒介就是人们认识、交流、联系外界现实的窗口。

(三)通讯社及其作用

通讯社是采集各种有用信息,供应新闻稿件、新闻图片和新闻资料的传播机构,是大众传播的重要信息源。报纸、广播、电台等除了本身采集与加工信息外,都要采用通讯社提供的信息。如果说报纸、广播、电视、网站是直接同受众见面的传播媒介的话,通讯社则同受众是间接的联系。

对我国大众传播影响较大的世界著名通讯社有:①新华社,是中华人民共和国的国家通讯社;中新社,即中国新闻社,主要为海外、中国港澳等地华文报刊提供新闻稿。②美联社,即美国联合通讯社,是世界上规模最大的新闻采访机构;合众国际社,是美国的第二大通讯社。③路透社,是代表英国官方立场的私人报业,其新闻报道的主要对象在国外;报联社,是英国另一家大通讯社,侧重国内新闻报道。④德新社,全称德意志新闻社,是德国一个股份有限公司。

⑤法新社,即法国国家新闻社。⑥共同社,全称共同通讯社,是日本最大的通讯社;时事社,是日本第二大通讯社。⑦俄通社,是俄罗斯国家通讯社。

二、世界主要的大众传播媒介

目前,我国社会最有影响的大众传播媒介是报纸、广播、电视和网络。前三种媒介均可分为两类,即全国性的与地方性的。省、市、县三级自办报纸、广播与电视等地方性大众传播媒介,更容易接近本地受众。中央办的报纸、广播与电视等全国性大众传播媒介,对受众具有更大的影响力。报纸在全国的大众传播中历来占有主导地位,是民众获得大量新闻与即时性信息的主要媒介。但在新媒体的冲击下,这种主导地位正在受到挑战。在我国,公开发行的报纸是中央与地方政府出资办的。而在西方,有些国家以股份制形式经营,也有些国家采取国营与私营相结合的方式运行。

我国主要的全国性报纸有:《人民日报》,中共中央机关报,是目前国内最大的综合性报纸。《光明日报》,以科技、教育方面的宣传为主,读者对象主要是知识分子和干部。《经济日报》,主要报道经济改革、经济建设和人民生活的新成就以及新经验、新问题,探讨经济理论,报道我国对外贸易和国标经济新闻。《工人日报》,中华全国总工会机关报。《参考消息》,诞生于新华通讯社成立的当天(1931年11月7日),从1985年元旦起,《参考消息》由"内部发行"改为"限国内发行",原文登载外国通讯社的报道和国外以及中国港台地区报刊的消息、文章和评论。《解放军报》,面向军队读者。《中国日报》,是面向国外读者和国内部分外籍读者的英文报纸。《中国青年报》,是中国共产主义青年团的中央机关报。

在国际传播活动中,发达国家的报纸影响较大。美国有影响的报纸首先是《纽约时报》,被公认是了解美国社会的可靠依据,是美国政界、工商界和各国有关人士必读的参考资料。其次是《华尔街日报》,主要报道经济新闻。《华盛顿邮报》是美国最有影响的自由派知识界报纸,其特色主要体现在对全国性事件的分析性报道方面。《洛杉矶时报》是美国西部最大的报纸。英国最有影响的报纸首推《泰晤士报》,其消息来源比较可靠,无论何党执政,它都支持政府的政策。其次是《每日电讯报》,它以刊载知识、文化、科学和人情味新闻著名,是英国第一家日发行量突破100万份的日报。英国三大报中,还有以"自由派"面目出现的《卫报》。法国的主要报纸有《世界报》,读者文化层次较高,报风严肃,在社会上聘请了一批有专长的人写作言论,因而言论质量高、影响大。《法兰西晚报》是法国发行量最大的报纸,内容庞杂,甚至刊登黄色新闻。还有《费加罗报》,该报常以重金聘请社会上知名人士撰写专栏文章,也较有影响。日本的大报有《朝日新闻》,采用股份公司方式经营,版面比较严谨,文字比较高雅,平日出早、晚报,星期天只出早报。《读卖新闻》强调"庶民性",内容丰富,通俗易懂,1977年底发行量超过《朝日新闻》,成为日本第一大报。《每日新闻》在日本农村和小城镇拥有大量读者。加拿大唯一的全国性报纸是《环球邮报》,它以重视国际报道著称。德国的《世界报》与《法兰克福报》《南德意志报》一起被称为德国的"三大报"。意大利影响最大、发行量最大的报纸是《晚邮报》,它注重文艺、学术方面的内容,从事国际报道的著名记者较多,例如采访过几十位各国政府与政党首脑与著名人物的奥琳埃娜·法拉奇等。苏共中央机关报《真理报》,每天出版,日发行量曾达1060万份。苏联最高苏维埃机关报《消息报》,周一休刊,日发行量曾达850万份。

世界著名的对外广播系统有美国的国家广播公司(NBC)、美国广播公司(ABC)、哥伦比亚广播公司(CBS)、美国之音与"自由欧洲"等,英国的英国广播公司(BBC),日本的日本广播协会(NHK),我国的中国国际广播电台等。

三、大众传播媒介的特点

(一)报纸的特点

1. 报纸的优点

(1)报纸随时随地可读。报纸等印刷媒介可以由读者重复阅读,便于记忆与研究。重复接受有利于取得积累效果。一张报纸买来后,如果没有空立刻看,可以收起来待有空的时候再看。报纸可以随身携带,看完可以弃去,十分便利,价钱低廉。袖珍收音机和袖珍电视机虽然很轻小,但在室内或室外某些地方接收情况并不理想。

(2)报纸内容深浅皆宜。印刷媒介适宜于处理需要反复思考的问题,也适宜处理有深度的东西,因为一次看不懂可以再看。

(3)报纸信息量大,读者的选择余地大。报纸可以利用标题使人能迅速、自由地选择所需要的内容来阅读,而无须看其他没有关系的东西。读者可以借标题的帮助马上找到所需要的部分,感兴趣的可以反复阅读,不感兴趣的可以舍弃不读。报纸有大小标题,可以使读者对其内容一目了然,马上知道它的概要。

(4)报纸上的资料便于剪存。可以以剪报的形式进行再选择和再保存,且时间长久。

(5)报纸具有较高的威望。印刷媒介一般比电子媒介有更高的威望。

(6)受众稳定。我国的《人民日报》《光明日报》《中国青年报》《工人日报》等全国性报纸,一般发行量在100万份以上,具有广泛与稳定的读者。美国的《纽约时报》、英国的《每日电讯报》等西方世界的著名报纸,发行量也高达100万份以上。

2. 报纸的缺点

(1)具有发行、运输等中间环节,容易受到阻碍。如遇到恶劣天气、道路损坏、战争等情况,就会推迟或中断传播。

(2)受文化水平的限制。广播使用口头语言,电视使用有声图像,既形象又生动;报纸则不适合于文盲或文化水平低的人。

(3)时效限制。报纸的生命力在于新闻,新闻每天都要更新。报纸比书籍、杂志使用期短,西方社会称之为"快餐媒介",往往在用餐或休息时翻阅一下即丢弃了。

(二)广播的特点

1. 广播的优点

(1)传播迅速、及时。对于传播重大事件或突发新闻,尤其具有即时性。1979年邓小平访问美国,卡特总统在白宫南草坪举行欢迎仪式,"美国之音"做了现场报道,通过卫星转播,我国听众同时收听到了现场报道。

(2)传播手段多样化。口头语言是人类的主要表达方式,广播使用口头语言,能够十分方便地表达喜怒哀乐等情感,引起听众的共鸣。通过播音员的语言表达,或音响配合,受众在接受信息的过程中容易产生轻松感与亲近感,也容易激发情绪。

(3)传播内容不受空间阻碍。广播靠电磁波传播,所以无论风暴或其他天灾、骚动或战争等人祸都不能将其阻隔。同时,广播可运用多种语言,在国外也会获得受众。1986年,西班牙巴塞罗那短波收听者协会发表公报,公示国家电台第四台的调查结果:最受欢迎的外国短波电台是荷兰电台,其次是中国国际广播电台等。

(4)传播对象不受文化程度限制。广播不依赖文字做媒介,因此,老弱、妇幼、不识字或无阅读习惯者都可以收听。

(5)节目制作简易、方便而迅速,成本也较低廉。

(6)由于收听播音只用耳朵而不用眼睛,在从事机械性工作(即不需要思考的工作)时可以同时收听播音,事实上收音机是从事某些沉默工作者的良伴。有人认为,广播的接收率高。一般人的阅读速度大约每分钟100字为适中,而听的习惯大约每分钟180字为宜。在相同的时间内,从收音机中比从报纸上可以获得更多的信息。

2. 广播的缺点

(1)收听要受时间限制,要收听某一个节目必须在电台规定的播出时间听,这远不如报纸方便。

(2)广播信息转瞬即逝。传统广播如不及时录音,内容无法保存与重复收听。听众如有不明之处,无法慢慢反复思考。

(3)广播通过音响传播信息,没有图像,无法展现图片、表格与人物形象。在这方面不如电视与报纸。

(三)电视的特点

1. 电视的优点

(1)现场真实性。电视既有图像,又有音响,同时诉诸人的视觉与听觉,因此容易给观众产生真实感、现场感。电视能提供活动的画面"再现现实",证明信息的确切性。俗话说"百闻不如一见""耳听为虚,眼见为实"。影像比声音更能使人留下深刻印象,而两者兼备则令人印象更为深刻。

(2)综合性。电视综合运用多种艺术手段,它将语言、音响、色彩、人物形象等结合起来,利用具体场景影响观众,感染力强。电视进入家庭后,为家庭成员一起消遣与活动提供现代化的娱乐方式。

(3)易受性。电视具体、形象、直观,它比报纸、广播更能吸引人。电视新闻在传播过程中拥有众多的传播符号,使受众接受信息时费力程度小。传播学家施拉姆称"费力程度"为受众接受信息付出代价(时间支出,精力消耗)的大小。传播学研究的成果指出,阅读文字能记住10%,收听语言能记住20%,观看图像能记住20%,边听边看能记住50%。电视传播的易受性主要体现在看(画面)、听(解说)、读(文字)多通道同时感知的综合效应之中。因为是多通道输入同一信息,各单个通道信息负荷量相对减轻,受众心态处于放松情境下,使信息量输入最大。

2. 电视的缺点

(1)不完整性。电视新闻画面呈不连贯状态,不具备叙述事情的变化和经过的能力。视觉感知规律告诉我们:感知一个全景画面所包容的景物需要8秒钟左右的时间,感知一个中(近)景画面所包容的景物要2秒钟左右的时间。电视新闻的画面因交待新闻环境的需要,全景、中景(含近景)镜头运用占整个镜头数的75%以上,据此计算,1分钟左右的新闻,最多有8个画面。实际上,电视新闻中每分钟只能提供6.2个左右的画面。

(2)受收视环境的影响大,不易把握传播效果。电视机不可能像印刷品一样随身携带,它需要一个适当的收视环境,离开了这个环境,也就根本阻断了电视媒介的传播。在这个环境内,观众的多少、距离电视机荧屏的远近、观看的角度及电视音量的大小、器材质量以至电视机天线接收信号的功能如何,都直接影响着电视广告的收视效果。

(3)瞬间传达,被动接受。全世界的电视广告长度差不多,都是以5秒、10秒、15秒、20秒、30秒、45秒、60秒、90秒、120秒为基本单位,超过三四分钟的比较少,而最常见的电视广告则是15秒和30秒。这就是说一则电视广告只能在短时间之内完成信息传达的任务,这是极苛刻的先决条件。而且受众又是在完全被动的状态下接受电视广告的,这也是电视区别于其他广告媒介的特点。

(4)费用昂贵。费用昂贵,一是指电视广告片本身的制作成本高,周期长;二是指播放费用高。就制作费而言,电影、电视片这种艺术形式本身就以制作周期长、工艺过程复杂、不可控制因素多(如地域、季节天气、演员等)而著称,而电视广告片又比一般的电影、电视节目要求高得多。广告片拍片的片比通常是100∶1,可见仅是胶片一项,电视广告片就要比普通电影、电视剧节目超出很多倍,而且为广告片专门作曲、演奏、配音、剪辑、合成,都需要花大量的金钱。

就广告播出费而言,电视台的收费标准也很高。我国中央电视台a特段30秒的广告收费是人民币4.5万元。而国外黄金时段播出费用比这还要高得多,美国的电视广告每30秒要10万~15万美元,如果在特别节目中插播广告更贵,有的竟高达几十万美元。

(5)不利于深入理解广告信息。电视广告制作费用高昂,黄金播放时间收费最贵。电视广告时间长度多在5至45秒。要在很短的时间内连续播出各种画面,闪动很快,不能做过多的解说,影响人们对广告商品的深入理解。因此,电视广告不宜播放需要详尽理解性诉求的商品,如生产设备之类商品。一些高档耐用消费品在电视播放广告时,还要运用其他补充广告形式做详细介绍。

(6)容易产生抗拒情绪。因为电视广告有显著的效果,运用电视广告的客户不断增加,电视节目经常被电视广告打断,容易引起观众的不满。

第二节　网络新媒体与信息社会

一、理解新媒体

中国自20世纪80年代开始"新媒体"或者"新媒介"的相关研究。1994年,互联网全面兴起,以互联网为代表的新兴媒体不断涌现,迅速发展,并对信息传播、媒介环境、传受关系乃至社会文化、个人行为心理等方面产生了深刻的影响,有关"新媒体"或者"新媒介"的相关研究方兴未艾。

学界对"新媒体"的研究呈现不断发展的状态,目前来看,对新媒体的定义主要有四个视角:一是作为新的媒介形式的代名词;二是以旧论新视角;三是技术发展的视角;四是传播特性与社会功能的视角。

(一)作为新的媒介形式的代名词

早期的"新媒介"研究都是如此。这时对新媒体的理解,主要是一些新的传播工具,例如卫星通信、光纤图像通信、传真、计算机网络等都可以被称之为"新媒介"或者"新媒体"。

所以,中国早期的新媒体研究中,"新媒体"这一概念大多是对新媒介形式的代称,而非某类媒介特性与本质的归纳。

20世纪80年代至90年代,对新媒体的相关研究萌芽之后,伴随着互联网的出现,人们的研究视野和深度逐步得到发展。

(二)以旧论新视角

"第四媒体"是继报刊、广播、电视之后出现的互联网和信息高速公路。1998年5月,联合国新闻委员会给出了"第四媒体"的定义,将互联网以及信息高速公路确定为"第四媒体"。

国内学者对"第四媒体""网络媒体"以及"新媒体"的概念在这一时期不统一。对于"第四媒体"与"网络媒体"基本形成统一概念,但对于"网络媒体""第四媒体"是否就是"新媒体"却看法不一。有些学者(蒋亚平)认为"新媒体"就是通过互联网传播新闻的信息发布平台;而其他更多研究则认为"新媒体"是相对于报刊、广播、电视等旧媒体的一个概念,不仅仅是"网络媒体"。

总之,这一时期对"新媒体"内涵较为一致的认识是相对于其他传统媒体而言的一种媒体形式,当然,"第四媒体"或者"网络媒体"也是一种新媒体。

(三)技术发展的视角

2000年左右,随着科技及社会的发展,越来越多的学者从技术发展的角度赋予了"新媒体"概念新的内涵。例如,匡文波认为手机媒体就是一种新媒体。较有代表性的观点(陈绚)认为:"新媒体就是利用数字技术、网络技术,通过互联网、宽带局域网、无线通信网、卫星等渠道,以及电脑、手机、数字电视机等终端,向用户提供信息和娱乐服务的传播形态。"

这一时期对"新媒体"概念的外延也做了基于技术发展视角的归结,诸如网络媒体、手机媒体、数字电视、IPTV、光纤通信网、有线电视网等,将这些包含新技术的媒介形式统统纳入"新媒体"的范畴。

(四)传播特性与社会功能的视角

2006年左右,随着技术的进一步发展以及人们对媒体理论和实践形态的深入认识,更多的学者将传播特性和社会影响归入对新媒体的阐释中。较为有代表性的观点(陈先红)认为:"新媒体及关系",其传统模式已经从以技术为导向、独白式的传统线性模式转变为以关系为导向、对话式的全息传播模式,而新媒体作为"关系的居中者",对人们的社会角色、文化和情感关系产生了深刻影响。

这种对"关系"的影响,进一步延伸出对整个社会的影响。研究者们(严三九、刘峰)关注到"新媒体是以信息传递为中心的社会服务者","其核心功能是通过信息传递进行社会服务";另外,有研究(周笑、傅丰敏)认为新媒体的核心价值在于赋予公众"公属权力",所以,将新媒体看作是公用媒介(public use media)。

总之,传播特性与社会功能的视角洞见了新媒体更深、更快发展所呈现出的本质特性,避免了技术发展视角所带来的"工具性"偏狭。

二、新媒体的最新认知

上述四种视角是时间维度上对新媒体内涵与外延的不同认知,一定程度上体现出人们认识新事物由浅入深、由表及里的认识规律,更是新媒体不断发展、深刻影响人类认识的现实总结。尽管各种观点和视角都有其缺陷,但客观反映了人们对新媒体的认识不断深入的过程。

麦克卢汉说过:"世事变化太快,每本新书到达读者手中之时,都已经是明日黄花。"显然,这个描述也非常符合当前新媒体发展的最新境况。智能终端、虚拟现实技术(VI)、人工智能(AI)等新技术时刻刷新着人们对新媒体的认知。但有一点不容置疑:新媒体正在并将长期影响着人们的感知和社会的发展。

什么是当前意义上的新媒体?就目前来看,它应该具有以下特征或者特质:

(1)互动的媒介。当所有的技术发展至今,单纯的信息传播、以往的线性传播模式被叠加和交叉,互动的交往变成了最新的媒介必备特质。维基百科、百度知道、知乎问答等问答社区,以及微信、微博等典型社交媒体,都有互相分享观点和信息的特质,它们是当前"新媒体"最重要的基因。

(2)以人为本。当前的新媒体时代,"赋权"的价值和意义凸显,但这种赋权绝不是狭隘意义上的政治赋权,它包含更多的权益、利益与需求的含义。比如中国社交媒体上"草根"的声音,人们对公共事务的网络发声等。

(3)开放融合。在当前的新媒体时代,任何闭环的模式都容易被击得粉碎,只有体现开放融合特性的新媒体,才能够符合这个新媒体时代"野蛮生长"的特性。比如京东、淘宝的火热,滴滴等打车软件的风行等,都体现出新媒体的包容性和可能性。

总之,"人人都是麦克风""人人都可为媒体",甚至"事事都可成媒介",互联网、物联网、智能网,我们的生活正在被全面"媒介化"。有学者(喻国明)将这种特质概括为"连接"和"开放";也有学者(彭兰)认为,当今新媒体的核心要素是终端、内容、关系(人与人的关系的连接)与服务(包括电子商务、在线教育、在线医疗、在线金融等服务),它是终端网络、内容网络、关系网络与服务网络四者的交织;从文化的角度看,新媒体不再是传统媒体那般神圣的、受人顶礼膜拜的"庙堂",而是一个能容纳各色人等的"江湖",这个"江湖"具有开放、分权、共享、容错、戏谑的特质。当然,这个"江湖"既是人间,又是天堂;既可为天堂,又可为地狱。所有的新媒体健康发展,都需要我们共同努力实现,也需要我们不断在认知层面的探索与发现。

第三节 媒介理论

传播学诞生以来,人们对传播媒介的探究就一直未有停歇,它构成了传播学研究最重要的"媒介分析"部分,成为传播学理论中的重要组成部分。当前,具有代表性的经典媒介理论主要有以下几个。

一、麦克卢汉媒介理论

麦克卢汉曾出版过《古登堡群英》《理解媒介：人的延伸》《媒介即信息》《地球村》等重要作品。提出了三个著名观点：媒介即信息、媒介是人的延伸以及热媒介与冷媒介，这三个观点也构成了麦克卢汉媒介理论的主要内容。

（1）媒介即信息，是指媒介本身才是真正具有意义的信息。人类只有获得了某种信息媒介，才能从事与其相应的传播活动以及其他社会活动，因此真正有意义的、有价值的信息，并非不同时代中所传递的信息内容，而是这个时代中所使用的信息传播工具的性质、媒介本身所开创的可能性以及可能带来的社会变革。正是不同时代中，传播媒介在形式上的特性（而非大量特定的信息内容），才构成了传播媒介的历史行为功效。媒介变革不仅仅是社会发展的推动力，更是区分不同社会形态的重要标志。这是对媒介技术在人类社会形态发展过程中所占据的地位与发挥的作用的一种高度概括。麦克卢汉认为，应当将媒体作为社会发展和社会形态变化的决定性因素来进行单独审视。媒介是社会发展的动力，任何一种新的媒介的产生，都具备开创人类感受和认识世界的新的方式的可能；在传播中的变革，也相应地改变了人们的感觉、感受，改变了人与人之间的关系，也改变了社会的行为类型。因此，可以将媒介看成是区分不同社会形态的标准。

（2）媒介是人的延伸，是指一切传播媒介都是人类感觉和感官的扩展与延伸。比如说，文字是人类视觉能力的延伸，印刷亦然。广播是人类听觉能力的延伸，而电视则是视觉、听觉与触觉能力的综合调动与延伸。媒介和社会发展的同时，也是人的感官能力的统合、分化和再统合的历史进程。麦克卢汉从人和媒介的关系入手，研究社会、媒介与人，为我们理解媒介、认识媒介提供了不同的角度。

（3）热媒介与冷媒介。所谓热媒介，是指信息具有高清晰度和低参与度，信息含量大并且清楚，而接受者不需要动用过多的感官与联想能力就能获得理解的媒介，比如照片、书籍、广播等。而冷媒介则是指传递的信息含量少而且模糊，以至于人们在理解信息时，必须动用更多的感官与丰富的想象来填补信息量的不足，比如漫画、电影等。

二、梅罗维茨媒介理论

在梅罗维茨1958年出版的《空间感的失落》一书中，他提出了以下几个重要观点。

（1）应当把情境作为信息系统。梅罗维茨认为，由媒介造成的信息环境与人们表现出的自己的行为时所处的自然物质环境同样重要。在确定的情景中，应当把接触信息的机会考虑进去，并且当作关键因素来进行对待。比如说，直播平台的主播正在议论观众的一些癖好与打赏金额时，这些原本被定义为后台的行为却因为主播忘记关上话筒而被观众们听到，这种议论就不再是后台的了，并且有些并不适当。将两种情况进行对比，就会发现，虽然谈话所处的自然物质场合并没有产生什么变化，但是整体的事情却已经不同了。

（2）梅罗维茨认为，对于每一个社会情境来说，人们都需要具备一个明确的界限。因为我们始终需要如一地扮演自己的角色，只有不同情境的分离，才可以使不同的行为产生可能。他特别指出,人们在探讨情境的界限时,往往倾向于从"谁和什么处于某一特定情境之中"这一出发点进行考虑。当人们处于两种或两种以上不同的情境重合的情况之中时,因为社会角色的混淆很可能使人们感到困惑、茫然和不知所措。比如说,医生负责日常医疗情况的处置,然而当因车祸被送来的患者是他自己的家属时,那么他可能在施救过程中难以保持镇定,并不适宜进行医疗活动。从梅罗维茨的观点来讨论这一事例中急诊医生在扮演负责救治病人的角色时,同时也是病人的家属,医生与家属双重角色的混淆与重叠,可能因为一方角色的情况而导致另一角色无法完美扮演。

(3)梅罗维茨指出,电子传播媒介促成许多旧情境的合并。随着电子传播媒介的普及,由于传播代码的简单性,使得情境形式发生着变化。在印刷媒介的时代,受者必须要具有基本的读写技巧。然而电子传播媒介则远远不同于印刷媒介,电视的电子信号展示日常生活中的一些视听现象,人们可以直观地了解电视节目的内容。它能够将不同世界中的不同形象展示给不同的受众群体,造成了信息最大程度的分享,从而促成许多公众活动领域的合并。梅罗维茨认为,电子媒介造成的社会情境产生变化,使得人们的社会角色也在发生变化,以往界限分明的社会角色,现在变得有些模糊不清了,这导致了新的情境的出现。而人们的行为要与具体的情境相适应,因此,新的情境的出现,要求人们必须采取新的行动。

三、雷蒙德·威廉斯媒介理论

威廉斯对拉斯韦尔的5W原则提出了质疑,他认为拉斯韦尔理论中遗漏了重要一项,无法真正了解社会与文化过程,因此增添"为什么目的"这一项,必须植根于传播符号的意义以及意义生成过程所涉及的价值取向与利益问题之中。通过对于大众针对种种情境反应的研究,挖掘这些反应背后所体现的社会与文化结构竞争以及隐藏的意识形态策略,才能够更为深刻准确地揭示文化与社会以及文化与媒体的关系。威廉斯从文化和人类学视角,在工业经济民主政治两种传统革命之外,为我们描绘了第三种不同的革命——文化革命,文化革命所带来的传播交往组织规模的变异以及大众媒体中所蕴含的巨大的民主潜力。威廉斯将大众媒介视为文化生产和变迁过程中的重要实践方式,从整体的视角出发对媒介与社会关系进行观照,对媒介技术进行历史性考察,同时也对媒介运行机制进行了动态分析,为我们研究媒介与社会提供了新的视角。威廉斯指出,在"绘制现代社会地图"的关键词中,文化应当是最引人瞩目的一个词组。文化不仅能够揭示社会、经济、政治、生活等诸多领域的变革,还能反映出针对这些外界的变化人们在思想和情感上做出的重要而又持续的反应。可以说,文化是人们探索历史变革本质的特殊的地图。威廉斯的文化理论是对特定时代人们整体生活方式中各种因素之间关系所做的研究,分析文化就是综合发掘这些关系综合体的组织的性质与模式。需要强调的是,这里所说的文化,不仅仅包括选择性传统的文化和被记录的文化,也包括特定时期和地点活生生的文化,威廉斯将之称为文化唯物论。在这一理论中,一切社会实践与文化实践都呈现出具体性、动态性和复杂性;文化表意行为由物质要素、象征意义与线索综合构成。因此在现代大众媒介中,媒介的意义远不止是某种中介性的传播物质实体,更是社会组织。媒介文化则是基于特定的社会话语基础上所产生的意义。需要注意的是,威廉斯的媒介分析理论,虽然主要针对电视时代的媒体,但也明确批评了将电视等同于社会和文化变迁过程中因果效应主题的观点。

他认为,即便电视媒体存在对人们的注意力进行导向性设置的可能,批评家也还是不能局限于媒介本身来进行分析研究,而必须将媒介植入整个社会和文化的环境与过程之中,这样才能获得准确的研究与观察结果。

四、哈罗德·英尼斯的媒介理论

加拿大学者英尼斯提出两个观点,即媒介偏倚论以及传播与社会稳定间的关系。

(1)媒介的时间偏倚与空间偏倚。所谓媒介的时间偏倚,是指质地较重、耐久性较强的媒介。这种媒介能够克服时间障碍,历经长时间的保存而不损坏;相反,空间偏倚则是指容易克服空间障碍、质地较轻、便于运送的媒介。英尼斯认为,不论何种具体媒介,如果不具有长久保持的特性来偏倚时间,就必定会具有便于运输的特点来偏倚空间,二者必居其一。媒介的形态是由质地较重向质地较轻、由偏倚时间向偏倚空间发展的历史,从人类传播媒介的演进史看,这种发展方式与人类文明进步的阶梯相协调。

(2)传播与社会稳定的关系。从时间偏倚和空间偏倚两种媒介与权力结构的关系来看,英尼斯认为偏倚时间的媒介有助于树立权威,有助于形成等级森严的社会体制;而偏倚空间的媒介,则有助于进行远距离管理与贸易,助力帝国的扩张和形成中央集权但等级不强的社会体制。他认为,新的传播媒介的出现,可以改变社会体制的形态,并且常常伴有权力中心的转移;社会权力的竞争与寻求新的传播技术的竞争共生。在英尼斯看来,控制媒介行为是行使社会和政治权力的一种手段。一味倾向时间偏倚或空间偏倚,都可能造成社会的不稳定,只有维护时间偏倚和空间偏倚间的平衡,社会才会稳定。

五、威廉·斯蒂芬森的媒介理论

斯蒂芬森认为前人的研究主要从功利的角度来看待大众传播,是犯了方向性的根本错误,因此他力图把研究的注意力转到传播的非功利性质上来,开创了全新的研究视角。他在《传播的游戏论》一书中,集中讨论了传播的游戏性质,提出了迥然以往的全新媒介理论。

他认为人类的所有行为可以被划分为游戏与工作两大类,工作是对付现实,是谋生,是有产品的。相反,游戏基本上是没有产品的,除非是提供自我满足。按此模式,他将传播也做出了两种区分:一种是工作性传播,比如下达命令;另一种是游戏性传播,比如聚会聊天。工作性质传播,具备"任务"的成分,因此对传播过程的参与者来说,身心是并不愉快的。斯蒂芬森将工作性传播与不快的感受相对应(communication-unpleasure)。与之相反,游戏性传播不携带功利性的具体目的,对参与者来说感受是轻松愉快的,因此斯蒂芬森把游戏性传播定位为"传播-愉快"(communication-pleasure)。

在基于传播参与者的感受将传播进行分类的同时,斯蒂芬森将大众传播定位为游戏性的传播,认为人们阅读、听广播、看电视主要在于消遣娱乐,是一种将个人从工作环境中解放出来的方式。他认为,与其把媒介看作一种工具,不如视其为一种玩具;而人们对于媒介的使用,与其说是出于功利的考虑,不如说是抱着游戏娱乐的目的。这就是所谓的媒介游戏论,即大众传播是具有游戏性质的传播。

思考题

1. 当前对新媒体的认知有哪些角度?
2. 请阐述一下麦克卢汉的媒介理论。
3. 请阐述一下梅罗维茨的媒介理论。

第十章

传播效果研究与最新理论

传播效果研究是传播学诸多研究领域中非常重要的组成部分,早在传播学理论体系形成之前,就有很多学者将目光投注于这一领域。

传播是一项具有目的性的社会活动,无论传播者是国家、组织、群体还是个人,都期望通过传播活动达到诸如维护社会或群体稳定、进行信息交换和沟通、寻求文化认同和传承等效果。同时,为了达成较好的效果,在传播过程中,传播者需要不断调整传播的内容和方式。因此,传播效果是大众传播活动中具有指导性意义的核心要素之一。

第一节 传播效果的概念与类型

怎样理解传播效果?传播效果与传播活动之间有着怎样的关系?如何建立分类体系对传播效果进行研究?传播效果研究有哪些突出的成果?传播效果研究在互联网时代有着怎样的发展?涉及传播效果研究的问题不胜枚举,但在研究的初始阶段,应首先厘清概念和分类这两个基本问题。

一、传播效果的概念

效果一词,一般指由某种力量、做法或因素产生的结果。在传播学领域将"某种力量、做法或因素"特指为"由传播者发起的某种传播行为"。任何行为都是由一定的动机引起的,传播行为的动机是传播者的主观愿望,传播行为的效果是通过实践检验之后的客观结果。

在这里,由某种特定传播行为所生产的"结果"可以分为狭义和广义两个方面。

狭义上来讲,由传播者发起的某种传播行为具有明确的目的指向性(即传播者的主观愿望),其结果也表现为传播者目的所实现的程度。因而,狭义上的传播效果与传播者的主观愿望呈现出一种明确的因果关系,最终表现为受众接受传播者所传播的内容,从而在心理、态度和行为上表现出传播者所期望的变化。

广义上来讲,虽然由传播者发起的某种传播行为具有明确的目的指向性,但在实际操作中传播可能会产生超出传播者主观愿望的客观结果,因而,广义上的"效果"指某一传播行为对个体、群体、组织和社会所产生的一切客观结果。在这里,传播的出发点虽然是传播者的主观愿望,但传播结果有可能偏离、超出主观愿望甚至与其背道而驰。

由上述内容可知,所谓传播效果,是指传播者依据主观愿望,将传播内容通过一定的传播媒介传达给受众的这一行为所引起的受众心理、态度和行为的一切变化结果。它关联着传播者、传播内容、受众等诸多要素,研究者可以对其进行预估和检测。

二、传播效果的类型

有很多不同的分类体系可以对传播效果进行分类。从传播内容的信息和指向上,可以分为规范性效果、明确性效果、共鸣性效果、理解性效果和享用性效果;从传播的性质上,可以分为正效果、负效果和逆反效果等;从传播的社会功能上,可以分为调试效果、教化效果、娱乐效果和监督效果;从效果产生和维持的时间上,可以分为短期效果和长期效果;从效果出现的时间先后上,可以分为及时性效果和延后性效果;从影响范围上,可以分为个人效果、组织效果和社会效果;从哲学意义上,可以分为一般效果与特殊效果;等等。本书介绍了其中两种分类体系:英国学者戈尔丁所提出的效果分类体系和根据传播社会功能所划分的效果分类体系。

(一)戈尔丁的效果分类

英国学者戈尔丁的效果分类综合了时间(短期效果和长期效果)和传播者意图(预期效果和非预期效果)两类标准,将其中的四个要素两两组合构建成了效果分类体系。

1. 短期的预期效果

从时间上来讲,传播持续的时间和传播者收到效果反馈的时间均比较短;从传播者意图上来讲,传播效果在一定程度上实现了传播者的目的。这样的短期预期效果外在表现为"个人的反应"和"对媒体集中宣传报道活动的反应"两种。其中"个人的反应"指受众接受传播内容,从而在心理、态度和行为上表现出传播者所期望的变化。"对媒体集中宣传报道活动的反应"指的是一家或多家媒介为达成特定目标而开展的说服性宣传活动,这里的传播者是"一家或多家媒介",传播的受众是所有接收到传播信息的个体,传播效果则是所有个体对传播行为的反馈。

2. 短期的非预期效果

从时间上来讲,传播持续的时间和传播者收到效果反馈的时间均比较短;从传播者意图上来讲,传播产生了传播者目的之外的其他实际结果。这样短期的非预期效果外在表现为"个人的自发反应"和"集合的自发反应"两类。其中"个人的自发反应"指个人接触特定信息后所发生的、与传播者意图无直接关系的模仿或学习行为,这些行为可能是有利于社会的,也可能是不利于社会的。"集合的自发反应"指社会上许多人在同一信息的刺激和影响下发生的集合现象。某些"集合的自发反应"会诱发社会恐慌和民众骚动,使社会秩序脱离原本轨道,这类传播效果是学者们比较关注的内容。

3. 长期的预期效果

从时间上来讲,传播持续的时间和传播者收到效果反馈的时间均比较长;从传播者意图上来讲,传播效果在一定程度上实现了传播者的目的。

4. 长期的非预期效果

长期的非预期效果指的是整个传播事业日常的、持久的传播活动所产生的综合效果或客观结果。这种效果具有综合性,它的传播者、传播内容、受众、传播媒介以及传播效果都是综合的、多层次的、积累的;从时间上看,传播持续的时间和传播者收到效果反馈的时间均比较长;从传播者意图看,传播产生了传播者目的之外的其他实际结果。例如,一个个体在成长过程中接受媒介传播的各种信息,并逐步形成个体的世界观、人生观、价值观,这就属于综合性的长期的非预期效果。

(二)社会功能角度的分类体系

1.调试效果

调试效果主要体现在对社会个体或群体的心理、态度或行为进行调节,使其维持一种较为稳定的状态,或产生较为统一的社会心理或社会行动。调试效果可以从以下两个方面进行理解。

(1)调试能在一定程度上达成降低社会负面情绪压力的效果。传播者将心理压抑的情绪或对社会某些现象的不满通过传播媒介表达出来,从而达到"心理减压"的目的。从这个角度看,传播为社会负面情绪提供了一个宣泄的渠道,在一定程度上维护了社会稳定。

(2)调试能在一定程度上达成引导社会舆论方向的效果。传播者能通过媒介影响力和自身的社会公信力调节不同社会个体和群体的心理状态和心理趋向性,使其在一定程度上做出较为统一的心理判断和行动。例如政府为降低某种社会恐慌情绪所进行的辟谣,就属于传播调试效果的范畴。

2.教化效果

教化效果主要体现在规范、知识等文化产物在个体和群体的代际中的延续和流传。

对于个体来说,传播的教化效果体现在对个体社会化的塑造方面。不同的传播者通过媒介传播社会规范和文化知识,这种传播行为形成了一种综合性的文化环境,个体在其中自觉和不自觉地接受文化熏陶,并逐步将其内化为自身的行为准则和价值取向。

对于群体来说,传播的教化效果体现在群体文化在不断被创造、流传和享用的过程中代代相传。这种代代相传是在文化传播对个体社会化塑造的基础上实现的,当个体在自身社会化的过程中逐步将某种行为和心理视为一种集体习惯,这种文化就会自然地向纵向和横向两个方面渗透,使传承成为可能。此外,群体文化教化的效果与群体的凝聚力呈正相关关系。

3.监督效果

监督效果主要体现在对于违反法律法规或背离道德准则的失范行为进行披露,将恶性事件置于社会大众的视野之中,依照法律或道德准则进行公正的处置。在这种监督环境下,每一个个体都同时扮演着监督者与被监督者的双重身份,自觉或不自觉地对自身行为和他人行为进行权衡和评估。因此,传播所产生的监督效果在潜移默化中加强了对个体的控制。

4.娱乐效果

娱乐效果主要体现为各种媒介通过不同的娱乐方式调节社会中个体的精神状态,从而使整个社会保持活力。随着生产力的发展和科学技术的革新,社会生活的节奏不断加快。紧张的社会生活导致了个体的精神压力持续上升,娱乐成为个体消解压力、获得精神休憩的主要手段。2015年英国通信管理局进行国际通信市场年度调查报告显示,美国人平均每天看电视4小时42分钟,世界平均每人每天看电视的时间也达到了3小时39分钟,并且,该数据只包括电视直播和录制节目,不包括网络电视和纪录片。在我国,中央电视台2015年发布《中国经济生活大调查》数据显示,中国人每天的休闲时间平均是2.55小时。中国人三分之一的休闲时间用在互联网上,尤其是手机。

值得注意的是,传播的娱乐效果并不仅仅意味着消遣和休息。娱乐内容同时包含有一定的文化内容和价值观念。就结果来看,寓教于乐的传播方式虽然达不到立竿见影的效果,但往往使受众被影响而不自知。

第二节 传播效果研究的进程与经典理论

现代传播活动与政治、经济、文化等社会要素紧密地结合在一起。鉴于现实社会生活的需要,有关传播效果的研究自大众媒介兴起就成为学者关注的焦点。本节内容分为两大部分:其一是传播效果研究的进程,这主要指20世纪以来欧美学术界对效果研究的三个阶段;其二是传播效果研究的经典理论,本书选择了"议程设置"理论、"沉默的螺旋"理论以及"创新的扩散"理论。

一、传播效果研究的进程

自20世纪开始,特定的社会历史背景以及不断更新换代的媒介为传播效果研究注入了活力。效果研究的内容和方向深受媒介社会实践的影响,具有明显的现实导向。这里我们根据在不同时代背景下传播效果研究所侧重的内容和表现的特征将这一领域的研究进程划分为三个历史阶段。

(一)第一阶段(20世纪初到20世纪40年代初)——"强效果论"

1. 概念解析

"强效果论"认为传播媒介在社会生活中拥有巨大的力量,它能在精神领域对受众进行一定程度的诱导和控制,通过受众心理、态度、行为的改变对现实生活加以影响。

"枪弹论"(亦称"子弹论""靶子论""传送带论""皮下注射论""刺激-反应论"等)是"强效果论"的突出代表。"枪弹论"认为传播媒介拥有不可抵抗的强大力量,它们所传递的信息在受众身上就像子弹击中躯体,可以引起直接速效的反应,能左右人们的态度和意见,甚至直接支配他们的行动。

2. "枪弹论"产生的背景

(1)工业化、城市化和现代化背景下的大众社会心理和本能心理。

大众社会理论认为,工业化、城市化和现代化造成人们之间传统的联系被打破,传统规范和价值观式微,随着劳动分工和社会差异的增大,人与人之间的距离也在扩大,社会被原子化,个体之间彼此相互隔绝,只有通过正式的司法、契约和大众传播相互联系。在情感孤独化的情况下,个体只能通过传播媒介实现表达情感和联系沟通的基本诉求,从而导致传播媒介对个体影响力的不断扩大。

本能是指一个生物体趋向于某一特定行为的内在倾向。在工业化背景下,现代工业批量制造了相同的生活物资,复制了人的生活,因而完全可能使人们批量产生某一种感情。当时的学者摒弃了人类行为活动的特殊性,认为具有同一心理素质的人们对于同样的刺激会有完全相同的反应。

(2) 传播媒介的发展及影响力的扩大。

随着工业社会的发展,传播技术有了长足进步,媒介对社会的影响持续增加。在20世纪,以报刊和广播为代表的传播媒介几乎渗透了西方社会生活的方方面面。媒介不仅在普通民众的日常生活中发挥作用,也成为国家在政治活动中控制舆论、引导民众行为、塑造国家形象、打击敌人心理防线的有力武器。

3. "枪弹论"的实例

实例一——美国总统罗斯福的炉边谈话

1929年10月24日,随着华尔街股市的崩盘,美国进入了长达十年之久的经济大萧条。这场经济危机席卷了众多资本主义国家,使美国经济发生了剧烈动荡,一夜之间银行倒闭、工厂关门、工人失业,许多著名资本家为生计沦为"街头上的苹果小贩"。富兰克林·罗斯福当选总统之后,为了缓解国内矛盾,重新塑造美国人民对政府的信心,于就职总统后的第八天让工作人员在壁炉旁边设置扩音器,接受了美国广播公司、哥伦比亚广播公司和共同广播公司的采访。这一次采访就是著名的"炉边谈话",是政府利用媒介进行政治传播的典型案例。罗斯福以极富个人魅力的领袖风范打动了美国民众,不仅树立了民众对于国家和政府的信心,还适时宣传了即将推行的社会改制主张和货币政策。"炉边谈话"取得成功,为美国度过经济大萧条,缓和当时尖锐的社会矛盾发挥了积极作用。

实例二——《火星人入侵地球》广播剧

1938年10月30日,哥伦比亚广播公司播放了一部根据英国科幻小说家威尔斯的科幻小说《星际战争》改编成的《火星人入侵地球》广播剧。这部广播剧运用了逼真的音响效果,主角奥森·威尔斯和其所在的水银剧团也在该剧中发挥了出色的演出水平。出人意料的是,大部分收听广播的民众对该剧信以为真。《纽约时报》在头版的报道中描述了头一天听众的恐慌:"极度恐慌的听众塞满了道路,有的藏在地窖里,有的在枪中装满子弹……在纽约的一个街区,20多个家庭中的人们都冲出房门,他们用湿毛巾捂住脸,以防止吸入火星人的毒气。"据普林斯顿大学事后调查,整个国家约有170万人相信这个节目是新闻广播,约有120万人产生了严重恐慌,要马上逃难。这一场闹剧最终以奥森·威尔斯的公开道歉收尾,它展现出大众传播媒介对受众的巨大影响力。

4. "枪弹论"的局限性

"枪弹论"将大众传媒对受众的影响抽象成"发出信息—收到信息—做出行动"的简单过程。虽然它一度受到很多学者的追捧,但其本身的局限性也是明显的。其一,"枪弹论"的研究仅限于评论和探讨,并没有建立科学的研究体系。其二,"枪弹论"对大众传播媒介的影响力有不切实际的预期,忽略了在传播效果达成的过程中其他客观社会因素所发挥的作用。其三,"枪弹论"在动物的应激反应模型上直接抽象出人类对媒介的反应模型,忽略了受众所具有的个体差异和主观能动性。

(二) 第二阶段(20世纪40年代初到60年代初)——"弱效果论"

1. 概念解析

"弱效果论"又被称为"有限效果论",这一理论指出大众传播对受众的影响是有限的,传播活动并不能直接改变受众的心理、态度和行为,受众的心理趋向性和行为模式的选择是传播与其他客观社会因素共同作用的结果。正如贝雷尔森在《传播与舆论》中指出的那样:"某些传播,在某些问题上,被某些人在某些情况下所注意,有某些作用。"克拉伯在《大众传播效果》一文中亦指出:"大众传播通常并不是一个可以对受众发生影响的充分且必要的起因,它其实是通过许多中介因素的联络环节而发挥着各种功能。"

"弱效果论"的研究最早可以追溯到 20 世纪 30 年代初美国佩恩基金会关于电影对儿童影响的一系列研究成果,而后逐渐发展成熟。这个时期主要的研究内容有三项:"传播流"研究、"说服性传播"的效果研究以及"使用与满足"研究。

2. 佩恩基金研究:电影对儿童的影响

佩恩基金研究是大众传播效果研究史上一个里程碑式的研究案例。

20 世纪 20 年代末,包括社会学、心理学、教育学等在内的社会科学发展日趋成熟,以典型调查为主要手段的量化研究技术以及实地调查的研究方法得到越来越多的关注。同时,作为新兴大众传播媒介的电影工业飞速发展。20 年代中期,电影业面临来自公众舆论的巨大压力,社会评论家、宗教人士等纷纷将矛头指向电影业,指责其对儿童产生了负面的影响。

在这种情况下,电影调查委员会的理事威廉姆.H.肖特得到美国佩恩基金会的支持,邀请了一批大学的心理学家、社会学家和教育学家,让他们设计一系列研究来评估电影对儿童的影响。最终,研究结果表明电影确实会对儿童产生影响,但这种影响并不是"枪弹"式的直接产生,它的产生受到其他社会客观因素的共同制约。

3. "传播流"研究

"传播流"指的是由大众传播发出的信息,经过各种中间环节,"流"向传播对象的社会过程。拉扎斯菲尔德等人的《人民的选择》(1944 年出版)、卡茨等人的《个人影响》(1955 年出版)、罗杰斯等人的《创新的扩散》(1962 年出版)以及克拉帕的《大众传播效果》(1960 年出版),被誉为"传播流"研究的四部曲。

1940 年,拉扎斯菲尔德等人对美国俄亥俄州伊里县的美国总统选举活动进行调研,因地点之故这次调研又被称为"伊里调查"。拉扎斯菲尔德等人抽取了 600 名不同类型的选民作为研究样本,研究的核心问题是大众传媒对选民意向形成和改变的影响作用。然而,研究结果却与"枪弹论"的观点大相径庭。研究发现:首先,如果选民在接触大众传媒之前有自身的政治立场,那么这种政治立场就具有较强的稳固性,大众传媒很难改变选民的投票意愿;其次,有自身政治立场的选民更倾向于去接触与自身政治立场一致的大众传媒,例如民主党的支持者会只接触民主党的宣传;最后,在选民之中一些政治参与积极性高、频繁接触媒体、知识储备丰富、人际交往能力较强的个体会成为群体之中的"意见领袖"。该研究认为大众传媒并不是直接"流"向受众,而是经过"意见领袖"中间环节再"流"向受众,形成所谓的"二级传播"。在整个研究过程中,大部分选民在大众传媒的影响下强化了原有观点或明确选择了某一种观点(原本态度不明确),只有 5% 的选民改变了原有观点。值得注意的是,选民观点的改变更多是由于人际传播而不是大众传媒。

4. "说服性传播"的效果研究

"说服性传播"指的是受众的态度沿传播者说服意图的方向发生的变化。该理论的代表作为霍夫兰、贾尼斯、凯利合著的《传播与说服》(1953 年出版)。

第二次世界大战期间,美国陆军军部新闻及教育署组织心理学家成立研究小组,对战争宣传与美军士气的相关问题进行研究,"说服性传播"的代表人物霍夫兰也以小组成员的身份参与其中。在此项研究中,美国政府向美军士兵播放了好莱坞电影大师卡普拉在马歇尔元帅授意下制作的纪录片《我们为何而战》。美国政府希望通过这部影片激发士兵们的爱国主义情怀,加强对敌人的仇恨,树立必胜的信念,从而像向猛虎一般投入战斗。然而,研究结果却表明传播效果远远没有达到美国政府的期望。纪录片在传播信息的方面是成功的,大多美军士兵从片中清楚地了解了战争的局势。但是,纪录片在激发士兵战斗热情方面却没有太大成效,士兵们并没有如预想那样"凶猛地"投入战斗。此项研究表明,大众传媒并没有"枪弹"式的强大力量。霍夫兰等人从中得到启发,转而投入对说服效果产生条件的研究,发现说服效果的产生受到传播者特性、信息的内容和结构、受众的特性等一系列条件的制约。

5."使用与满足"研究

"使用与满足"的研究是传播效果研究史上的一个分水岭。在这项研究出现之前,在传播效果研究中占据主导地位的大多是"传播者"或者"传播媒介"。这些研究从传播者或者传播媒介的角度出发,考查传播效果是否达成了传播者的主观意图或对受众产生了什么影响。"使用与满足"研究则开辟了一个新的研究方向,在这项研究中占据主导地位的是"受众"。相比之下,之前的研究中受众被认为在传播活动中处于被动的地位,他们只能被传播者或者传播媒介影响和说服。"使用与满足"研究则不同,它将受众作为传播活动的主导力量,受众不再是同质化、被动的接受者,而是有着不同、特定需求的个体,他们接触媒介的动机是因为传播媒介能在某种层面上满足他们的需求。

"使用与满足"理论从受众的心理动机和心理需求角度出发,结合心理学和社会学的相关知识,解释了人们使用媒介以得到满足的行为,提出了受众接受媒介的社会原因和心理动机。它强调受众的能动性,突出受众的地位,并认为受众通过对媒介的积极使用,从而制约着传播过程,并指出媒介使用主要基于个人的需求和愿望。

20世纪40年代初到60年代初,有关"使用与满足"理论比较重要的研究有:①30到40年代,洛克菲勒基金会赞助的研究机构对美国进行了第一次全面的广播研究;②1944年,赫佐格研究了电台白天的连续节目对妇女的吸引,研究成果《我们对白天连续节目的听众究竟知道什么》被称为"历史性的论文";③1940年,贝雷尔森在《读书为我们带来什么》中归纳了一些具有普遍性的读书动机;④1949年,贝雷尔森以1945年6月30日纽约八大报纸的发送员大罢工为背景调查,在《没有报纸意味着什么》中总结了读者阅报的动机;⑤1958—1960年,施拉姆、莱尔和帕克在美国和加拿大的十个社区内调查研究了不同的儿童使用电视的情形。

6."弱效果论"的局限性

"弱效果论"虽然对以"枪弹论"为代表的"强效果论"进行了辩证地批判,对理解传播效果形成的条件和复杂性具有一定的意义,但仍具有一定的局限性。"弱效果论"更多地聚焦于传播活动所产生的个人的、具体的、微观的、短期的效果,而忽略了其对整个社会或群体所产生的潜移默化的、宏观的、长期的效果。"弱效果论"过于强调大众传播的"无力性"和效果的"有限性",它从一个极端走向了另一个极端,并没有真正契合大众传媒在现实生活中所产生的效果。不过,"弱效果论"中的"使用与满足"研究指出了大众传播对受众具有一定的效用,这在一定程度上辩驳了"弱效果论"所指出的"无力性"和"有限性",一些学者将其称为"适度效果论"。

(三)第三阶段(20 世纪 60 年代末至今)——"回归强效果论"

20 世纪 60 年代以来,很多西方学者对媒介效果研究中的实证主义方法提出质疑,在此背景下,历史主义和人文主义方法重获主导地位。1973 年,德国学者诺依曼首次明确提出"回归强效果论"这一观点。值得注意的是,"回归强效果论"既不是对"弱效果论"的简单否定,也不是对早期"强效果论"的全盘附和,而是对大众传媒具有强大效果这一观点的进一步发展。这一发展体现在以下两方面:其一,研究重心的转变。"回归强效果论"不再强调个体的、简单直接的、短期的、微观的效果,它聚焦于媒介对整个社会或群体所产生的潜移默化的、长期的、宏观的效果研究。其二,研究过程和方法的转变。"回归强效果论"不再只对某一传播链条进行个别研究,而将传播过程置于宏观的社会政治、经济、文化系统中进行分析。

此阶段的经典理论和案例有"议程设置"理论、"沉默的螺旋"理论、"培养"理论、"知沟"理论等,本书将选取其中的三个具体分析。

二、传播效果研究的经典理论

(一)"议程设置"理论

"议程"指会议上议案讨论的程序或议事的执行流程。社会生活的每一天、每一个阶段都会出现各种各样的问题。这些问题经常同时存在,但却往往不可能被同时解决。一般来说,人们在解决多个问题时常常会把危急、紧迫、重要的问题放在优先的位置。但这些问题哪个更危急、哪个更重要却有赖于个体凭借自身的经验和观念做出的判断。换句话说,每个人都有一个自己的"议事日程表",表上根据个性化的判断记录了个体认知中的议事执行流程和优先性选择。"议程设置"理论对这种个体认知的来源做出了一种解读:对社会生活中的一般人而言,对当前事件重要性的认知和判断在很大程度上受到大众传媒的影响。

1. "议程设置"理论概要

"议程设置"是大众传播的重要社会功能和效果之一。所谓"议程设置",指传播媒介所报道的重点与受众心目中的重要题材高度相关,传播媒介所强化报道的题材与事件会引起人们的重视。

20 世纪 60 年代初,一些学者对于在短时间内影响受众、改变其态度和行动的传播效果研究提出质疑,他们认为这些研究忽略了大众传播产生的一些间接却更为深远的影响。科恩指出:"在多数情况下,报纸在告诉人们如何思考方面可能不太成功,但在告诉人们应该考虑什么时,却是惊人的成功。"1972 年,美国传播学家麦克姆斯和肖在《舆论季刊》上发表了一篇题为《大众传播的议程设置功能》的论文,文中首次提出了"议程设置"的理论假说。

"议程设置"的理论假说来源于 1968 年麦克姆斯和肖对总统大选进行的调查。这项调查分为两个部分,一是抽样调查选民对此次美国总统大选期间重大社会政治问题及其重要性的认知和判断,二是对同一时期 8 家媒体对社会政治问题的宣传报道进行分析和比对。调查结果表明,个体认知中公共事务的优先性和重要性与传播媒介所进行的传播活动之间,存在着一种高度对应的关系。换句话来说,传播媒介所选择的大肆报道和宣传的"大事件""大问题",也同样是公众"议事日程表"上排在前列的"大事件""大问题"。传播媒介对某件事宣传得越多,公众对于该事件的重视程度就越高。麦克姆斯和肖依据这种高度对应的相关关系,大胆假设传播媒介通过不同类型、不同数量的传播活动赋予了社会生活问题不同的"闪耀程度",这种"闪耀程度"的排序会在很大程度上投射在公众的"议事日程表"中,影响公众对社会生活问题的重视程度和判断认知。

2. **"议程设置"案例——水门事件**

水门事件是美国历史上著名的政治丑闻事件,其对美国本国历史以及整个国际新闻界都有着长远的影响。在1972年的总统大选中,为了取得民主党内部竞选策略的情报,共和党竞选班子的首席安全问题顾问詹姆斯·麦科德等5人闯入位于华盛顿水门大厦的民主党全国委员会办公室,在安装窃听器并偷拍有关文件时当场被捕。从1972年6月17日詹姆斯·麦科德等人闯入水门大厦开始,《华盛顿邮报》的两位记者鲍勃·伍德沃德和卡尔·伯恩斯坦对整个事件进行了一系列的跟踪报道,美国各大电视台也对此事件进行集中报道,1974年8月9日尼克松在群情激奋下提出辞职。

在这个案例中,尼克松的辞职除了自身的决策失误外,大众传媒也起到了很大的作用。大众传媒对水门事件的一系列报道构筑了一个不利于总统的舆论环境,公众受到大众传媒的影响,对总统的信任度降低,普通民众纷纷示威游行,抗议电报铺天盖地。可以说,大众传媒在一定程度上推动了民意,民意推动了政府机关,最终对尼克松进行了弹劾。

3. **"议程设置"理论的特点**

(1)"议程设置"理论产生的不是个体的、简单直接的、短期的、微观的效果,它所产生的效果是潜移默化的、长期的、宏观的。可以说,"议程设置"的结果并不是某一个或几个传播媒介,经过一次或几次传播活动所能达到的,它是作为一个整体的大众传媒长时间传播所产生的效果。

(2)"议程设置"所产生的效果并不是受众态度或者行为的改变,它更多地表现为一种认知的积累结果。大众传媒通过宣传和强化,使公众对某一个或多个社会问题的重要程度产生不同的认知。

(3)"议程设置"指出了大众传媒在构筑舆论环境、影响受众方面的作用。大众传媒根据自身的价值判断标准对信息进行筛选和重要性定位,而后通过传播构建舆论环境,影响公众对传播内容的重视程度。值得注意的是,大众传媒所传播的内容并不都是客观真实的,所产生的"议程设置"效果也并不都是积极正面的。

4. **对"议程设置"理论的评价**

"议程设置"理论在大众传媒效果研究中具有重要的意义。

(1)"议程设置"指出了大众传媒在影响受众认知中所起到的作用。这为大众传媒研究从"弱效果论"的桎梏中挣脱出来提供了一定的依据。同时,"议程设置"又有别于"强效果论"中对大众传媒效果的简单化、直接化的理解,它提出了一种更为宏观、长期和深远的效果研究观点。

(2)"议程设置"指出了大众传媒在构筑舆论环境中所起到的能动性作用。从积极的方面来看,"议程设置"在引导舆论、整合社会方面具有积极的作用。

同时,"议程设置"理论也有自身的局限性。虽然"议程设置"功能显示出媒介对受众认知较强的影响力,但这种影响力并非绝对。受众的主观能动性不容忽视,现实的传播效果常常会与传播者的主观意图相背离。

(二)"沉默的螺旋"理论

"沉默的螺旋"理论最早由德国传播学家伊丽莎白·诺依曼于1974年提出。该理论以心理学、大众传播学和社会学为理论基础,提出了关于舆论如何得以形成的理论假设。1980年,诺依曼在原有理论的基础上,进一步总结,在《沉默的螺旋:舆论——我们的社会皮肤》一书中,对这一理论进行了全面的概括。"沉默的螺旋"理论探讨了人的从众心理在舆论传播中的重要作用,一经问世便成为学术界关注的焦点。

1. "沉默的螺旋"理论概要

诺依曼教授在著作中对"沉默的螺旋"概念进行了阐释:对待社会舆论,每个人都避免因固执己见而与众不同,以致陷于孤立。持非主导观点和态度的人,在大众传播的压力下,随时间推移而逐渐向主导观点态度靠拢。这样持非主导观念的人数量越来越少,越来越沉默,恰似一个上大下小的螺旋。"沉默的螺旋"理论认为:

(1)个人意见的表明是一个社会心理过程。人是社会性动物,希望能成为周围环境中的大多数,力图寻求更多的支持,避免成为人群中的异类而被孤立。在社会舆论的形成过程中,当人们想要表达自己的想法和观点时,总会对周边的舆论环境进行分析。当听到与自己持有相同观点的言论受到广泛欢迎时,就会主动积极参与到讨论中,促使这样的言论被更为广泛地传播与探讨。相反,当人们发现自身的观点不被人认可,甚至会被集体攻击时,即使肯定这一观点的人,也会采取沉默的方式自保。

(2)意见的表明和"沉默"的扩散是一个螺旋式的社会传播过程。由于意见一方的沉默会使对立的一方增加势力。在这样的态势下,其中一方的声音会越发强大,另一方则会持续沉默,这就是螺旋的发展进程。

(3)舆论是可以通过大众传播营造的"意见环境"来影响与控制的。根据诺依曼的观点,主流舆论的形成不是参与舆论的社会公众通过理性讨论而产生的结果,而是大众在"意见环境"的压力之下产生了害怕被孤立的心理,从而实现人们对于优势意见的趋同认知。这并非是一个合理的过程。"意见环境"是所处的社会环境以及大众传媒的推动形成的,一般情况下,大众传媒对于"意见环境"的形成起到很大的作用。

由此可以看出,"沉默的螺旋"理论实际上是提出了一种新的"强效果"理论:舆论是通过大众传播、人际传播和"意见环境"对认知心理影响而产生的;大众传媒先天具有公开性和传播的广泛性,因此在它们引导下所提倡的观点,更容易被认定为是"多数"或"优势"的认知;由于"意见环境"的压迫,会导致社会中优势意见声音越来越大,而劣势意见逐步步入"沉默的螺旋",舆论就此诞生,成为在社会生活中具有压倒性优势的大多数意见。

2. "沉默的螺旋"的特点

(1)这一理论中的"舆论"不同于传统意义上的"舆论"概念。"沉默的螺旋"理论中所涉及的"舆论",不是公众的理性认知,而是更多地体现为"公开的意见",理论强调的是这种"公开的意见"所具备的强有力的社会控制功能。这种"公开的意见"一方面帮助公众了解社会整体意见氛围的变化,从而调整自己的思想意识。另一方面,避免了因为意见的过度分裂而导致的社会分崩离析,起到整合社会、维系稳定的作用。

(2)"沉默的螺旋"理论强调了传播,特别是大众传播对于社会产生的强大影响力和效果。这个影响包含了从认知到判断再到行动的整个行为过程,而不单单停留在认知的初级层面。

这一理论认为传播媒介具有十分强大的能力,可以形塑社会现实。

3. "沉默的螺旋"理论的意义

"沉默的螺旋"理论成立的前提是依托于个体的人"对社会孤立的恐惧",这种恐惧心理驱使人们在讨论中向占据优势或多数的声音靠拢,产生趋同行为。那么,这种趋同行为是必然的,还是有条件的,偶然的?诺依曼认为,这种趋同行为制约着独立个体的行为,是"对一个人的道德规范和基本价值与社会是否相容的检验"。这样的行为是"匿名的,无所不在的社会压力",而诸如洛克、马基亚维利之类的经典作家,他们的一些观点,以及动物社会学、文化人类学的一些相关学术成果,为诺依曼的理论提供了有力的支持。因此,"沉默的螺旋"理论,在以下两个方面具有重要的意义。

(1)该理论出现之前的相关研究,倾向于从现象论的角度探讨舆论的形成过程,而诺依曼则从社会心理分析的角度对舆论进行了分析。这在传统舆论学研究中,是非常鲜见的。

(2)"沉默的螺旋"正视了大众传播在舆论形成过程中所起到的重要作用,以及"意见环境"的影响力。传播媒介的功能得到正视,"沉默的螺旋"还对大众传播所具备的一些功能性特点如公开性、普遍性,以及其同一时段中内容的类似性和积累性进行了分析,指出了由于大众媒体的传播,受众的"选择性接触"实质上较难实现。这对我们再次认知大众媒体的效果和影响力有着启示作用。

4. 对"沉默的螺旋"理论的评价

"沉默的螺旋"理论的提出,使学界从心理学的角度重新认识了舆论的形成过程。当然,在这一理论受到认可的同时,争论也随之而来。

一些学者对这一观点进行了批判,指出这一理论绝对地强化了害怕被孤立的心理因素,但忽视了其他一些动力因素。因为在舆论的形成过程中,很多个体在衡量利害关系后,依然会无视孤立感的社会压迫而发出不同的声音。因此,这是一个受到制约的影响因素,而非一个决定性条件。过分强调多数派在舆论形成中的作用,而忽略了少数派的影响力,亦是该理论的一个漏洞。

另外,"沉默的螺旋"理论强调的是大众媒介对舆论形成的控制性作用,大众媒介致力于如何将自己的意见转化为大众的意见,从而进行舆论引导。这是政治势力与资本势力始终利用媒介发声、争取大众倾向性的原因。然而,在网络时代,由于自媒体的流行,社会个体所接触的信息更为丰富和复杂,选择的立场也具有不可控性。

(三)"创新的扩散"理论

"创新"是指利用现有的知识和物质,在特定的环境中,本着理想化需要或为满足社会需求,而改进或创造新的事物、方法、元素、路径、环境,并能获得一定有益效果的行为。从18世纪末开始,在工业化进程中产生了一股强大的创新浪潮。新事物不断展现出自身优越性,部分学者也将目光聚焦在了这个潜力无限的研究领域。其中,传播学者试图从层出不穷的创新中找出创新扩散的普遍模式。是什么影响了人们做出接受新事物的选择?大众传媒在创新的扩散中发挥着怎样的作用?新事物在一段时间内的扩散规律是什么?这些问题均引起了研究者的关注。

1. "创新的扩散"理论概要

20世纪60年代,美国学者埃弗雷特·罗杰斯研究了2000多份创新扩散的实证研究和

3000种出版物,撰写了《创新的扩散》一书,并提出了"创新的扩散"理论。罗杰斯认为,创新是一种被个人或其他采用单位视为新颖的观念、实践或事物。创新的扩散是指一种基本社会过程,在这个过程中,主观感受到的关于某个创新的信息被传播,通过一个社会构建过程,某创新的意义逐渐显现。与以往大众传播效果研究不同的是,该理论规定了传播内容的范围,将新事物、新观念、新产品等创新产物作为研究的限定条件。大众传媒如何有效地"说服"个体接受创新产物?创新的扩散有什么规律?大众传媒对社会和文化的发展有什么影响?都是这一理论研究的重点。

在所有创新的扩散过程中,由于个体差异性,创新采用者中都会出现先驱者、跟随者和滞后者。根据人们对创新采用的不同态度,创新采用者大体可以分为以下五类:

(1)创新者。创新者约占创新采用者总数的2.5%,是创新观念最早的引入者和创新事物的大胆尝试者。创新者在群体中不一定受到尊重和重视,但他们热衷于做"第一个吃螃蟹的人"。

(2)早期采用者。早期采用者约占创新采用者总数的13.5%,一般是群体中的意见领袖。早期采用者多在创新产品推广之初就"吃下螃蟹",他们以较高的威望影响着群体中之后的采用者,对创新的传播起着决定性的作用。

(3)早期众多跟进者。早期众多跟进者约占创新采用者总数的34%,一般为意见领袖谨慎的跟随者。早期众多跟进者通常在接收到意见领袖的传播信息并深思熟虑后采用创新观念或创新事物,他们在整个创新的传播过程中起着承上启下的作用。

(4)后期众多跟进者。后期众多跟进者约占创新采用者总数的34%,通常对创新事物或创新观念持怀疑态度。后期众多跟进者多在大多数人采纳创新后才跟进,他们对创新成果的采纳更多是自身经济条件或社会关系网络所带来的压力所致。

(5)滞后者。滞后者约占创新采用者总数的16%,一般为因循守旧的旧观念或旧事物的维护者。滞后者一般居住在信息较为闭塞的环境中,他们的地方保护主义情绪较为激烈,多对创新采取抵制态度,只有在确认创新不会失败时才会予以采纳。

研究发现,创新采用的百分比和时间点呈现出"S"形的扩散曲线(见图10-1)。在曲线开始的位置创新观念或创新事物引入的时间较短,采用的人数也较少,创新扩散的进程较为缓慢。随着时间的延长,采用的人数在经过一个早期的积累后突然快速上涨,创新扩散的曲线呈现出明显上升趋势。而随着时间继续推移,采用的人数也逐渐趋于饱和,创新扩散的曲线随之趋于平稳。

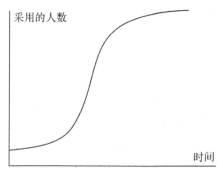

图10-1 创新扩散的"S"形曲线

采用某种创新并不是"发出信息—收到信息—赋予行动"这样立竿见影的过程,它往往需要经历一个或长或短的心理认知和判断过程。人们从收到创新信息到实施创新一般分为五个阶段:

(1)获知。人们通过广告、上门推销、人际关系网络等传播媒介接触创新的信息,并对其有一个初步认识。

(2)说服。人们进一步了解创新的内容,根据现实情况和经验对创新产生赞成或反对的态度。

(3)决定。人们依据"说服"阶段所产生的态度,决定采纳或拒绝某项创新。

(4)实施。决定采纳某项创新的人,将这项创新付诸行动。

(5)确认。人们寻求进一步的证据,对创新加深了解,或加强之前对创新的态度,或改变之前对创新的态度。

创新信息通过不同的渠道进行传播,不同渠道的传播效果也不尽相同,大致可以归纳为以下三个方面:

(1)大众媒介和外地媒介在"获知"阶段起到了重要的作用,而人际传播和本地渠道在"说服"阶段表现得更为突出。

(2)大众传播和外地媒介对于初期采用者比晚期采用者更为重要。

(3)大众传播和人际传播的结合是新事物传播的最有效途径。

2. "创新的扩散"案例——艾奥瓦杂交玉米种研究

第二次世界大战之前,在创新浪潮的推动下,农业科技有了长足的进步,杂交玉米种就是这一时期的重要发明之一。截至 1939 年,艾奥瓦州 75% 的农民都选择种植杂交玉米种。

学者瑞恩和格罗斯进行了一系列调查访问,对艾奥瓦州的农民从了解到最终决定种植杂交玉米种过程中传媒的效果和作用模式进行了分析研究。他们的调查包括四种主要的扩散元素。

(1)一项创新——杂交玉米种。杂交玉米种与普通玉米种相比具有明显的优缺点:优点是生命力更强,同时具备抗干旱和抗病虫害等普通玉米种所不具备的能力;缺点是杂交玉米种不能留种继续种植,农民为购买新种子需投入更多的经济成本。

(2)创新通过特定渠道传播。有近半数的农民表示他们最初获知杂交玉米种的信息是通过种子公司的推销员,较多的另一部分农民的信息来源则涵盖了广告、报刊、邻居宣传等多种方式,还有小部分人的信息来源是大学推广、亲戚等。

(3)创新的扩散经历了一段时间。调查结果显示,从农民最初知晓杂交种玉米到最终决定采用杂交种玉米之间的时间,平均为 5 到 6 年。可以说,大部分人在决定种植之前,就已经知道杂交种玉米了。在此期间采用人数和时间的关系与创新扩散的"S"形曲线相符。

(4)创新在一个社会体系的成员之中流通。值得注意的是,虽然种子公司的推销员是较多农民最初的信息来源,但它的影响力却比不上邻居。在创新扩散的早期,邻居在让人们知晓并采用杂交玉米种的过程中的影响力不断上升,到了后半期,邻居对种植者的影响力远超种子公司的推销员。可以说,在提供新信息方面大众传媒发挥了不可忽视的作用,但是在改变人们对新信息的态度和行为方面,人际传播的作用更为瞩目,创新的采用是人际关系网络和大众传媒共同作用的结果。

3. 对"创新的扩散"理论的评价

埃弗雷特·罗杰斯的"创新的扩散"理论是以数字化符号为基础的定量研究,它通过大量的实证研究归纳出了创新扩散的基本模式,这一模式可重复建构并且易于操作,在大众传媒的发展过程中多次被应用于多个领域,具有较高的实用价值。"创新的扩散"理论对当时乃至当代的大众传媒效果研究均具有重要的意义。

同时,"创新的扩散"理论也有其局限性。首先,该理论过分迷信新事物,忽略了某些创新不能被普及,甚至不能被采用的社会现实状况;其次,创新采用者中的意见领袖可能不是真正的领袖,仅仅是早期的知晓者;最后,此项研究忽略了不同地区、不同民族的社会文化差异,在一些特定的情况下,创新的扩散会根据社会文化情况有不同的表现。

第三节 互联网与传播效果理论发展

人类在 20 世纪步入了信息时代。互联网的发明和使用标志着信息时代的开端。互联网,又称网际网络,是网络与网络之间所串连成的庞大网络,这些网络以一组通用的协议相连,形成逻辑上单一且巨大的全球化网络。2016 年 11 月 22 日国际电信联盟(ITU)发布调查报告称,移动宽带已经覆盖了全球 84% 的国家及地区。在全球信息化进程中,互联网已经渗透到社会生活的方方面面,成为重要的信息基础设施。

从传播学的角度来看,互联网已经成为继报纸、广播、电视之后又一种成熟的媒介形态。同时,互联网的覆盖面广、传播迅速、互动性强、匿名度高等特点,又使它的传播效果与传统媒介有所区别。本节内容分为两部分:其一,从宏观上讨论互联网对传播效果理论的影响;其二,从微观上讨论互联网时代两个传播效果经典理论("把关人"理论、"沉默的螺旋"理论)的发展。

一、互联网对传播效果理论的影响

互联网的应用和普及催生了前人无法想象的信息爆炸,时至今日,各种文化知识、信息资料、思想观念都汇聚在互联网之上,互联网不仅扮演着信息集散地的角色,更因其所具有的强大社会影响力成为社会舆论的扩音器。对于这种新兴而潜力十足的传播媒介,传统的传播效果理论是否适用?互联网对传统的传播效果理论有哪些影响?这些都成为传播效果研究在信息时代亟待解决的问题。

(一)传播者和受众之间的权力逆转

大众传媒对受众的影响如何?学者对此问题的回答可以分为三类:其一,"强效果论"认为传播媒介拥有不可抵抗的强大力量,传播内容可以引起直接速效的反应,能左右人们的态度和意见,甚至直接支配他们的行动;"弱效果论"认为大众传播对受众的影响是有限的,受众的心理趋向性和行为模式的选择是其他客观社会因素共同作用的结果;"回归强效果论"认为大众传媒对整个社会或群体产生了潜移默化的、长期的、宏观的效果和影响。可以看出,无论影响强弱、社会环境如何,在传统的媒介效果研究中,传播内容都遵循着统一的流动路径,即搭载某种传播媒介由传播者流向受众。

因此，在传统的传播效果理论中存在着一种明显的主客体权力关系。作为主体的传播者处于信息传播中掌握权力的一方，他们控制着传播内容和传播媒介，通过对受众的有限传播和引导达成自身的既定目标。同时，作为客体的受众处于传播中的弱权者，他们只能被动地接受传播者所传递的信息，他们的心理、态度和行为在一定程度上受到了传播者的影响。

互联网对这种主客体权力关系提出了挑战。在传统媒体时代，传播内容和传播媒介控制在少数精英的手中，普通民众产生的传播效果极为有限。但是在信息时代，网络技术的发展为社会大众提供了一个传播信息的新平台。在这个平台上，受众不再是被动的信息接受者，网络给予他们自由获取信息和发布信息的技术支持。受众通过使用浏览器、搜索引擎等网络服务，从浩如烟海的信息世界中挑选自己需要或者感兴趣的信息。在这个过程中，传播者将信息上传，供受众挑选，受众则成为"传播"能否取得效果的决定性因素。同时，这个开放的平台具有极低的准入门槛，只要一台连接网络的终端，任何非专业人士都可以成为传播者。在互联网的帮助下，个人的意见通过微博、论坛、个人空间等广泛传播，一些热点信息在传播过程中引起了大众的关注。

综上所述，在互联网时代，传播者和受众之间无法逾越的权力屏障被打破，二者之间的主客体权力关系逐渐淡化。随着准入门槛的降低，传播者与受众不再是明确的二元对立的两个角色，而是可以随时转化、同时存在的一个统一整体。

（二）受众的反馈受到关注

一个基本的传播过程有五个要素构成，它们分别是传播者、受众、传播内容、传播媒介和反馈。这里的反馈指受众对接收到的信息的反应或回应，也是受众对传播者的反作用。一般来讲，获得反馈信息是传播者的意图和目的，发出反馈信息是受众能动性的体现。但在传统的传播效果研究中，传播者对反馈的重视，仅限于受众对接收到的信息的反应或回应，即传播者自身意图实现的程度。而受众只能被动地接受传播者所传递的信息，很难形成引起社会关注或巨大反响的反馈作用。

在互联网时代，受众借助网络这一表达情感思想的利器打破了无力反馈、无处诉求的单向压制局面，传播活动的主体地位也逐渐向受众倾斜。同时，对于传播者而言，受众的反馈不再是单纯反映传播者自身意图实现的程度，而在一定程度上成为获得传播效果的关键。

二、互联网时代传播效果经典理论的发展

1."把关人"作用削弱和信息自由

"把关人"理论，又叫"守门人"理论，由美国社会心理学家库尔特·卢因率先提出。卢因在1947年出版的《群体生活的渠道》中系统地讨论了这个问题。他认为，在社区、群体中信息通过一定的渠道进行传播，而在这个传播过程中，有一些"把关人"在信息进入流通渠道之前对其进行判断。"把关人"对信息的判断一般以群体共同心理价值取向或"把关人"自身价值取向为标准，只有符合标准的信息才能获得进入流通渠道的通行证。

20世纪50年代，传播学者怀特在对新闻传播的研究中应用了卢因的"把关人"理论，进而模拟出了新闻传播的"把关"模式。怀特指出，作为大众传媒之一的新闻，它所传播的内容并不是毫无取舍地对现实的"复制粘贴"，而是在对传播内容进行挑选并加工后才让其进入传播渠

道。在这个传播活动中,大众传媒成为众多信息和受众之间的一道关卡,只有少数信息才能在加工之后通过关卡进入受众的视线。由此可见,在网络普及应用之前,受众所获取的信息大都是处于权力关系上层的"把关人"所希望他们看到的,受众在传播过程中处于被动的地位。

随着互联网技术的发展和网络的普及,信息以迅猛的速度在全球范围内传播。美国马里兰大学马克·利维说:"如果把大众传播媒介比作一只信息沙漏,那么新的传播技术就将是一种散布型的信息交流结构,可以把这种传媒结构比作新闻与信息交流的一个矩阵、一张经纬交错的渔网或四通八达的蜘蛛网。"由于网络空间中传播者是不固定的,传播者和受众甚至可以以一体共生的形式存在。因此,虽然网络空间中依然存在着"把关人"的角色(传播者自身和专业信息监管者),但"把关人"的"特权"却被不断削弱。不仅如此,由于网络较低的准入门槛和极高的传播速度,有限的专业"把关人"需要面对难以计数的自由信息。在社区、论坛等交流性为主的网络空间中,网民具有极强的自主性。他们自由地发布信息,并自由地参与交流讨论,在网络技术的支持下这些传播和交流甚至可以以实时的方式进行。而对于"把关人"来说,自由的信息使他们"把关"工作的难度不断上升:一方面,一个中小型的网站需要审核的内容就难以计数,其中更可能混杂着难以辨识的虚假信息;另一方面,当"把关人"发现不当信息进行处理的时候,信息往往已经造成了一些负面的后果。

综上所述,信息爆炸的时代使传播回归信息共享的本真,也赋予了公众极大的自由度。但毫无节制的信息自由也诱发了诸多严重的社会问题,新时期"把关人"的作用和地位依然值得我们深思。

2. "沉默的螺旋"理论在网络时代的发展

诺依曼教授对"沉默的螺旋"概念进行了阐释。研究者认为,互联网的出现,使公众舆论中"沉默的螺旋"现象呈现出弱化和强化两种不同的趋势。

部分学者认为,互联网环境弱化了"沉默的螺旋"现象。互联网覆盖面广、传播迅速、互动性强、匿名度高的特点对传统的"沉默的螺旋"理论提出了挑战。一方面,网络传播并不仅仅等同于过去的大众传媒,它同时还具备人际的多向、网状的交互以及反馈的功能。受众在网络软件的技术支持下,不仅能够匿名、实时对传播内容发表看法,还能作为一个新的传播者传播符合自身心理价值取向的内容,或将别人的传播内容按自身理解进一步传播。在这种传播环境中,过去被"把关人"刻意控制或者难以在大范围内引起社会关注的内容会在网络的支持下大范围地扩散,意见反馈也变得多种多样。另一方面,在自由接受信息和传播信息的过程中,"优势意见"所带来的群体压力被不断消解,持孤立意见的个体比较容易在网络使用者中找到同盟军。过去的孤立者多通过附和多数人意见来摆脱孤立状态,而在信息时代,这些人以主动的姿态避免自己陷入被孤立的困境。不仅如此,网络空间的匿名环境在一定程度上保护了意见个体的隐私,使得他们在发表自身观点时更加张扬、个性、大胆,而不用担心自己因为"劣势意见"而陷入孤立和尴尬的局面。总而言之,网络传播改变了原本"一言堂"或"几言堂"的舆论环境,"沉默的螺旋"理论也在舆论环境逐渐复杂化的过程中被不断地消解。

另一些学者认为,互联网环境强化了"沉默的螺旋"现象。2014年,美国皮尤调研中心和罗格斯大学发表的一份调查报告显示,Twitter和Facebook等网络社交媒体会限制人们对公共事务发表多样化意见。罗格斯大学副教授基斯·汉普顿称:"使用社交媒体的人们正在寻找新的政治互动方式,但政治参与和政治讨论之间存在着巨大差别。如今,人们不愿表达自己的观点并展示给其他人。而在一个民主社会,这种展示恰恰是我们希望看到的。"这一调查结果显示,在互联网时代"沉默的螺旋"理论得到某种程度的强化。一方面,网络信息基数极为庞大,人们在浏览时往往会在诸多信息中筛选出与自身思想价值取向相符的内容。在现代科技的支持下,多种互联网应用程序通过计算向网络受众推送符合其喜好的内容。这样一来,事实上受众所接触的信息大都是他们认可的,他们对信息的可选择性和发表个性化意见的可能性都大大降低。另一方面,网络对生活无处不在的渗透和网络信息极大的公开性使人们产生一种普遍性的现代化恐慌。为了避免"人肉搜索"等恶性事件的发生,大部分人更倾向于在相对私密的空间(比如家庭)和关系亲密的人群(比如家人)中表达自己对敏感性社会问题的看法,他们在网络社交平台上则更愿意保持沉默。皮尤调研中心和罗格斯大学的调查报告显示,对于引起巨大反响的"斯诺登棱镜门"事件,大部分人是通过传统大众传媒了解事件的始末,网络社交媒体则成为传播该事件最不重要的信息源。总而言之,网络为了迎合大众喜好在一定程度上阻碍了部分信息进入大众视野,同时,人们出于对现代化危机的恐慌,自觉限制自身在网络上对社会事务的意见表述,这在一定程度上强化了"沉默的螺旋"现象。

思考题

1. 简述传播效果的概念。
2. 简述戈尔丁的效果分类。
3. 简述传播效果理论发展的三个阶段。
4. 简述"议程设置"理论的特点。
5. 简述对"沉默的螺旋"理论的理解。
6. 简述人们从收到创新信息到实施创新的五个阶段。

第十一章

传播学研究方法与技术更新

第一节 传播学研究基本范式和方法

一、传播学研究的基本范式

范式是认知与建构学科版图的重要工具。1962年,美国科学哲学家托马斯·库恩(Thomas Kuhn)在《科学革命的结构》一书中解释"成熟科学的发展被描述为常规科学发展与科学革命相交替的历史过程"这一问题时,首先提出了"范式"(paradigm)的概念,但未对"范式"做出一个明确的、严格的、统一的定义。在库恩看来,范式是在某科学领域中公认的模型或模式,是科学共同体的成员"所共有的信念、价值、技术等构成的整体"。范式应具有两个特点,即"成就空前地吸引着一批坚定的拥护者,使他们脱离科学活动的其他竞争模式,同时这些成就又足以无限制地为重新组成的一批实践者留下有待解决的问题"。英国学者玛格丽特·玛斯特曼(Margaret Masterman)通过对《科学革命的结构》一书的深入解读,总结出形而上学的范式[1]、社会学范式[2]、人工范式[3]三种不同类型的范式[4]。后来学者在研究中把"范式"的概念运用于社会科学,认为在社会科学中范式无所谓对错,只是观察研究社会的不同方式和思路,不同范式代表对社会和现实本质的不同看法。鉴于不同领域的不同学者对研究共识的内容、组合和层次的需求不同,对范式的解读也存在多角度的认知。不过,库恩最初主要是从世界观、价值观和方法论三方面构建范式的概念体系,认为范式的基本要素是一个不可分割的整体,因此,在他的影响下,"世界观、价值观、方法论"相协同的范式区分论成为最被普遍接受的范式解读和应用方式。当然,通过对范式特点的归纳,我们可以看出不同领域或学科的学者在

---

[1] 泛指科学家所共同接受的信念、信心、观察方式。
[2] 指被科学家所普遍承认的科学成就,或被科学共同体共同遵守的惯例和规约。
[3] 指科学理论体系,更为具体一些可指运用的工具、仪器设备、教科书或经典著作等。
[4] 在归纳出三种不同类型的范式之前,作者还有对于"范式"的21个描述,即:一个普遍承认的科学成就;一个神话;一门"哲学";一簇启迪智慧的问题;一本教科书或经典著作;一个完整的传统,从某种意义上说,是作为一种模式;一个科学成就;一个类比;一种成功的形而上学思辨;一个习惯法上公认的方式;一种工具的来源;一种规范的解说;一个装置或仪器操作规范;一副反常的纸牌;一个工具制造厂;一套政治制度;一种适用于形而上学的"标准";一个可以指引知觉本身的有条理的原理;一个普遍的认识论观点;一种新的观察方式;某种定义广大实在领域的东西。(资料来源:陈蕾.传播学范式批判与重塑[D].福州:福建师范大学,2010.)

进行研究时形成的共识基础。

作为一门年轻的社会科学,传播学经过半个多世纪的发展,广泛融合了社会学、心理学、政治学、人类学等多学科视角,为学科建设带来了诸多活力。学者们对传播学范式的探讨也代表了研究传播的不同方式和思路,这些研究方式和思路对传播学的主题、视野和方法有着不同的看法,但对共同面对的理论和现实问题有着高度的认同度,同时也存在着种种有待解决的问题。就像经验主义与批判主义这两种不同范式,它们研究的思路和侧重点都不同,只有看法的差异,没有对错之分。

(一)传播学的"二分法"研究范式

斯蒂文·小约翰(Littlejohn)把传播学理论分为两大范式,即更倾向于人的行为是被决定的范式和更倾向于人的行为是自由的范式。在斯蒂文所著的《传播理论》一书中,他从本体论、认识论和价值论的角度对传播研究范式加以区分。他按本体论的不同取向把传播学研究区分为行动派和非行动派两大类。认为"人本质上是行动的"研究,强调个体和意义的具体性和生动性,反对寻找有关社会现象的普适规律;而认为"人本质上是非行动的"研究,则认为人们的行为"基本上是由生物因素和环境决定的并对之做出反应",主张社会研究应找寻现象背后所隐藏的某种普适性规律。

根据认识论取向的不同,把学术研究分成科学取向(认为知识是客观存在的,是可以"获取"的)和人文取向(认为知识是人创立的,产生于认识主体和客体的互动过程之中)两大类。据此,学术研究可以分为价值中立派(强调研究的客观性原则)和研究者应有一定价值取向(任何研究不可能也不应该价值中立)这两大类。

(二)传播学的"三分法"研究范式

芬克(Fink)和卡茨(Gantz)在他们1996年的一项研究中提出了社会科学研究范式、诠释研究范式和批判研究范式三种传播学的研究范式,并且从10个维度比较了三种范式的不同(见表11-1)。

表11-1 传播学的"三分法"研究范式

类型 维度	社会科学研究范式	诠释研究范式	批判研究范式
1.本体论(对世界和社会的基本看法)	世界是客观存在、有序和可解析的	社会是一个动态现实,现实依赖于当下的背景	社会现实是权力意志和价值争斗的体现
2.认识论	人的认识(知识)具有客观性和普适性	知识是人在认识世界过程中创立的,具有主观性、多样性	知识来自对社会内在价值和意识形态的判断
3.研究问题的性质	寻求和测量变量的中心趋势	寻求现象在具体场景下的意义并加以解释	对价值进行分析、判断和批判
4.建立理论(研究目的Ⅰ)	预测和控制	理解	社会变革
5.检验假设(研究目的Ⅱ)	有正式的假设	并无正式的假设	并无正式假设

续表 11-1

类型 \ 维度	社会科学研究范式	诠释研究范式	批判研究范式
6. 取样（研究方法Ⅰ）	随机抽样原则	全体研究、个案研究或非随机样本	非随机样本
7. 数据搜集（研究方法Ⅱ）	统计分析（通过问卷调查等）	观察、深度访谈和文献研究	意识形态和价值批判
8. 研究合理性（有效性）	通过研究工具的科学运用，以研究结果的合理性为基础	通过研究者之间或第三者对研究合理性进行判断	无须交代
9. 数据分析	定量分析为基础	定性分析和整体解释	可归于定性分析，是一种评判过程
10. 归纳推广	研究结果推广至全体	结论不做推广	有时应可推广至其他场合

从表 11-1 可以看出，不同的研究范式之间并无泾渭分明的差别。其实，在传播学的研究中，大多数研究范式是融合、交叉或并存的关系。特别是在研究方法上，定性和定量这两种方法的配合使用，已为很多研究者所赞同。

比如说，传播研究中的社会科学研究范式强调实证分析，部分社会科学研究者还惯于把自己的研究看作是自然科学的延伸，不少社会科学家所用的方法也是借助于数学、物理学的方法。以传播效果为重点的实证研究自 20 世纪 30 年代以来逐渐成为传播研究中的主要范式。Potter, Coooper, Dupagen 对 1965—1989 年的 8 种美国主要传播研究期刊所刊载的论文进行内容分析发现，传播学者的研究中社会科学范式取向的最多。Babbie 认为社会科学的研究方法使得其"能测量任何存在的东西"。以科学的概率统计和其他数理理论为依据，实证研究在数据的采集和分析方面发展出一系列研究技术，研究设计和研究过程日益规范化成熟化。社会科学研究范式已然形成了一套成熟的研究方法，对任何研究课题，先确定研究对象，然后界定对研究对象的哪些方面进行研究，再进行可操作化设计。通过这些过程的转换，研究问题变成了具体的可测指标，通过对可测指标的测量、统计、分析，就能对研究问题进行回答，就可以完成整个研究。

批判学派研究者们（以法兰克福学派为早期代表）主张在分析社会任何一个层面时，必须考虑社会整体，否则其结果将会歪曲。而社会科学的实证研究从某种程度上，恰恰是一种对"整体之一部分"的研究。批判学派的学者们还认为，"实证社会科学已经变成一个苦行僧，不沾带外在力量和七情六欲，为的是保持强行施与的中立性，社会科学研究看待现代生活，包括大众媒介，仅顾及表面价值，却不欲把研究置于历史和道德情景之中"。此外，对于社会科学研究方法"能测量任何存在的东西"的观点，批判学者们指出诸如文化方面的问题，被简单化为实证上可以验证的变量，有些不恰当，因为"文化或者正是人类心智无法加以测量之处"。因此，批判学派的学者们严厉抨击社会科学范式既忽略研究与理论之间的关系，又将学术孤立于社会情景之外，因此其本身即充满意识形态效果。批判学派"对具体的、经验实用层面的问题不感兴趣,他们善于从大处着眼,对传播体制尤为关注,把'为谁传播'和'为何传播'视为关键","主要致力于深层背景的考察,注重传播及传播体制的阶级性和历史性,强调传播与控制的密切关系,他们的立意与旨归,都在于对既定的传播现状和现有的传播体制进行全面、深刻而系统的批判"。

梳理批判主义学派的发展历程发现,批判主义的发展经历了两个阶段。批判主义的初创期始于20世纪50年代以后,这一时期占主导地位的分别是:以美国学者霍克海默、阿多诺为首的第一代法兰克福学派(代表文化主义研究方向);以欧洲学者阿尔都塞、葛兰西为代表的意识形态学派(代表结构主义研究方向),这两种学派的代表人物都深受西方马克思主义哲学的影响。这一时期的传播批判理论在当时与经验主义观点形成了较为尖锐的对立,对它的批评不仅来自实证主义,也来自批判学派的其他阵营。批判学派阵营的约翰·费斯克认为,"他们的某些论断,割裂开来看,无论当时还是现在都显得过激,因此很容易成为后来文化研究的靶子"。20世纪70年代以后,批判学派开始进入了理论的兴盛期,新的批判理论和方法不断注入这一领域。后现代主义、女性主义等社会理论开始关注传媒,新的流派层出不穷。英国的政治经济学派、文化研究学派以及法兰克福学派的后继学者们,对传媒进行了更为多元化和全面的批判。

诠释传播研究取向认为世界是动态的,知识的产生取决于观察和认识时的具体内容,是一种认识主体和认识客体的互动过程。诠释研究范式在本质上是一种人文科学的研究取向,强调研究和认识的主观性和独特性,其研究目的在于了解个体主观反应的真相。由于人文的方法更注重人的情感与认知在社会行为中的主导作用,注重文化与行动的动态与内涵,注重历史与现在通过微观与宏观的整合而体现,因此,其研究目的不在于揭示或验证某种"客观存在"的因果关系,而在于准确地体现行为者对于他们世界的主观建筑。诠释研究范式强调整体研究和个案分析方法,是文化传播研究方面的一个重要研究方法,与批判学派类似,符号学、现象学和解释学理论成为诠释研究的有力工具,由于批判学派和诠释研究范式的这种特点,它们有时被合称为"诠释和批判论"。

(三)传播学理论体系的三大成型范式

法国传播学者马特拉认为,"没有任何一个学术领域像传播学这样被很多人认为这里只有广泛的想象,一切有待建设"。鉴于芬克和卡茨研究中的缺陷,胡翼青教授在其著作《传播学:学科危机与范式革命》中指出,传播学发展史上,已经成型的范式应该包括经验主义范式(包括后经验主义)、批判主义范式和技术主义范式。经验主义和技术主义的人文主义转向,传统与批判两大学派的融合,预示着传播学未来的出路,多元方法论将成为未来人本主义范式的研究路径。对于胡翼青教授这种大胆的创见,著名的传播学者丁柏铨先生在该书的序言中说:"作者为解决传播学的学科危机开出了范式革命的药方。"

经验主义认为传播学的研究对象类似于自然科学研究的对象,个人的行为受到某种特定规律的支配,媒体会对个人产生影响,其中尤以传播效果研究为中心。有学者也认为经验主义学派所做的传播研究其实是有关媒体内容的特殊的、可测度的、短期的、个人的、态度的和行为的效果研究,在舆论的形成中并不是非常重要。经验主义认为,在相似的情境下,人与人的行为是相似的,对外部世界的感觉也是大体相似的,通过研究少数个体,就可以推知整个社会。他们秉承实证主义方法论,诉诸量化、统计和实验手段,主张把自然科学的研究方法用于传播研究。

批判主义学派认为传播学的研究对象与自然科学的研究对象是完全不同的。他们认为，传播学的研究对象是人，因为人有思想、有主观能动性，不是任谁摆布的物体，不能作为物来加以研究；批判主义学派认为人是主体性的存在，人与人之间差异很大，人是特定历史和社会的产物。主张将传播研究放在特定历史阶段和社会宏观层面的背景中进行。批评社会学家认为"有必要在背景中理解人们经历过的体验"。从法兰克福学派的研究中不难发现，该学派是把传播和媒介看作社会的一个组成部分来加以研究的，这种研究既是共时性的又是历时性的。因此，该学派在研究电视等传媒时，总是从整个社会文化的背景出发。

进入20世纪90年代以后，随着网络的普及，媒介技术决定论大行其道，技术主义范式成为一种新的传播学研究范式。技术主义范式思想脉络的成型是在综合伊尼斯的媒介决定论、麦克卢汉的媒介决定论和梅罗维茨的媒介决定论的基础上形成的。哈罗德·伊尼斯是技术主义的先驱，人们是通过麦克卢汉才发现了伊尼斯的价值。马歇尔·麦克卢汉被认为是20世纪六七十年代西方传播学界最典型的，也是最重要的媒介决定论者。麦克卢汉引导人们把目光绕过传播的内容和结果，投向传媒本身，强调媒介是人类文明发展过程中的动力。麦克卢汉提出了媒介是人的延伸、媒介即信息、地球村、"冷媒介"与"热媒介"这几个代表性的观点，引起了强烈的社会反响。梅罗维茨是技术主义的一个重要过渡人物，是20世纪80年代后技术决定论的旗手。梅罗维茨梳理了麦克卢汉和伊尼斯的理论，在此基础上，他提出媒介理论还应当回答这样一个问题："那些只是创建人们之间和地点场所之间的新联系/连接的技术，为何或者如何会导致社会结构或社会行为中的任何根本性转变？"为此，梅罗维茨又引进了戈夫曼的"拟剧理论"。戈夫曼把人所面对的社会情境类比式地界定为"前台"和"后台"两类，从戏剧演出的角度来看，前台是让观众看到并从中获得特定意义的表演场合，而在后台，表演者可以放松、休息。与舞台上一样，"应把能为他人和社会接受的形象呈现于前台，而把他人和社会不能或难以接受的形象隐匿在后台"。

这三种研究范式在以下几方面存在着明显的不同：①理论基础不同。经验主义范式所遵循的思想基础是20世纪的主流哲学——逻辑实证主义；批判主义范式以马克思主义的批判哲学为理论基础；技术主义范式则奉行唯技术主义，认为技术是人类文明进步最主要的线索和最具决定性力量的因素。②研究核心不同。经验主义范式研究主要集中在传播效果研究上，着力探索如何通过传播来控制和修正人的行为；批判主义范式的研究主要集中在传播与社会的关系上，诸如信息生产和传播与宏观社会结构、信息传播与社会的上层建筑和经济基础的关系、传播制度与社会制度的关系等控制分析；技术主义范式的研究核心是传播技术，重点关注的是传播技术的发展对人类社会变迁的影响。③研究方法不同。经验主义范式奉行实证主义方法论，主要诉诸如统计和实验的经验性量化方法，运用可观察、可测定、可量化的经验材料来实证考察社会现象或社会行为，主张沿用自然科学的研究方法进行传播研究。批判主义范式则强调哲学思辨，大量运用马克思主义、精神分析、现象学、结构主义、女性主义的理论和方法。近年的实践中，批判主义在研究中也不断融合思辨和实证调查的方法。技术主义范式则更青睐于直觉分析法和文献研究法中的历史比较分析法。④研究视角不同。经验主义范式较多地从具体问题出发，较为微观地分析各种因素相互作用的结果；批判主义范式重点考察与社会结构和意识形态相关的宏观问题和一些传播中的中观现象；技术主义范式反而更注重宏观的社会现实，一般不关注发生在微观领域的传播现象。

(四)传播学研究范式的新转向

胡翼青教授在其著作《传播学:学科危机与范式革命》中指出,技术决定主义所表现出的强硬立场,并不能解决信息社会和网络社会提出的问题,相反,还有可能将传播学的研究引入歧途,针对经验主义与技术主义日益明显的理论缺陷,新人本主义研究范式被认为是传播学未来的新研究范式。传播学是一门开放的人文社会科学,要形成一套独立的学科体系,就需要有一种新的研究范式形成基本的人性假设,并以此为核心整合传播学领域中的各种现象以及不同观点及流派。

新人本主义研究范式是一个以研究人的信息属性为核心的研究范式。与技术主义范式和经验主义范式都不一样,新人本主义范式的核心任务是在特定情境下理解人在传播过程中各种主动的信息行为,而不是传播的技术或者是传播的过程,因此它的视角聚集于人在传播过程中所表现出的主观能动性。新人本主义视野中的"人"也并不像经验主义视野中的人,后者把人机械地分成传播者和受众,而前者则更注重他们在传播中体现出的相似的属性。新人本主义范式将着力于研究不同的人在传播过程中行为的变化,研究变迁中的人、社会与技术之间辩证统一的关系,研究人在传播过程中丰富多彩的行为背后所蕴藏的深层动机和价值观念,研究传播过程中人与人之间的游戏规则,进一步揭示人类传播活动的动力。

新人本主义研究范式是一种综合性的研究范式。一方面,由于它将借鉴人文社会科学先导学科如语言学的成功发展经验,汲取复杂性科学的重要理念,兼顾宏观和微观两个层面的研究,将微观层面上的人性研究和人与人之间的契约及其产物——制度与结构结合起来,形成一种"人性-制度"的动态研究模式;另一方面,由于该范式将建立在以往传播学多种范式和流派的基础之上,因此可以吸纳其他范式的长处,综合其他范式的研究方法和理论观点。因此,未来的人本主义范式将整合批判主义、经验主义和技术主义理论中的合理成分,吸纳批判主义哲学思辨和理解性的研究方法和科学主义思潮的实证研究方法。与其他人文社会科学领域所涌现出的综合性思潮一样,它是一种综合性的传播学思潮。

相比于其他研究范式,新人本主义传播学范式具有一定的优越性。新人本主义范式作为一个整合性的范式,符合时代发展对传播学提出的要求,因此,它应该并且可以成为传播学研究的新的主流范式。但这并不是说,新人本主义范式就是一种完善的范式,其他范式就失去了生存的价值。任何学科在其整合的同时,也在历经一个分化的过程。实证主义和批判主义范式也好,技术主义范式也好,这些研究范式不但不会消亡,而且还会在各自的领域继续取得长足的进步。而且,也只有上述范式的理论更进一步,才有可能进一步丰富新人本主义范式,完善传播学的体系,推动整个传播学的发展。

二、传播学的研究方法

"方法"是个多义词,我国古已有之。无论是人们认识世界的活动还是改造世界的活动,都要遵循一定的方向法则,并运用一定的符合其对象实际的方式、方法,否则就不可能有任何成功。正是由于人的活动具有这种方法的指导,才能够摆脱"自在存在"状态而成为"自在自为的存在",把"非我之物"转化为"为我之物";才不仅能够认清广袤的宇宙空间和深邃的微观世界,而且还能改造它们,使之成为为人类服务的人工第二自然界,从而建立起高度的物质文明和精神文明。

《现代汉语词典》中对方法的定义，是指关于解决思想、说话、行动等问题的门路、程序等。如果把"研究"和"方法"的定义统一起来，可把研究方法理解为人们在钻研探索中的门路和程序。研究方法，就是指在研究中发现新现象、新事物，或提出新理论、新观点，揭示事物内在规律的工具和手段，是研究者用来回答他们关于这个世界的各种研究问题的方法和策略。研究方法是人们在从事科学研究过程中不断总结、提炼出来的。由于受到人们认识问题的角度、研究对象的复杂性等因素的影响，研究方法本身处在一个不断地相互影响、相互结合、相互转化的动态发展过程中。

(一)研究方法的层次

作为理念系统的方法，它涵盖着五个有机联系着的层次或要素，即：关于指明活动目的方向的方法层次；关于达到目的方向所必须通过的途径的方法层次；关于达到目的方向所必须采取的策略手段的方法层次；关于达到目的方向所必须运用的工具的方法层次；关于有效地运用工具所必须遵照的操作程序的方法层次。因此，方法是关于认识世界和改造世界的目的方向、途径、策略手段、工具及其操作程序的选择系统。方法论中所论述的各种方法系统，是对认识活动和实践活动中自觉和不自觉运用的众多方法进行总结、提炼、升华的结果，是条理化、规范化、系统化了的理论形态上的方法系统。方法系统的功能，也就是人们运用方法系统于对象而发生主客体相互作用的功能。人在活动中运用方法系统于对象，或则达到认识对象，使人们认识符合于对象的实际；或则引起对象的改变，造成人所需要的结果。总括地说，就是人对主客体对象及其关系进行加工、制作和改造的能力。各种方法系统，因功能、价值各不相同，都有其独特的结构和特征。正确评价各种方法系统，无论在认识上还是运用上，都是方法研究上的重要一环。

(1)研究方法的第一层次是方法论原理，它是所有方法论的总体概括，它概括的是一切方法论、方法系统的共同本质特征及其发生发展规律。它为正确地认识、把握和运用各种方法系统提供了根本的理论基础。

(2)研究方法的第二层次是哲学方法论、思维科学方法论①、心理科学方法论②、智能科学方法论③、数学方法论④等。这些方法论所提供的方法系统，都具有普遍的应用价值。它们都以各自特殊功能被应用于自然科学、社会科学、文艺学的各种方法论之中。哲学方法论所提供的方法系统，是关于自然、社会、思维的最一般的运动规律的认识方法。例如唯物辩证方法，它根据唯物主义本体论原则，提出了"实事求是"的方法。唯物辩证方法，是人类认识世界和改造世界的总体概括，是哲学方法的最高成就。相比之下，它比任何哲学派别的方法论都优越得

---

① 思维科学方法论是关于各种思维的活动形式及其规律性的方法系统的理论，其中包括逻辑思维方法、形象思维方法和直觉(灵感、顿悟)思维方法。

② 心理科学方法论是具有普遍应用价值的方法论，它提供关于认识和运用人的心理(知、情、意等方面)的方法系统，心理方法适用于人的一切活动，包括认识活动和实践活动。

③ 智能科学方法论与心理学方法论有较密切的联系，但智能科学方法主要是研制和运用计算机、人工智能、知识工程等的方法。

④ 数学方法论是关于数量和空间关系的研究和运用的方法系统。这种方法系统，是一切认识活动、一切科学活动不可缺少的方法。它是对事物的定量认识，是现代科学认识的重要标准之一。

多,其他哲学方法,如影响较大的现象学方法、实用主义方法、实证主义方法、结构主义方法、科学哲学方法等虽然也各有其独到之处,也都在一定范围内有其功能、价值,但总的来说,都不如唯物辩证方法那样深刻、全面、客观。

(3)研究方法的第三层次是自然科学方法论、社会科学方法论、文艺学方法论。这三大学科领域方法论,是各自概括了其本领域所有实证的具体学科及其分支学科和技术学科的共同性的方法论问题而形成的。因而适用于本领域的各个学科,它们也带有较大的普遍性。例如自然科学方法论中的试验方法,社会科学方法论中的调查研究方法,文艺学方法论中的典型化方法等。

(4)研究方法的第四层次是各个大学科领域中的学科方法论及其分支学科方法论。例如自然科学方法论领域中的物理、化学、生物、地理等方法论;社会科学方法论领域中的经济、政治、法律、军事、教育等方法论。这个层次的方法论一般都包括一些分支学科、边缘学科方法论,往往带有一定的应用技术科学或工程技术方法论的成分,属于实践方法的成分。

(5)研究方法的第五层次是工程技术方法论,其主要内容是关于科技应用、产品开发等技术方法。这个层次的方法,实际上就是科学技术转化为直接的生产力的方法层次,这是这个层次方法系统的主要功能特点。

纵观研究方法的五个层次,可以明确,研究方法体系是一个上下左右贯通的有机大系统。高层次的方法原则,逐层地贯穿于低层次的方法论之中;反过来看,低层次的方法系统不断地以其所获取的生动的新鲜的内容,充实和丰富着高层次的方法,不断地促进研究方法整个体系的发展。

(二)传播学研究方法的发展

社会科学研究是一个系统化的过程,这个过程能够保证研究者得到的不是自己事先猜想的结论,而是准确的结论。社会科学的研究方法是可重复的,并且得出的结论是可证伪的。当一个研究采用了系统化的严格的步骤来完成,那么其他研究者采用同样的方法在同样的条件下应该能够重复该研究得到的结论。研究结果的可证伪性是科学研究的一项不可或缺的重要特点,它能够保证学科知识在积累的过程中不断地进行自我纠正,由此达到对相关研究领域和研究问题的更准确的认识。

Mary John Smith 认为理性主义(rationalism)、理性实证主义(rational empiricism)、机械实证主义(mechanistic empiricism)、逻辑实证论(logic positivism)、建构主义(constructivism)、建构现实主义(constructive realism)这六种认识论范式对传播研究方法产生较为深刻的影响。随着社会科学领域新方法的介绍和引进,20世纪后半叶,传播学研究方法得到了极大的拓展和深化,特别是信息论、系统论和控制论的兴起,使传播学研究朝着纵深领域发展。传播学从信息论、系统论和控制论"新三论"中借用了不少有用的理论和方法来丰富自己。例如,传播学中的"反馈"概念和原理就来自控制论。同时,互联网技术的普及和移动互联网的发展为传播学的研究提供了更为便利的条件。由于社会传播现象的广泛性,传播学始终带有跨学科的综合性研究的性质。

传播学是研究信息传播的科学,而传播离不开主体对于信息的采集、对信息载体或传输渠道的选择利用、传播对象的接受即传播效果三个大致的流程。20世纪二三十年代传播学先驱在传统的政治学、社会学、心理学等学科融合的基础上,以服务于战争和政治的研究背景为目标,踏足信息传播效果研究。拉斯韦尔撰写的《世界大战中的宣传技巧》(*Propaganda Technique in the World War*)开创了传播研究的先河。李普曼结合新闻学与心理学研究发表了《舆论学》(*Public Opinion*),首次对美国报业进行分析。1930年李夫妇(Alfred Mclung Lee and Elizabeth Briant Lee)合编了《宣传的完美艺术》(*The Fine Art of Propaganda*)一书,他们和其他一些研究者一起开辟了传播学研究的基本路经。

这些早期的研究者在研究中所采用的研究方法并不是独创的,这些研究方法与欧洲学派的思想有不可分割的关系。然而,当欧洲思想家保持其思辨性、批判性以及定性研究方法的时候,美国学者则转入了定量研究。由于不同的社会历史发展情境,不同的人文、社会科学和自然科学研究传统,不同的经济现实和文化传统,不同的媒介制度及其发展的传统,再加上人类认知的差异等原因,欧洲的传播学研究具有缓慢的、思辨的和批判性的特点,而美国的传播学研究具有应用性、迅捷性和实证性的特点。欧美学者所采用的研究方法,一种是继承人文科学传统的、思辨的研究方法,另一种则是完全继承正在兴起的社会科学的研究方法。

20世纪40年代,诸多学者的研究成果为传播学奠定理论基础,如拉斯韦尔的"5W"传播模式和传播的社会功能,拉扎斯菲尔德的"二级传播理论""意见领袖"等。拉斯韦尔提出的传播"5W"模式划分出传播研究的主要变量和主要的研究领域及范围,清晰地考察了传播过程中的多个变量,这较之于较早时期模糊的、历史哲学性的方法是一大进步,以《世界大战中的宣传技巧》一书创建了内容分析的传播研究方法。拉扎斯菲尔德在传播学研究方法上的主要贡献在于,将调查研究方法引入传播学领域并加以推进,试图将定性研究和定量研究方法、参与式观察与深度访谈、内容分析和个人访谈、专题小组研究和焦点小组访谈法结合起来,引起了一系列重要的研究方法论的进展。因此,"从根本意义上,拉扎斯菲尔德是制造工具的人,只有在第二位的意义上他才是传播学者"。

20世纪50年代以来,传播研究的主要特点是逐渐复杂化、方法程式化和建构理论的兴起,出现了很多重要的研究者和理论观念。施拉姆是当时最多产、最有影响力的大众传播研究者之一。他将拉斯韦尔、拉扎斯菲尔德、霍夫兰等人的研究加以综合、整理,形成一个新的学科,将研究方法与自己的见解和洞察力结合在一起,将传播研究界定为现代社会科学。这种界定的主要影响和意义在于:传播学学科建立之后的研究,遵从的主流研究方法是现代社会科学的研究方法。20世纪50年代后,传播学从效果、过程等不同角度展开对信息传播的研究,形成了传播学研究的传统学派、批判学派,前者注重研究的实践性,以量化分析为方法支撑;后者注重研究的社会性,侧重以思辨为主的质化分析。

在传播实务界,懂得研究方法将有利于提高工作效率、获得工作成就感。比如,报社社长想提高报纸发行量、广告主想提高广告的到达率和说服力等,为了实现这些实用性的目标,就需要掌握科学的研究方法,借此来提供科学的答案。适当的研究方法告诉我们:影响报纸发行量的因素有哪些?哪些环节出了问题才导致发行量停滞?高发行量的报纸都有哪些共同因素?应该怎样改进报纸内容和发行手段?等等。因为掌握恰当的研究方法有助于解决实务性问题。日常生活中,我们无时无刻不在进行着传播活动。例如,我们需要多快好省地传递信息,接收更多的有用信息;需要更好地与他人沟通,减少人际摩擦;需要通过媒体来促进自己所在单位和社区的整合;需要通过传播渠道来促进整个社会的进步和发展。比如,电视节目中的暴力内容对我们的危害究竟有多大?父母应如何限制孩子接触某些负面信息?理解这些问题都需要掌握研究方法。

(三)传播学的几种基本研究方法介绍

1. 内容分析法(content analysis)

内容分析法是传播学研究中的一种常用方法。美国传播学者贝雷尔森在他的《内容分析:传播研究的一种工具》中曾对这种方法下过这样的定义:"内容分析是一种对传播内容进行客观、系统和定量描述的研究方法。"这个定义包含了三层含义,即客观性、系统性和定量性。

所谓客观性,是指研究者必须从现有的材料出发,排除个人的性格、爱好和偏见的影响,采用的方法和标准都必须是客观的。对传播内容做出客观的、实事求是的评价和分析。

所谓系统性,是指按照系统论原则把所有的材料看作一个整体,用严密的系统抽样方法把所要分析的内容挑选出来,然后用标准统一的方法进行分析处理。只有保持严密的系统性,才能避免其他因素干扰影响研究的结果。

所谓定量性,是指对所要分析的内容进行量化,每个阶段、每个过程、每个细节都用百分比、平均数、概率等有关数量概念进行统计分析。例如,用百分比等数量概念表示。第42次《中国互联网发展报告》显示:"截至2018年6月30日,我国网民规模达8.02亿,普及率为57.7%……"就比未使用数量表示的"我国网民很多,普及率很高"要更精确、更有说服力。

大众媒介一直在努力提供能够符合受众需要的内容。如能推断受众对内容的可能反应,则会增强传播效果。例如,广告中哪些因素会影响受众对此广告的注意力水平和理解程度?如能解决这个问题,就能帮助广告工作者改进他们广告的创意和制作方法,增强广告效果。美国的迪克·杜威德就曾在这个方面做过有益的尝试。他先对美国商业杂志的广告进行内容分析,列出15种广告技术处理变量,然后将其与137幅广告的读者调查结果指数进行比较。通过排除一些低相关的变量,并经过因素分析研究,杜威德得出的结论:广告尺寸的大小,色彩的丰富与单调,插图的尺寸大小,这三个因素都会在不同程度上影响读者对广告的注意力。

内容分析法追本溯源始于19世纪末,但当时还只是一些零散的、经验性的研究,真正大规模地、科学地开展内容研究是从第二次世界大战开始的。当时同盟国情报部门密切监听欧洲沦陷区和德国本土的电台节目,并加以分析比较,从中得出地方军队集结、士气变化的情报。战后,研究者们大规模开展对报纸、电台内容的分析研究。如分析研究社会中不同阶层、个人与团体的态度、兴趣与价值观,政府政策变更,跨国跨文化之间的差异,国家或组织机构在国际冲突或重大事件中的行为和立场等。

内容分析法具有如下特点:因为内容分析的内容都是信源在实际环境里已经发生过的信息,这些信息已经记录在案了,所以能较为真实地表现信源的特征;内容分析接触研究对象和收集资料也比较容易,费用较低,研究信息内容是大众传播过程研究中的重要一环,因此,内容分析方法在大众传播研究中得到广泛的应用。

但内容分析方法也有局限性,最突出的就是无法单纯以内容分析为根据,做出某一内容对受众的影响的结论。比如,单纯统计出甲报国际新闻的读者数量比乙报多。因为人们是根据他们对某一内容来源的相信程度、环境、个人性格以及其他因素来解释、接收这一内容信息的,所以研究者如果要评价这一内容的传播效果,就不能仅限于分析内容,还必须有传播受众的数据和资料。如对受众进行其他调查研究,以发现在传播内容与受众之间的联系和联系的广泛、紧密与否。

1939年,拉斯韦尔被任命为美国国会图书馆战时通讯研究委员会第一任主任,随即在洛克菲勒基金会的资助下,对报纸、杂志、广播、电视、书籍、电影等传播媒介的内容进行大规模的分析研究。美国在20世纪60年代两次进行的规模巨大的有关大众传播与暴力行为的研究中,对大众传播媒介暴力内容的分析都是其中的重要组成部分。

内容分析一般有如下十个步骤。

步骤一:确定研究方向。进行研究前,首先必须明确其研究目标,确定好研究方向,才能够很好地划分分析单位和制定分类标准,提高给内容分类和评分时的准确程度。

步骤二:规定分析对象的内容范围。确定了明确的研究方向后,研究者就可以根据目的决定取舍的内容,规定要研究的内容范围。

步骤三:抽取分析样本。要做好内容分析,必须采用科学的抽样方法来挑选样本,进行研究分析。先抽取内容来源,选定来源后,根据研究目的选择日期。在选定来源和日期之后,还必须在所选的每一期里进行抽样。

步骤四:选择分析单位。分析单位就是内容分析中要具体统计的对象,它是分析中最小,也是最重要的单位。

步骤五:对内容进行分类。内容分析的核心就是对媒介信息内容进行分类,常用的一些分类标准是题材、倾向性、价值观、主题等。

步骤六:制定分类标准。分类标准指的是要进行数据分析时的测量尺度。通常有类别标准、等距尺度、定序尺度和比率尺度等。

步骤七:检验分类标准的可信度。可信度对内容分析至关重要,要提高可信度,必须尽量详细地说明分类标准和范围,并培训评分员正确使用评分标准,对特别难分的类别要举例说明。可以从内容样本中抽取一个子样本,然后让各评分员对其进行分类、评分,以检验是否可靠。

步骤八:对内容进行量化评分。评分就是把一个分析单位划入一个分类中。

步骤九:统计分析。统计分析可以采用描述性统计方法,如百分比、中项、中间数、众数等。有时也可采用推断性统计方法。

步骤十:得出结果,撰写报告。在许多情况下,单纯的数字结构并不能说明问题,必须进行分析,特别是对一些描述性的研究结果,就必须经过比较才能说明问题。

内容分析法的这几个步骤又可简括为"选择""分类""统计"三个阶段。

2. 实地调查法(field survey)

实地调查法也称为概况调查法、典型调查法、抽样调查法等。这种方法不同于在实验室和图书馆等人工环境中进行研究的方法,它是一种在现实的社会生活中进行研究的方法。实地调查法常用于了解受众对各种问题的观点、态度和研究传播对象个人的背景因素(如年龄、性别、受教育程度、职业等)、受众的媒介使用行为及其与大众传播效果之间的关系等。

实地调查法不但是对大众传播的受众进行研究的科学手段,还因为著名的传播学家拉扎斯菲尔德创造了"固定样本法"(即随机抽得一批调查对象,每隔一段固定的时间去访问一次,每次调查同样的问题,以此获得一系列可以进行比较的材料)而"被提高到能发现因果关系的水平上",运用于旨在探索因果关系的大众传播效果研究之中。民意测验、民意调查即使用这一研究方法。

实地调查法是一种由部分求证整体的研究方法。调查者在传播研究范围内,分析研究传播媒介和受众之间的关系及其影响,从中进行抽样,并以此推断其总体特征。

实地调查一般遵循以下五个步骤。

步骤一：确立研究课题。实地调查的目的就是要描述研究对象的态度、特征或者行为。作为第一步，调查人员必须确定研究对象和研究目的，并对研究对象及其特征的选择提供理论性和实用性的充足理由。

步骤二：抽样设计。抽样的好处就是速度快、节省经费、准确。抽样可以分为概率抽样和非概率抽样，非概率抽样就是随机抽样。

步骤三：问卷设计。问卷设计是组织好调查的重要环节，也是保证调查能达到预期目的的关键。问卷设计可以根据形式和内容分为问卷的总体安排和问题的设计两个方面。

步骤四：收集资料。最常见的收集资料的方式有三种，即面访、邮寄问卷、电话采访。

步骤五：统计、分析资料。今天的实地调查以大量统计方法为主要内容。计算机的使用，使统计方法更为便捷。

3. 控制实验法(controlled experiment)

控制实验法是传播学研究中的一种最古老的方法，为了显示传播因素间的直接的因果关系，利用实验室的条件控制实验往往是行之有效的方法。控制实验法的主要特点在于，对于研究中的自变量（即假设的条件）可以进行人为的控制。至于其他可能会影响应变量（即预期的结果）的潜在的外部因素，则可以通过随机分配测试对象等方法加以控制。

大部分的控制实验是在教室、电视台演播室或研究机构的实验室里进行的，这种实验称为"实验室试验"。有的控制实验是在日常生活环境中进行的，称为"实地实验"。两者的方法步骤大体相同。实验室试验的控制程度较大些，而实地实验的外在效度高些。

实验的控制，一般包括以下三个方面：

第一，环境的控制。研究者可以任意设计研究的环境，例如照明、噪声、场所、温度等都可以根据研究的意图而设计，以便尽可能地排除外部因素的影响。

第二，刺激变量的控制。研究人员可以改变刺激强度，以观察和记录测试对象对刺激反应的变化。受传者被置于特定的实验环境中，研究者对他们进行刺激试验，检查这些刺激是否影响他们对信息的接受，影响的程度如何。刺激的变量很多，如灯光的强弱、噪声的大小等。

第三，实验的比较。实验法比其他任何方法都能更好地控制测试对象，这包括控制选样过程、分配对象过程等。研究人员不仅可以控制参加实验对象的数量，还可以选择测试对象、控制他们所接触的环境、进行实验处理等。通常控制实验要把受试对象分为两组或多组。其中一组加以各种刺激以观察其反应，其他的组加以少量刺激或不加刺激，然后将测试的结果进行比较得出结论。

控制实验一般有如下四个步骤。

步骤一：假设效果。控制实验主要是用来验证信息刺激与受众反应之间的关系，所以研究的假设要详细说明所要探测的变量之间的关系。在传播研究里，研究人员最感兴趣的是媒介的使用对受众的观点和行为的效果。

步骤二：抽样选择对象。研究人员如果要准确地验证某个假设，就必须运用随机抽样的方法，但控制实验与实地调查有所不同，它不是从一个总体中随机抽样，而是采用固定群体或现成群体为样本对象，从中抽取同质的测试对象。也就是说，要使同一组的对象特征相似。控制实验所需样本较少，一般每组 30 人左右就足够。

步骤三：设计实验方案。绝大部分实验方案的框架为：预先测试；实验处理；事后测试。

步骤四：比较结果，得出结论。由于刺激因素设计与现实生活或多或少存在着差异，所以这一方法不一定可靠。

传播学中的控制实验法着重研究传播效果，即传播的内容与传播对象的反应之间的关系，例如研究大众传播中的暴力内容与青少年中暴力行为之间有无关系。美国大众传播学发展史上第一次著名的研究——由霍夫兰领导的心理学家小组，在第二次世界大战中对美国陆军拍摄的军教宣传影片在军营中的宣传效果问题的研究，就是通过严格的实验来进行的。

4. 个案研究法(separate example)

个案研究法是心理学所用的一种研究方法。传播学中个案研究法使用得不是很多。所谓个案研究法就是检验某一对象的多方面特征。一般是研究某一特定对象或案例在一定时期内的全部情况。个案研究只涉及某一个别事例，它不能像抽样调查那样，可以据此做出合乎逻辑的科学推论。因此个案研究一般没有现实的研究假设，其结果都是从案例研究中得出的，也不证实什么假设。这种方法的价值在于它详细、深入、全面地占有研究对象的资料，可以提供许多材料、观点、见解，可以作为其他研究的基础，经过后续的其他类型的研究，得出一般性结论。

传播学研究中选择方法或确定了解传播现象手段的范围是很广的，但总体来说，可以分为定量研究与定性研究两大类。在具体研究过程中，大多数研究者都是先确定研究课题，然后再确定使用哪种方法对该项研究更合适。但首先必须要有一个前提，就是研究者需要对各种研究方法的特性有充分的了解。

传播学经过半个多世纪的发展，至今已基本形成了同其他社会科学研究基本相同的科学程序，无论是哪一类的研究或使用哪一种方法，大致要经过选题、设计研究线路、收集资料、处理和分析材料、撰写研究报告五个阶段。每个阶段都有其科学依据，方法是科学得以发展的桥梁，使用合理、科学的方法是传播学研究获得成功的关键。

第二节 计算社会科学与传播学研究

一直以来，计算方法同社会科学的结合是通过计算机模拟多主体建模进行的，网络科学出现之后，因其与真实的人类行为数据的紧密结合而成为更为重要的研究范式。社会系统如同生物系统、金融系统等一样，是一个复杂系统，社会现象充满了复杂性，因而需要采用复杂性科学的研究视角进行分析。

互联网的诞生和发展改变了人类生活，同时也改变了人类观察自身的方式。尤其是随着互联网 Web2.0 时代的到来，人们的网络生活形态从被动接收信息向主动生产、交流信息转变。社交网络、博客、微博、微信等新兴网络社交媒体平台以及各类移动互联网工具兴起之后，每时每刻都有海量用户在使用它们记录着自己当下的感受、思想和情绪。这些信息大多会以文本、图像、视频、音频的形式在互联网空间中留存下来。而由众多个体不断生产并被实时存储下来的海量网络数据，恰好可成为研究者们观察人类个体和群体心理行为特征与规律的宝贵资源。同时，计算科学、数据挖掘等信息分析技术的迅速发展，也使得高效处理和分析海量数据成为可能。上述两大条件的渐次成熟，促成了社会科学与信息科学的交叉学科"计算社会科学(computational social science)"的诞生。

2009年2月，美国哈佛大学大卫·拉泽(David Lazer)等15位美国学者在 *Science* 上联合发表了一篇具有里程碑意义的文章《计算社会科学》(Computational Social Science)，该文指出，"计算社会科学"这一学科正在兴起，人们将在前所未有的深度和广度上收集和利用数据，为社会科学的研究服务。随着用于研究的数据不断增多以及人类的计算能力不断增强，采用计算作为研究手段的社会科学已经形成，尤其需要强调这个研究领域的一个主要特点是采用网络科学的研究方法分析社会科学的研究问题。因此，计算社会科学是一种采用互联网、大数据、机器学习等计算技术来研究社会科学问题的新思潮和新方法。计算社会科学不是社会科学家们的专利，而是一个涉及科学、技术、医学、社会、人文等各领域的跨学科"群众运动"。

计算社会科学以计算机等现代计算科学技术工具获取和分析海量社会化数据，数据形式主要包括文本、图像、视频和音频等，其大部分来源于Web网络信息（如新闻网站、网络论坛、博客、社交网站、微博等），还有一部分来源于现实空间中各种移动传感设备，如全球定位系统（GPS）、智能手机等工具感知的个体活动信息数据。除了数据挖掘、机器学习等信息科学通用分析技术之外，就目前已有研究而言，社会网络分析和社会建模是计算社会科学的两大主要且具有特色的研究范式。

最早大规模利用数字化数据在社会科学问题上进行研究的例子是2002年克莱因伯格和明尼苏达州卡尔顿学院的计算机科学家大卫·立本·诺埃尔（David Liben Nowell）开展的一项研究。他考察了社会科学家认为有助于推动人际关系形成的机制：即人们倾向于和朋友的朋友成为朋友。社会科学家开始大量地使用社会网络数据进行科学研究，例如Bollen等人采用Twitter的数据进行情感分析，发现"冷静"这一种情绪可以较好地预测股票的涨落。Ginsberg等人采用谷歌的搜索数据分析了人们检索与流感相关的词语的时间序列，通过机器学习的方式预测人类大规模流感的爆发，可以使人们提前两周预知流感的爆发。Eagle等人采用英国的手机数据构建的传播网络，研究发现城市节点在传播网络的多样性与城市社会经济发展指数之间具有非常好的正相关的函数关系，由此可能证明传播行为对于经济发展的重要性。Bond等人使用Facebook作为网络实验平台研究美国大选，600多万人参与了实验，结果证明社交网络传递的信息的影响力远大于信息的直接传播，强关系对于人类社会网络里的行为传播具有重要意义。

计算机模拟是计算社会科学的早期基础，但是计算社会科学的真正崛起与爆发与网络科学和大数据密不可分。计算社会科学的研究范式得到了整个科学社群的较高肯定，成为近几年迅速增长的新的研究领域。其发展和特点必然给传播学带来一个发展的机遇：为利用互联网等社会传感器记录的海量的人类传播行为数据建立传播网络模型。当人类传播行为的数据构成了计算社会科学的重要基础的时候，深入认识计算传播学的时机终于到来。祝建华等人总结了计算社会科学在传播学的各种应用，沈浩等分析了复杂网络和社会计算对于传播学研究的意义，王成军给出了计算传播学的定义，并认为计算传播学是计算社会科学的重要分支。在此基础上2015年，第一本计算传播学相关的图书《社交网络上的计算传播学》出版。

计算传播学主要关注人类传播行为的可计算性基础，以传播网络分析、传播文本挖掘、数据科学等为主要分析工具，大规模地收集并分析人类传播行为数据，挖掘人类传播行为背后的模式和法则，分析模式背后的生成机制与基本原理，可以被广泛地应用于数据新闻和计算广告等场景。

首先，网络科学以关系来度量物理世界和社会现实，而这些稳定的关系（表现为网络中的链接）可以成为人类传播行为中可计算性的基础。人类传播行为本身的丰富性和复杂性为计算传播学研究提出了重要挑战。例如，因为传播现象包含了大量的交互行为，采用网络研究视角成为理解传播现象的必由之路。

其次，除了网络科学之外，传播学研究需要处理大量的文本数据，因而计算传播学需要借助计算语言学作为传播内容分析的工具和方法。与传统语言学相比，计算语言学（又称为"统计语言学"）侧重于使用统计学工具和机器学习方法分析各种语料。随着互联网的发展，尤其是中文分词、语音识别、网络爬虫、网页排名、网页相关性计算、地图搜索、新闻分类、词汇聚类、搜索引擎反作弊、拼音输入法、搜索广告等功能的实现，计算语言学的地位越来越重要。传播内容分析是传播学研究的一个重要方面。词云分析、语义网络分析、情感分析、文本聚类、主题模型、机器翻译、语音识别等都可以广泛地应用到传播文本挖掘当中来。

再次，数据科学的发展恰好为计算传播学的发展提供了理想的工具。大规模的数字化指纹为人类传播行为分析奠定了基础。计算传播学是建立在丰富的人类传播行为的数据之上的，而收集和分析这些传播行为数据就成了计算传播学的主要工作。因此，传播学亟须走出传统的研究套路，培养研究者抓取和分析可视化、规模化、电子化数据的能力。数据科学囊括了信号处理、数学、概率模型、机器学习、统计学习、计算机编程、数据工程、模式识别、可视化、数据仓库、高性能计算等各个方面。因此，将数据以科学的分析方法纳入计算传播学研究当中，成为传播学发展的重要一步。

另外，发现人类传播行为所隐藏的模式和法则是计算传播学研究的重要方向，而解释其背后的机制和原理则成为计算传播学研究的目标。仅仅停留在数据的层面是远远不够的，数据、模式或法则、机制，隐含的普适性原理构成了科学研究等级。其中，理论的等级在这里又被粗略地划分为模式/法则、机制和原理。应当注意的是，目前网络科学的发展仍然停留在机制探索的阶段，探索机制背后的普适性原理将成为计算社会科学未来发展的方向。网络科学为分析人类传播行为提供了更多的工具和模型，例如，人类传播行为开始成为人类动力学关注的焦点。沿着网络中的链接出发，计算传播学正在尝试突破社会现实混沌的迷宫，从社会现实的数据出发，发掘社会系统内部的模式、法则、机制和原理。

最后，除了学术研究之外，计算传播学教育将为数据新闻、计算广告产业提供后备人才。数据新闻突出了数据对于内容生产和传播的重要意义，它具体包括了计算机（数据库）辅助的新闻报道、信息图、可视化等方面。而计算广告学是由计算机科学和互联网广告产业共同催生的一个研究分支，它强调了通过设计算法将广告最好地展现给一个用户的目标。毫无疑问，无论是数据新闻还是计算广告都与传统的传播学有着千丝万缕的关系。在初期阶段，人类计算能力的提高促进了它们的涌现；随着计算传播学的发展，传播的视角同样可以反哺数据新闻和计算广告的发展。

毫无疑问，传播学将和计算机科学、物理学、网络科学、数学、计算语言学、生物学等多个学科开始交汇。例如，从数据的抓取开始，计算机科学家开始投入到这种大规模数据的挖掘工作中来。计算传播学研究者将更加注重编程的训练和数据科学的训练。只有这样，才能同其他学科实现有效地对话与合作。

第三节 社会网络分析与传播学研究

社会网络分析是社会科学中以对社会行动者之间的互动研究为基础的结构性方法。社会网络分析的重点是不同社会个体之间联系形成的关系,并对这种关系的结构形式和实质内涵进行识别、测量和检验。作为一种跨学科的研究视角和方法,社会网络分析在传播研究中的应用也越来越多,如传播研究中就包括了对网站之间的链接关系、议题的共属关系、论文的引用关系等的研究。

相比较传统社会科学研究方法,社会网络分析是一种相对年轻的研究方法。社会网络分析方法的形成最早可追溯至20世纪30年代,美国心理学家莫雷诺通过"社会关系图"来描述群体内的人际结构,哈佛大学沃纳等学者通过对人际关系模式的研究发展出"派系"概念,英国曼彻斯特大学的人类学家采用网络视角考察部落和社区的关系结构,直到20世纪70年代末,社会网络分析才最终成为一种统一的、被认可的视角。随后,社会网络分析在社会学、人类学、经济学、管理学、语言学、传播学、医学和生物学等学科中被广泛应用。

社会网络分析之所以能被多学科关注并接受,原因主要有三:一是提供了与传统社会行为科学研究方法不同的结构性视角;二是提供了精确定义和测量社会关系的方法;三是发展出的中层理论为实证研究中指定具体的因果模型提供了基础。传播研究中,"拉扎斯菲尔德提出的二级传播理论、六度空间理论等重要假说,均可以被看作是中层理论"。

社会网络分析方法的重要之处在于为分析社会结构属性提供了一系列分析概念,并为这些结构属性提供了"明晰的形式化陈述和测度",以及"结构属性清晰的数学描述及其普遍认同的形式定义"。尤其是借助图论、概率统计学和代数模型这三种数学工具,形成对关系结构属性的定量分析方法,研究者可以对传统社会科学中关于社会网络的启迪性及描述性概念进行精确的量化测量。此外,社会网络分析的许多中层理论成果,都在传播研究中被借鉴使用。

大陆传播学者对社会网络分析的介绍和应用大多在2011年之后,但传播学研究与社会网络分析方法的渊源可追溯到20世纪40年代。传播学研究"四大奠基人"中的勒温和拉扎斯菲尔德较早涉足社会网络分析,其中,勒温的群体动力学思想对传播网络研究有非常重要的影响。群体动力学把群体看作是一个动力整体,其中任何一部分的变化都将引起另一部分的变化。勒温认为,群体关系可以被描绘成细胞——这些细胞带有将之连接起来的线条。为了"找出一种用来研究交往结构的各种结果的方法",勒温的学生 A.巴弗拉斯采用结构性视角对星型、轮型、链型等不同网络结构的传播模式进行了考察。巴弗拉斯用图论图形方式展示了不同的传播形式,并正式提出网络结构的中心度模式,这项研究被认为是"社会网络结构意义上具有里程碑性质的研究"。勒温的另一名学生 L.费斯廷格1950年也采用社会网络分析视角进行了一项著名的有关传播扩散的研究——西门研究,考察居住在麻省理工学院西门公寓的已婚学生之间的传播网络联系。其采取提名生成法收集社会网络资料,这种方法作为社会网络分析获取资料数据的主要方法至今仍在使用。拉扎斯菲尔德则直接将结构性视角体现在他的"二级传播"理论研究中,强调人际关系网络在信息传播中的作用,认为信息传播的第二级,即从意见领袖到被影响者,主要通过人际网络来实现。后来,拉扎斯菲尔德与默顿一起采取结构性视角进行了一系列研究。拉扎斯菲尔德的研究也影响了他的学生们,他们"将研究建立在网络数据的基础上","利用图,尤其是基于矩阵重置的图表来展示数据"。

1955年,罗杰斯在撰写博士论文时便试图利用网络关联图来揭示创新的模式。"我尝试利用各种颜色的球和路径来表示某些农场主成为意见领袖的程度,用球的高度和大小来表示得到社会提名的数量"。由于缺少方法的支持,"没有想到要利用密度指数等数值"。直到1958年,受拉扎斯菲尔德"二级传播"模式的启发,罗杰斯开始从结构角度对创新模式进行解释:"农业技术观念常常从人际资源渠道传递到创新者和早期的接受者,再从他们传递到大多数后来者和反应迟钝的人。"此后,罗杰斯一直保持着对社会网络分析的关注。1976年,罗杰斯在《传播与发展——统治范式的终结》一文中,将"聚焦于人际网络作为未来传播研究的方向之一"。1995年,罗杰斯在其著作《创新的扩散》中,专门用一章对扩散网络研究做了介绍。

1979年,在传播学者D.劳伦斯·金凯德的组织下,夏威夷大学东西方中心召开了一次传播学者与社会网络分析研究者的跨学科会议,这次会议成功地在传播学和社会网络分析之间建立起了跨学科的长期关系。20世纪七八十年代,传播学研究中对社会网络分析的应用尚处在对其他关联学科的引入和借鉴阶段。据不完全统计,整个20世纪70年代仅看到3篇使用社会网络分析的传播学论文,所涉及的主题分别为朋友关系和组织传播网络分析。20世纪80年代,传播学研究中使用社会网络分析的论文数量有所增加,研究对象也更加丰富,出现了一些具有鲜明传播学科特征的研究,例如:F. G. Marlene对肥皂剧中人物谈话关系的研究;Livingstone对电视剧《豪门恩怨》角色关系的分析;J. A. Danowski和P. Edison-Swift考察E-mail在危机传播时对传播结构造成的变化;Rice E. Ronald,Love Gail分析以计算机为媒介的传播网络结构;R. E. Rice,C. L. Borgman,B. Reeves考察传播学期刊的引用网络;等等。20世纪90年代以来,国外传播研究中对社会网络分析的应用渐趋成熟,我国学界虽引入仅有数年,但也呈迅速增温趋势。研究领域涉及人际传播研究、组织传播研究、方法研究、媒介内容研究、新媒体研究、受众研究、传播学科研究和其他研究等八大类。在传播研究中,个人、新闻组织、期刊、知识概念、群体、电视新闻源、民族国家、剧中人物等节点和连线节点之间的情感关系、隶属关系等,随着社会网络分析在传播研究中的扩展,其范围也在不断扩大。数据收集方法扩展到调查问卷、访谈、观察、档案记录、试验、其他技术(如自我中心法、小世界和日记法)等6类。

从已经检索到的文献来看,我国传播学科引入社会网络分析是2011年,这个时间比国外传播研究晚了很多年。就研究领域看,国内研究集中于新媒体研究,对社会网络分析方法的介绍文章较少,研究领域较为狭窄且不均衡。这种不均衡主要反映在数据收集方式上。就社会网络分析的点和线而言,主要包括网站、论坛等新媒体主体间的链接关系、新媒体用户间的互动关系、论文的引用关系以及不同国家的电影贸易关系等,这从侧面反映出创新性不足。不过,就研究目标来看,解释性研究占比较大,显示国内一些传播学者对社会网络分析方法已经有较深入成熟的应用。

传播学从诞生之日起就自觉不自觉地应用着社会网络分析视角和方法,同时也为社会网络分析方法发展和成熟做出了贡献。总的来看,近二十年间相关研究无论在数量和质量上都有显著提高,对社会网络分析方法的利用也更为成熟,一些研究还对具体的传播领域应用社会网络分析法进行了探索,这些都丰富和扩展了传统传播学研究。当然,从目前的相关研究来看,仍有不少不尽如人意之处。一是研究视野不够宽广;二是将社会网络分析仅视为一种研究方法而非研究视角;三是对社会网络分析形成的相关中层理论应用不够。如前所述,社会网络分析经过多年发展,已经形成了许多中层理论成果,但目前传播学界对相关成果的利用多处在概念的引入阶段,缺乏深度发掘。

今天,社交媒体时代的到来带来了整个社会的关系革命,"互动和关系成为社交媒体时代的关键词……关系数据逐步成为社会科学研究中的主导数据"。社会网络分析作为研究关系数据的有力工具,在未来传播研究中必然会发挥越来越重要的作用。

第四节 大数据统计与传播学研究

"大数据"概念于20世纪90年代提出,最初只是对一些在一定时间内无法用传统方法进行抓取、管理和处理的数据的统称,是用来描述更新网络搜索索引需要同时进行批量处理或分析的大量数据集。近年来,大数据越来越多地应用于整个社会科学研究,它不仅改变了传统的研究路径和条件,更对研究领域、研究实践和学科边界加以改变和拓展,描绘了不同学科融合交叉的研究图景。大数据对信息传播的影响主要体现在以下三个方面。

一、改变传统的信息传播形式

在传统的信息传播中,传播形式非常单一,比如平面媒体的传播一般都是通过文字或者图片来实现对传播内容的表达,在广播、电视等音像媒体中,一般是通过音频与视频实现对内容的表达,但在大数据背景下,传播形式呈现多样化,传播者可以借助网络,实现文字、图片、音频、视频等不同传播形式的融合,丰富了媒体的传播形态。

二、实现数字化传播

大数据背景提高了大数据技术,应用先进的大数据技术不但能够增强信息的存储与处理功能,还能提高传播效率,实现数字化传播,让信息更加透明化,甚至可以挖掘出一些潜在的信息价值。大数据背景给传播学带来巨大的影响与冲击,数字化传播增加了大数据的服务类型:一种是外围数据,这些数据一般是数据新闻或者是报道线索组成的,可以增加传播的真实性,并且对事件的发展进行有效的判断与预测;另一种是内部数据,主要是由网络信息构成,可以为信息传播提供有价值的服务。

三、增强交互传播关系

在现代传播学中,大数据可以实现各种媒体的传播诉求,受众可以获取不同性质的信息数据,容易发现传播中的更多问题,并且积极参与其中。由此可以看出,在大数据背景下,各媒体与受众之间具有较强的互动性,形成了一种新型的交互传播关系,使传播内容更贴近于真实,更具有亲民性,更好地实现了民意传达功能。

2009年,哈佛大学量化社会科学中心的学者Gary King曾指出,大数据应用于社会科学,将使整个社会科学研究的实证基础发生重大变化,加速质化研究与量化研究取向的进一步融合。有学者将大数据看作资本、劳动力和自然资源之外的第四种生产要素,在数量、种类、处速度和价值方面都具有传统社会科学研究所远不可及的特性,由此带来的是整个社会科学研究实证基础的巨大改变。由于大数据所基于的互联网及其相关媒介成为研究关注的重心,在以互联网及其数据、关系和传播机制为支撑的社会科学研究中,越来越多的研究与新闻传播学关联起来。而新闻传播学本身由于受到大数据的冲击,也在从传统人文学科的路径转向规范质化、量化研究的强调,直至计量方法的延伸,其研究问题的广泛性不可避免地与其他学科发生更多的交叠。大数据进入社会科学研究带来的另一显著结果是将原本作为新闻传播学本体的信息网络及其相关内容,推向了各个学科共同关注的聚光灯下。由此,社会科学研究中出现了大量关乎大数据的研究专著,相关的研究论文也在迅速增多。

有学者认为,大数据重新构建了传播理论发展的新方向。

(1)政治传播领域的理论创新。随着社会经济的发展,媒体在政治传播功能上发生了一定的变化,在加强宣传功能的同时,还注重引导社会舆论功能。大数据背景下,新媒体在不断发展,强化了引导社会舆论的功能,可以反映出公民与国家之间关系的变化,公民的知情权、参与权和监督权得到进一步提升,社会舆论对政治决策有着重要的影响。在政治传播领域中,媒体是政府与公民之间的沟通枢纽,协调国家、媒体、公民三者之间的关系,成为传播理论创新的重要内容。在过去,媒体的政治功能主要是通过行政力量与行政命令实现,但是在大数据背景下,信息传播途径多元化,传播渠道广泛,只有尊重信息传播规律、尊重媒体的专业性,才能做好媒体引导社会舆论的工作。当前,我国加强了社会治理方面的传播学理论热点的研究,包括政府信息公开、新闻发布、网络管理、媒体审判、公共外交等相关课题,在协调政府与社会关系,媒体与社会、与公众关系,中国与世界关系上,都有着非常重要的作用。大数据背景给中国的社会治理带来挑战,加大政治传播领域的理论创新,充分利用政府资源,在传播学理论方面有更多的建树,是在学术独立前提下探索政治传播领域的规律。

(2)社会传播领域的理论创新。传播学的发展离不开社会科学提供的丰富资源,以形成新的社会科学领域。大数据背景下,人们的很多工作、生活、学习、娱乐等都转移到虚拟空间,在互联网媒体上拥有大量人们活动的数据,这些数据能够体现出人与人之间的交往、信息传播以及群体互动等,进一步推动社会科学的发展,在当前的社会科学研究中,传播学占有一定的优势,并且有着巨大的发展前景。我国的传播学发展起步较晚,很多都是沿袭西方国家道路,在理论上缺乏探索与创新能力,而社会传播学研究要具有一定的客观性与科学性,因此在借鉴西方传播学的基础上,中国学者还需要进行理论上的创新研究,通过对中国社会科学的研究,总结出传播理论,在群体传播、人际传播、发展传播等方面扩大传播领域,在大数据背景下抓住传播机遇,结合当前社会科学发展的方向,在实践中推动传播学的发展,有效利用大数据资源,与国际接轨,开拓出更多的社会传播领域。

有学者认为,大数据对新闻传播学科范式的内外部重构产生了极大的影响。由于受到美国社会科学研究专业化和细分化的影响,全世界的社会科学研究专业化都在增强,大数据的出现将会促使第三次学科融合的兴起,并将以数据为纽带,推动学科融合。相比社会学、政治学、人类学等社会科学研究来讲,新闻传播学是一个相对后发的学科。在新闻传播学的学科形成过程中,借鉴了社会学中调查统计等基本知识方法,关注的问题也与社会组织、行为和社会问题相关,重点研究其中的传播行为、过程和关系。大数据的出现让原本趋向于分化发展的学科领域转而出现不同程度的融合,新闻传播学科与其他学科之间的对话和交流变得频繁。大数据再次改变了科学与社会科学的边界,让原本只属于科学领域的精确量化被应用于新闻传播等社会科学研究领域。

有学者认为,大数据带来的研究更加精确化的趋势,使得传统的实证研究方法在大数据的冲击下得到拓展。受20世纪70年代以来美国社会科学研究强调结构性因素的影响,新闻传播学也从诠释概念、假说和理论更多地转向对具体的传播现象的分析,其中大量地使用调查数据的实证研究方法,对问题进行支撑和检验。因此,大数据应用于新闻传播学研究的一个显著结果是,促使新闻传播研究由传统的人文学科路径更大程度地向社会科学的研究路径倾斜,实证研究逐渐占据上风,并朝向更加精确化的方向发展。事实上,早有学者意识到实证研究受到大数据冲击的潜在危机。有案例显示,在2004年ESRC基金支持的社交网络研究中,研究者们通过对来自三个机构的成员进行问卷调查,耗费了大量的时间来分析问卷数据,并对部分受访者进行访谈以了解更多的细节。但一名非正式研究者借助其所工作的知名电信公司所拥有的这些受访者多年来的通话记录,通过简单的统计分析就获得了研究结果。甚至获得了比社会学家们更精确的结果,仅仅是因为他拥有大量的数据。在传统的数据采集方法下,研究者只能获得非常有限的资料,大数据为研究者提供了前所未有的海量数据和信息,大大拓展了原有的经验范畴。在传统的实证研究中,无论是哪种抽样方式都会存在一定的误差,并需要对数据分析结果进行检验。采用大数据的方法,可以获得研究相关问题某些断面的全样本,然后通过简单的统计描述就可发现其中的规律,从而跳出利用抽样数据对研究结果证实或证伪的传统研究模式。同时,全样本的数据分析还有利于避免因个人经验的局限所带来的干扰因素,能够帮助研究者开拓思维,发现经验之外的规律。

大数据时代不仅向新闻传播领域的实践者提出了新的需求,为拥有计算机和人工智能等专长的学者参与社会现象的分析甚至转型为社会科学家提供了机会,也向新闻传播领域的研究者提出了新挑战。对我国新闻传播学者而言,这些挑战既有知识积累方面的,更有研究方法领域的。

大数据时代,以互联网技术为核心技术并不断升级更新的各种高新信息传播技术大有将现实社会各领域数码化、虚拟化和"一网打尽"的趋势,"互联网+"正在成为当今最时髦的高频词。新闻传播学作为研究互联网传播规律的主体学科,也正随之将研究的触角延伸至社会的各个领域,新闻传播研究"社会化"的倾向越发明显。与之做参照,新闻传播学者的社会科学研究方法薄弱的短板也显得尤其扎眼。研究方法是展开学术研究的最基础条件,方法缺乏或不科学、不对路,研究的进路就会受阻,研究的创造性就会受限,研究的科学性也会遭质疑。大数据时代,新闻传播学要真正在社会科学学科中赢得该有的地位,就必须得加大对社科研究方法的重视。同样,大数据时代,新闻传播学的研究者想在未来的研究中形成自身的学术地位,仅靠传统人文方法的研究路数,路会越来越难走。可喜的是,国内一批越来越强调社会科学研究方法训练的中青年学者正在成长起来。我们期待,新闻传播学者不仅能学好和用好社科研究方法,而且能基于本学科的研究探索出独有的社会科学研究方法。

有学者认为,大数据实现了传播学研究方法和研究技术领域的创新。在大数据背景下,人类从过去对物质的追求转向对技术的追求,技术上的研究在不断变革与创新,互联网的出现加速了人们生活向网络世界的转移,在虚拟世界构建了全新的人类生活空间,同时也提高了人们制造与收集各项数据的能力。现在的网络世界中聚集了大量的数据,比如时间、符号、空间、图像、视频等各种类型的数据,并且在飞速增长。面对海量的数据,只有实现结构化才能具有价值,要提高数据的收集、整理能力,不断发展数据,挖掘技术,通过计算机技术实现数据的分析、整理，寻找有效的数据整理方法，研究和发现数据的变化规律，注重运用科学与系统的研究方法，才能实现媒体带来的社会效益与经济效益。根据我国现在的国情，舆情研究已经成为一项重要的产业，而舆情研究离不开数据库的支撑，更需要专业的软件与分析技术。在大数据背景下，传播学的研究方法与技术都产生了很大的变化，随着技术研究领域的更新，媒体的地位得到了很大的提升，研究技术的发展带动着媒体传播、电子商务、网络安全、隐私保护等多个领域的发展，进一步拓宽了传播学的技术研究领域。

我国以前的传播学理论都是在西方国家理论框架基础上的模仿与改造，在理论与实践上没有突破与创新。在大数据背景下，媒体不仅促进了市场机制的建立与经济的发展，还直接关系到人文、社科与技术之间的紧密性，我国的传播理论工作应该把握好大数据的机遇，在实践中不断推动传播理论的发展与创新，进一步提高传播学的及时性、准确性与有效性。如同任何新事物一样，基于大数据的传播研究并非一帆风顺，在实际中是一把双刃剑，基于大数据的传播研究面临新的技术、伦理、理论等挑战，同传统的传播学研究一样，基于大数据的传播研究只有是一种媒体环境下的传播研究理论，才能充分发挥大数据在传播学研究中的价值。

 思考题

1. 阐述一下内容分析法的基本步骤。
2. 什么是社会网络分析？
3. 如何理解大数据？

参考文献

[1] 施拉姆.传学概论:媒体、信息与人[M].余也鲁,译.香港:海天书楼,2006.
[2] 张国良.传播学原理[M].上海:复旦大学出版社,1995.
[3] 威尔德伯尔 R F,威尔德伯尔 C S,塞尔诺.传播学[M].周黎明,译.北京:中国人民大学出版社,2013.
[4] 郭庆光.传播学教程[M].北京:中国人民大学出版社,1999.
[5] 奈斯比特.大趋势:改变我们生活的十个新趋向[M].北京:新华出版社,1984.
[6] 施拉姆.报刊的四种理论[M].中国人民大学新闻系,译.北京:新华出版社,1980.
[7] 黄旦.新闻传播学[M].杭州:杭州大学出版社,1997.
[8] 阿特休尔.权利的媒介[M].黄煜,裘志康,译.北京:华夏出版社,1989.
[9] 邵培仁.传播学[M].北京:高等教育出版社,2000.
[10] 张迈曾,李明德.导向论[M].西安:西安交通大学出版社,2009.
[11] 彭兰.网络传播概论[M].北京:中国人民大学出版社,2009.
[12] 《中国大百科全书》总编委会.中国大百科全书[M].北京:中国大百科全书出版社,1995.
[13] 法农.黑皮肤,白面具[M].万冰,译.南京:译林出版社,2005.
[14] 李彬.传播学引论[M].3版.北京:高等教育出版社,2013.
[15] 钟义信.信息科学原理[M].北京:北京邮电大学出版社,2002.
[16] 罗杰斯.传播学史:一种传记式的方法[M].殷晓蓉,译.上海:上海译文出版社,2012.
[17] 申凡.传播学原理[M].武汉:华中科技大学出版社,2012.
[18] 吕杰,张波,袁浩川.传播学导论[M].北京:科学出版社,2007.
[19] 胡正荣.传播学总论[M].北京:北京广播学院出版社,1997.
[20] 吴凡.传播学概论[M].杭州:浙江工商大学出版社,2012.
[21] 泰勒,威利斯.媒介研究:文本、机构与受众[M].吴靖,黄佩,译.北京:北京大学出版社,2005.
[22] 巴特.符号帝国[M].孙乃修,译.北京:商务印书馆,1999.
[23] 霍尔.表征:文化表征与意指实践[M].徐亮,陆兴华,译.北京:商务印书馆,2013.
[24] 索绪尔.第三次语言学教程[M].屠友祥,译.上海:上海人民出版社,2007.
[25] 段鹏.传播学基础:历史、框架与外延[M].北京:中国传媒大学出版社,2006.
[26] 赵志立.从大众传播到网络传播[M].成都:四川大学出版社,2001.
[27] 周葆华.效果研究:人类传受观念与行为的变迁[M].上海:复旦大学出版社,2008.
[28] 罗杰斯.创新的扩散[M].辛欣,译.北京:中央编译出版社,2002.
[29] 斯帕克斯.媒介效果研究概论[M].北京:中国人民大学出版社,2009.
[30] 霍夫兰,贾尼斯,凯利.传播与劝服:关于态度转变的心理学研究[M].北京:中国人民大

学出版社,2015.
[31] 拉扎斯菲尔德,贝雷尔森,高德特.人民的选择:选民如何在总统选战中做决定[M].北京:中国人民大学出版社,2012.
[32] 洛厄里,德弗勒.大众传播效果研究的里程碑[M].北京:中国人民大学出版社,2013.
[33] 卡茨,拉扎斯菲尔德.人际影响:个人在大众传播中的作用[M].张宁,译.北京:中国人民大学出版社,2016.
[34] 诺尔-诺依曼.沉默的螺旋:舆论——我们的社会皮肤[M].北京:北京大学出版社,2013.
[35] 布赖恩特,汤普森.传媒效果概论[M].北京:中国传媒大学出版社,2006.
[36] 库恩.科学革命的结构[M].金吾伦,胡新和,译.北京:北京大学出版社,2003.
[37] 胡翼青.传播学:学科危机与范式革命[M].北京:首都师范大学出版社,2004.
[38] 小约翰.传播理论[M].陈德明,叶晓辉,译.北京:中国社会科学出版社,1999.
[39] 徐耀魁.西方新闻理论评析[M].北京:新华出版社,1998.
[40] 费斯克.理解大众文化[M].王小珏,宋伟杰,译.北京:中央编译出版社,2001.
[41] LOWERY S A,DEFLEUR M L.传播研究里程碑[M].王嵩音,译.台北:远流出版事业股份有限公司,1998.
[42] 张咏华.媒介分析:传播技术神话的解读[M].上海:复旦大学出版社,2002.
[43] 莱文森.数字麦克卢汉:信息化新纪元指南[M].何道宽,译.北京:社会科学文献出版社,2001.
[44] 特纳.社会学理论的结构:下[M].邱泽奇,等译.6版.北京:华夏出版社,2001.
[45] 周晓虹.现代社会心理学史[M].北京:中国人民大学出版社,1995.
[46] 李志才.方法论全书(I):哲学逻辑学方法[M].南京:南京大学出版社,2000.
[47] 柯惠新,王锡苓,王宁.传播研究方法[M].北京:中国传媒大学出版社,2009.
[48] 李红艳.传播学研究方法[M].北京:中国传媒大学出版社,2008.
[49] 弗里曼.社会网络分析发展史:一项科学社会学的研究[M].张文宏,刘军,王卫东,译.北京:中国人民大学出版社,2008.
[50] 刘军.社会网络分析导论[M].北京:社会科学文献出版社,2004.
[51] 沃瑟曼,福斯特.社会网络分析:方法与应用[M].陈禹,孙彩虹,译.北京:中国人民大学出版社,2012.
[52] 申荷永.充满张力的生活空间:勒温的动力心理学[M].武汉:湖北教育出版社,2001.
[53] 虞达николай.新闻读者心理学导论[M].南宁:广西人民出版社,1988.
[54] 刘京林.大众传播心理学[M].北京:北京广播学院出版社,1997.
[55] 蒋亚平.中国新媒体形式分析[J].中国记者,2000(10):79-80.
[56] 匡文波.论手机媒体[J].国际新闻界,2003(3):55-59.
[57] 陈绚.论媒体融合的功能[J].国际新闻界,2006(12):72-76.
[59] 陈先红.论媒介即关系[J].现代传播(中国传媒大学学报),2006(3):54-56.
[59] 严三九,刘峰.2013年全球新媒体发展态势探析[J].现代传播(中国传媒大学学报),2013,35(7):1-8.
[60] 方汉奇.中国近代传播思想的衍变[J].新闻与传播研究,1994(1):79-87.
[61] 贺琛.论新闻传播者面临的角色责任冲突[J].伦理学研究,2015(6):111-114.
[62] 朱鸿军,农涛.媒体融合的关键:传媒制度的现代化[J].现代传播(中国传媒大学学报),

2015(7):6-11.
[63] 贾中海,齐峰.信息时代文化帝国主义新形式探析[J].理论探讨,2015(1):163-166.
[64] 艾众.信息的含义、本质研究综述[J].现代哲学,1985:88-90.
[65] 郑开琪.关于信息的定义及其分类[J].上海社会科学院学术季刊,1989(3):114-119.
[66] 姜红.作为"信息"的新闻与作为"科学"的新闻学[J].新闻与传播研究,2006(2):27-34,95.
[67] 施启良.信息定义辨析[J].中国人民大学学报,1988(6):63-70.
[68] 李国武.中国的信息本体论研究[J].西安交通大学学报(社会科学版),2011,31(5):34-40.
[69] 滕海涛.关于信息、知识、情报的概念探讨[J].重庆高教研究,2005,4(1):74-78.
[70] 罗治平.情报与信息之比较[J].图书情报知识,1994(4):18-21.
[71] 邬焜.试论信息的质、特性和功能[J].安徽大学学报(哲学社会科学版),1996(1):79-85.
[72] 钟义信.论信息:它的定义和测度[J].自然辩证法研究,1986(5):19-27.
[73] 文庭孝,侯经川,汪全莉,等.论信息概念的演变及其对信息科学发展的影响:从本体论到信息论再到博弈论[J].情报理论与实践,2009,32(3):10-15.
[74] 张辑哲.新论信息价值[J].档案学通讯,2008(4):20-23.
[75] 郑昕玲.信息价值论[J].图书与情报,1993(3):6-9.
[76] 金兼斌.传播研究典范及其对我国当前传播研究的启示[J].新闻与传播研究,1999(2):11-23.
[77] 齐爱军.中国传播学研究的"实践范式"转向:兼论对我国马克思主义新闻理论体系建构的影响[J].青年记者,2016(12):59-61.
[78] 祝建华,彭泰权,梁海,等.计算社会科学在新闻传播研究中的应用[J].科研信息化技术与应用,2014,5(2):3-13.
[79] 毛文吉,曾大军,柯冠岩.社会计算的研究现状与未来[J].中国计算机学会通讯,2011,12(7):8-12.
[80] 刘经南,郭迟,彭瑞卿.移动互联网时代的位置服务[J].中国计算机学会通讯,2011,12(7):40-50.
[81] 陈浩,乐国安,李萌,等.计算社会科学:社会科学与信息科学的共同机遇[J].西南大学学报(社会科学版),2013,39(3):87-93.
[82] 王大鹏.计算社会科学:建立联系[J].世界科学,2012(11):29-32.
[83] 王成军.计算传播学:作为计算社会科学的传播学[J].中国网络传播研究,2014(8):193-206.
[84] 沈浩,杨璇,杨一冰.传播学研究的新思路:复杂网络与社会计算[J].科研信息化技术与应用,2014,5(2):27-33.
[85] 胡翼青.传播实证研究:从中层理论到货币哲学[J].新闻与传播研究,2010(3):9-16.
[86] 吴飞,丁志远.中国大陆传播学的研究领域的实证分析[J].国际新闻界,2010(4):22-28.
[87] 杨春华.社会网络分析在传播研究中的应用[J].新闻与传播研究,2015(4):29-33.
[88] 李彪,郑满宁.社交媒体时代的网络舆情:生态变化及舆情研究现状、趋势[J].新闻记者,

2014(1):36-41.

[89] 刘晓红.试论心理学在传播学研究中的作用[J].新闻与传播研究,1996(9):2-12.

[90] 申凡.新闻传播学科与心理学交叉研究的思考[J].新闻与传播研究,2003(4):73-77.

[91] 冯天荃.量化研究与质化研究:社会科学领域两种对立的研究范式[J].南京师大学报(社会科学版),2008(4):92-96.

[92] 沈浩,黄晓兰.大数据助力社会科学研究:挑战与创新[J].现代传播(中国传媒大学学报),2013(8):13-18.

[93] 吴小坤.大数据时代新闻传播学研究的重构与进路[J].南京社会科学,2016(11):94-101.

[94] 罗汉.大数据背景下传播学理论的发展[J].新闻传播,2016(21):16-17.

[95] 陈云松,吴青熹,黄超.大数据何以重构社会科学[J].新疆师范大学学报(哲学社会科学版),2015(3):54-61.

[96] 朱红文.社会科学方法论驳论[J].河南社会科学,2000(2):14-18.

[97] 张旭,唐魁玉.大数据及其"社会学后果"[J].新视野,2016(3):42-47.

[98] 张允壮,刘戟锋.大数据时代信息安全的机遇与挑战:以公开信息情报为例[J].国防科技,2013(2):6-9.

[99] BARKER C. Global Television:An Introduction[M]. Malden:Blackwell Publishers,1997.

[100] MASTERMAN M. The Nature of a Paradim[M]//LAKATOS I,MUSGRAVE A. Critieism and the Growth of Knowledge. Cambridge,London:Cambridge University Press,1970:59-89.

[101] LITTLEJOHN S W. Theories of Human Communication[M]. 5th ed. Belmont,CA:Wadsworth Publishing Company,1996.

[102] BABBIE E. The Practice of Social Research[M]. 8th ed. Belmont,CA:Wadsworth Publishing Company,1998.

[103] GROSSBERG L. Gritical Theory and the Politics of Empirical Research[M]//LEVY M R. Mass Communication Review Yearbook. New-bury Park,CA:Sage,1987:86-106.

[104] FINK E J,GANTZ W. A Content Analysis of Three Mass Communication Research Traditions:Social Science Interpretive Studies and Critical Analysis[J]. Journalism & Mass Communication Quarterly,1996,73(1):114-134.

[105] GUDYKUNST W B,NISHIDA T. Theoretical Perspectives for Studying Intercultural Communication[M]//ASANTE M K,GUDYKUNST W B. Handbook of International Intercultural Communication. New-bury Park,CA:Sage,1988.

[106] CZITROM D J. Media and the American Mind:From Morse to McLuhan[M]. Chapel Hill,NC:The University of North Carolina Press. 1982.

[107] LITTLEJOHN S W. Theories of Human Communication[M]. Belmont,CA:Wadsworth Publishing Company,1989.

[108] GITLIN T. Media Sociology:The Dominant Paradigm[J]. Theory and Society,1978(6):205-523.

[109] POTTER W J, COOPER R, DUPAGNE M. The Three Paradigms of Mass Media Research in Mainstream Communication Journals[J]. Communication Theory, 1993, 3(4): 317-335.

[110] SCHAEFER R T, LAMM R P. Sociology[M]. 5th ed. New York: McGraw-Hill, 1995.

[111] HALL S. The Rediscovery of Ideology: Return of the Repressed in Media Studies[M]//GUREVITCH M, BENNETT T, CURRAN J, et al. Culture, Society and the Media. London: Methuen, 1982: 56-90.

[112] MATTELART A, MATTELART A. Theories of Communication: A Short Introduction[M]. New-bury Park, CA: Sage, 1998.

[113] SMITH M J. Contemporary Communication Research Methods[M]. Belmont, CA: Wadsworth Publishing Company, 1988.

[114] AXELROD R M. The Complexity of Cooperation: Agent-based Models of Competition and Collaboration[M]. Princeton, NJ: Princeton University Press, 1997.

[115] GILBERT N. Agent-based Models[M]. New-bury Park, CA: Sage, 2008.

[116] GILBERT N, TROITZSCH K. Simulation for the Social Scientist[M]. NY: McGraw-Hill, 2005.

[117] LAZAR D, PENTLAND A S, ADAMIC L, et al. Computational Social Science[J]. Science, 2009, 323(5915): 721-723.

[118] MELLON J. Search Indices and Issue Salience: The Properties of Google Trends as a Measure of Issue Salience[J]. Sociology Working Papers, 2011(1): 45-72.

[119] GINSBERG J, MOHEBBI M H, PATEL R S, et al. Detecting Influenza Epidemics Using Search Engine Query Data[J]. Nature, 2009, 457(7232): 1012-1014.

[120] BOND R M, FARISS C J, JONES J J, et al. A 61-million-person Experiment in Social Influence and Political Mobilization[J]. Nature, 2012, 489(7415): 295-298.

[121] MONGE P R, CONTRACTOR N S. Theories of Communication Networks[M]. Oxford: Oxford University Press, 2003.

[122] MANNING C D, SCHUTZE H. Foundations of Statistical Natural Language Processing[M]. Cambridge, MA: MIT Press, 1999.

[123] ROGERS E M, BEAL G M. The Importance of Personal Influence in the Adoption of Technological Changes[J]. Social Forces, 1958(5): 329-335.

[124] ROGERS E M. Communication and Development: The Passing of the Dominant Paradigm[J]. Communication Research, 1976, 3(2): 213-240.

[125] BEINSTEIN J. Friends, the Media and Opinion Formation[J]. Journal of Communication, 1977, 27(4): 30-39.

[126] MACDONALD D. Communication Roles and Communication Networks in a Formal Organization[J]. Human Communication Research, 1976, 2(4): 365-375.

[127] FINE M G. Soap Opera Conversations: The Talk that Binds[J]. Journal of Communication, 1981, 31(3): 97-107.

[128] LIVINGSTONE S M. The Implicit Representation of Characters in Dallas: A Multidimensional Scaling Approach[J]. Human Communication Research, 1987, 13(3):

399-420.

[129] DANOWSKI J A,EDISON-SWIFT P. Crisis Effects on Intraorganizational Computer-based Communication[J]. Communication Research,1985,12(2):251-270.

[130] RONALD R E. Love Gail,Electronic Emotion:Socioemotional Content in a Computer-mediated Communication Network[J]. Communication Research,1987,14(1):85-108.

[131] RICE R E,BORGMAN C L,REEVES B. Citation Networks of Communication Journals,1977—1985:Cliques and Positions,Citations Made and Citations Received[J]. Human Communication Research,1988,15(2):256-283.

[132] SHUMATE M,PALAZZOLO E T. Exponential Random Graph Models as a Method for Social Network Analysis in Communication Research[J]. Communication Methods and Measures,2010,4(4):341-371.

[133] KING G. Restructuring the Social Sciences:Reflections from Harvard's Institute for Quantitative Social Science[J]. Political Science & Politics,2014,47(1):165-172.

后　记

　　理论有滞后性，更有局限性。我们希望我们的努力，能使大家更好地理解过去、分析当下和预测未来，但常常事与愿违。当《传播学引论（修订版）》付梓成书，我们正在思考5G时代、智能媒体时代带给传播学的冲击与影响；可能不久的将来，"议程设置"拥有"算法"内核；"沉默的螺旋"会变成喧闹的飞升。但这不影响我们对理论的再次解读和不懈追求：正如我们不能用爱因斯坦相对论完全否定牛顿的力学理论一样，我们唯一能做的，就是朝着正确的、科学的方向不断深入。

　　本书查阅参考了国内外大量文献资料，并对同一内容做了不同文本的相互比较，取长补短形成本书的观点和结论，所以，我们是站在巨人的肩膀上，感谢众多作者对本书的支持和巨大贡献。

　　本书凝聚了西安交大众多学者的真知灼见，李明德教授作为执行主编，从总体策划到具体撰写都付出了巨大的心力。本书的撰写更离不开西安交大党委书记张迈曾教授的关心和支持：作为西安交大新闻传播学教育的先行者，他看到了传播学在中国社会的重要作用，洞察到新媒体发展的巨大影响，为西安交大的新闻传播学科修桥铺路、绘制蓝图。在本书的编撰过程中，张迈曾教授作为主编对书稿进行总体策划，为其他编者提供了方向和思路。

　　本书其他编者包括杨琳教授和蒙胜军、张宏邦、张立、陈强、徐婧、申楠、任天浩等青年学者，大家各司其职、通力合作保证了本书的顺利出版。

　　最后，感谢西安交通大学出版社的编辑，他们的认真与负责给本书的出版增添了光彩。

　　《传播学引论（修订版）》的编者们集全体之力，为大家奉献出一本我们目之所及、心思所穷的传播学理论学习范本。但时有所限、力有不逮，本书还需要在今后的教学科研实践中检验和不断完善，读者的所得所获、意见建议将会成为该书真正使命所达的试金石。

编　者
2019年5月